한민족의 엑소더스

정석기 지음

쿰란출판사

머리말

  6·25 한국전쟁, 그것은 세계에 유례없는 동족상잔의 처참한 비극이었다. 3년 1개월 2일 18시간에 걸친 전투에서 유엔 측은 제1차 세계대전의 전비에 해당하는 150억 불을 지출했으며, 한국과 유엔 측의 총사상자 수는 무려 33만 명에 달했다. 이에 비하여 공산 측의 사상자는 그 5배에 가까운 180만 명에 이르렀다. 이처럼 한국전쟁은 실로 가공할 전쟁이었다.

  당시 나는 단발머리 앳된 소녀로 적도(赤都) 평양(平壤)에서 전쟁을 겪었으며, 그 후에 국군을 따라 남하하는 피난민 대열에서 참혹한 전쟁을 체험했다. 남부여대한 피난민의 끝없는 행렬……. 거기에는 지도자도 보호자도 없었다. 그러나 하늘에는 '불 기둥'이 있었다. 그 불 기둥은 하나님의 임재의 표징이었으며 인도와 보호와 사랑의 표지였다.

  약 4천여 년 전, 이스라엘 민족은 광야의 불 기둥을 보고 가나안을 향한 엑소더스(Exodus)의 행군을 했다. 그렇듯이 한민족에게도 엑소더스의 행군이 있었다. 광야는 건조한 땅이기에 나무와 풀 한 포기도 없었다. 게다가 물도 없다 보니 생물이 서식할 수 없다. 이러한 광야의 도정에서 전지전능하신 하나님은 선한 손길을 펴셨다. 밤에는 불 기둥, 낮에는 구름기둥, 새벽이면 하늘에서 만나를 내려 주셨고 반석에서 샘물이 솟게 하셨다. 이처럼 광야의 엑소더스의 도정(道程)은 소망과 축복의 삶이었다.

   이에 필자는 피난민으로 전쟁에서 몸소 겪은 사실들을 소재로 하여 이를 소설 형식으로 묘사하려고 진력했다. 그러면서 이 이야기가 이 책과 더불어 영화로 제작되었으면 하는 간절한 바람이 있다.

   이 즈음은 6·25 한국전쟁을 잊고 사는 사람들이 많은가 하면 전쟁을 겪어 보지 못한 젊은이들은 사상의 혼전으로 흔들리고 있다. 그런가 하면 북한의 핵실험으로 세계가 떠들썩해도 한국은 불감증에 걸려 있는 듯 보인다.

   왜 그럴까…….

   덴마크의 국민성이 부럽다. 곡창은 빼앗기고 황무지 모래밭만 가지고 죽느냐 사느냐 씨름하는 민족의 마음속에 그룬드비가 부르짖던 애국의 불씨가 반딧불처럼 빛을 발하기 시작했다. 그 후 덴마크는 세계에서 가장 잘사는 나라 중 하나가 되었다.

덴마크에는 기이한 풍습이 있다. 그것은 검은 빵과 흰 빵이 함께 식탁에 오르는 일이다. 덴마크 사람이면 으레 검은 빵 두어 쪽을 먹고 난 다음 흰 빵을 먹는 것이 식도덕으로 되어 있다. 지금으로부터 150여 년 전 덴마크의 황무지 모래밭에서 수확할 수 있는 것은 호밀뿐이었다. 그때 이 호밀로 빵을 만들어 먹고 덴마크를 건국했다. 그래서 그들은 식사 때마다 검은 빵을 먹으며 '황무지 모래밭의 호밀'을 잊지 않고 기념하는 것이다. 검은 빵에 맛들이지 않으면 덴마크 국민이 못 된다는 것이다.

이러한 맥락에서 우리 한민족에게도 잊지 못할 것이 있다. 그것은 반세기의 광야 엑소더스의 행군을 경유하여 오늘의 가나안의 풍요로운 삶을 이룩한 것이다. 그러기에 하나님께 크게 은총을 받은 한민족으로서 광야 엑소더스의 행군을 잊지 말고 기념해야 할 것이다.

2007년 12월
뉴욕의 아파트 숲에서…
하나님께 크게 은총 입은 종 정 석 기

차례

머리말 • 2

Ⅰ. 유라굴로의 폭풍 • 6

Ⅱ. 내가 마지막 본 적도(赤都) 평양 • 34

Ⅲ. 피난민으로 몰린 흥남(興南) 부둣가 • 81

Ⅳ. 광야의 불 기둥 • 85

Ⅴ. 홍성(洪城) 피난민 수용소 • 137

Ⅵ. 전쟁의 상흔(傷痕) • 183

Ⅶ. 태평양을 가로지른 무지개 • 223

I. 유라굴로의 폭풍

— 1 —

어느 날 지중해로 서서히 항진하던 육중한 배가 아뿔싸, 유라굴로(Euroaguilo)에 부딪쳤다. 그러자 성난 파도가 산더미처럼 밀려와 하얀 이를 벌리고 연거푸 선체를 삼키려고 압박해 왔다. 그 폭풍은 마치 바다에 군림한 사나운 사자와도 같았다. 어쩌다 한번 부딪치는 날이면 선체는 고사하고 인명을 앗아가는 괴물이기에 차라리 폭풍보다 살풍(殺風)이라고 하는 것이 어울릴는지 모른다.

유라굴로, 그것은 희랍어와 라틴어의 합성어로서 북동풍이란 의미를 지니고 있다.

지중해 부근에는 '그레데' 한가운데 솟아 있는 2,100m의 이다(Ida) 산맥의 영향으로 두 반대 기류가 충돌하면 심한 태풍을 일으킨다. 즉, 두 기류의 급격한 충돌 때문에 남풍이 급격한 북풍으로 변화하는 수가 많다. 이런 바람은 오늘날에도 지중해 동부에서 큰 풍랑을 몰고 오는 예가 있다.

약 1,900여 년 전 바울 일행도 유라굴로를 만나 사경을 헤매었다. 사도 바울은 수인(囚人)의 몸으로 로마로 호송되어 가던 중에 지중해에서 돌연 유라굴로를 만났다. 276명이 승선한 알렉산드리아 호는 심한 폭풍에 휘말렸고, 사람들은 짐과 기구를 모두 바다에 던져버렸다. 그러나 여러 날 동안 해와 별이 보이지 않으므로 살 여망이 끊어진 것으로 알았다.

이렇게 모진 풍랑과 고투하며 이리저리 표류하다가 구사일생으로 생명을 건진 것이 열나흘째 되는 날이었다. 이처럼 가공할 만한 폭풍이 유라굴로이다. 그 괴물은 바다에서만 군림하는 것이 아니라 때로는 육지에도 어엿이 군림하여 선량한 백성을 살육한다. 그런데 이 전율할 폭풍이 한반도에 내습한 것이다.

유라굴로! 유라굴로 경보……

이 풍랑이 일 때 내가 선 곳은 분명 육지련만 마치 풍랑 위에 떠있는 기분이었다. 그리고 귀에는 유라굴로 폭풍을 알리는 비상 경보가 요란히 울리는데도 왠지 믿어지지가 않았다.

북조선(北朝鮮) 인민들이여! 총궐기하자!

"이른 새벽, 남반부 국방군이 북침을 했습니다. 그러나 위대하고 용맹스런 우리 인민군이 침략군을 무찌르고 진군하고 있습니다."

라디오에서 흘러나오는 흥분된 아나운서의 목소리, 그리고 거리의 주먹만한 활자의 특보가 극장 무대에서 분장하고 나선 연극 배우처럼 실감이 나지 않았다.

"또 오발탄을 쏘았군……."

전쟁을 도발한 그 주역을 생각하니 코웃음이 절로 나왔다. 거리는 살벌하고 암울해 보였다. 평양(平壤) 시가지는 집총한 내무서원들과 인민군들의 행보로 요란했다. 이런 살벌한 분위기는 시간이 흐를수록 더욱 가속화되어 갔다. 아무래도 큰 변괴가 일어날 조짐이 보였다.

그날, 1950년 6월 25일. 한반도에 김일성의 오발로 전쟁이 일어났다. 유라굴로 폭풍의 전쟁으로 한반도에 어떤 비극이 초래될 것인지 예측한 사람은 아무도 없었다. 그런 중에 김일성의 6·25 작전이 암암리에 진행되었다.

소위 평화 공세로 이를 기만하기 위한 간사한 술책을 쓰기 시작했다. 그 한 방법으로 6월 7일 조국통일중앙위원회에서 채택했다는 '조국의 평화적 통일에 관한 결의문'을 대남방송했다.

이어 다음날은 남한 지도자와 유엔 한국위원단에게 평화통일 호소문을 전달하기 위하여 조통위원회 대표 김태홍, 이인규, 김재창 세 사람을 파견한다는 방송이 나왔다. 이 세 대표는 6월 10일 여현역(礪峴驛)에서 간 유인한이 위 대표에게 그 호소문을 전달하였다. 그러면서 남한 지도자들을 만나기 위한 구실로 38선을 넘어 남하하겠다고 했다. 이어 한국 정부에서는 만일 그들이 남하하면 불법 월경(越耕)으로 인정하고 체포하여 군법회의에 회부한다고 여러 차례 대북방송으로 경고하였다. 그러나 그들은 이를 무시하고 월경했다.

6월 11일 오전, 여현역 남방지대를 경비하고 있던 부대는 그들이 38선을 넘어서자 곧 체포하였다. 이와 때를 같이하여 북괴 조국통일위원회에서는 또 다른 한 가지를 제의하며 접근했다. 남북간에 억류되어 있는 인사들을 교환하자는 위장 평화 공세였다. 북한에 감금되어 있는 조만식(曺晩植) 선생 부자와 남한에 체포되어 있는 남로당 지도책과 조직책인 김삼용(金三龍)과 이주하(李舟河)를 일주일 내에 38선에서 맞교환하자는 것이었다.

이러한 위장 평화 공세를 펴며 북괴는 남침 준비 태세를 견고히 했던 것이다. 38선 부근에는 남침을 꾀하려는 적의 모습이 심상치 않았다. 아무래도 흉흉한 변괴가 일어날 것만 같았다. 매년 6월이면 우리나라를 비롯하여 동북아시아에서는 몬순(계절풍)이 시작된다. 인도양과 남아시아에서 불어오는 계절풍은 비를 몰아오며 한반도는 장마철로 접어든다.

6월 25일 새벽에도 한반도의 대부분 지역에는 비가 내렸다. 38도선 일대도 예외는 아니어서 먼동이 트기 전부터 비가 내리고 있었다. 이때 38선 일대에 배치된 대한민국 국군의 병력은 서류상으로는 4개 보병사단과 1개 연대 3만8천 명 규모였다. 하지만 실제로 전선의 참호를 지키던 병력은 그 숫자의 30퍼센트 조금 웃도는 정도였다. 그 나머지는 38선으로부터 48.3 킬로미터 남쪽 지점에서 예비부대 형태로 머물고 있거나 그 전날부터 시작된 휴가에 들어가 있었다.

Ⅰ. 유라굴로의 폭풍 • 9

북한군이 전면 남침을 시작한 때는 새벽 4시였다. 그날 중무장한 약 9만 명이 소련제 T34형 탱크 150대의 지원을 받으며 쳐들어오기 시작했다. T34형 탱크는 중형 탱크로 85밀리미터의 캐논 한 대와 7.62밀리미터의 기관총 2대를 갖고 있었다.

소련은 제2차 세계대전 때 나치 독일군이 모스크바로 물밀듯이 밀려오는 것을 이 탱크로 막아낼 수 있었으며, 그 뒤 소련군의 기본 장비들 가운데 하나가 되었다. 그만큼 T34형 탱크의 힘은 엄청났다. 그날 북괴(北傀)가 남침을 했으나 한 시간이 지나도록 남쪽에서는 어느 누구도 전쟁이 터진 사실을 몰랐다.

다섯시쯤 되어서야 개성(開城) 동북방에 주둔한 대한민국 국군 제12연대에 배속되었던 미 고문관 조세프 대리고 대위가 대포 소리를 듣고 잠에서 깨어났다. 그날 38선에 머물고 있던 미 고문관은 그 사람뿐이었다. 그는 잠을 깨자마자 개성으로 지프를 몰고 갔다. 거기서 북한 군인 1천 명이 15량 정도의 기차로부터 아무런 숨김 없이 하차하는 모습을 보았다.

그로부터 3일 후인 6월 28일, 서울은 북괴군의 대거 공세로 함락되었다. 유라굴로 폭풍과 같은 전쟁으로 한반도에 어떤 비극이 초래될 것인지를 예측한 사람은 없었다. 해방 다섯 해만에 다시 전쟁을 겪게 된 나는 그 '전쟁'의 두 글자만을 헤아려 보아도 오한이 나고 현기증이 나는 것 같았다.

일본(日本)이 말하는 소위 대동아전쟁(大東亞戰爭) 당시 일본 군국주의자들은 어린이들까지도 마구 잡아다가 공사장에 끌고 가 혹사를 시켰다. 전쟁 말기에 일제는 평양 근처에 비행장을 신설한답시고 떠벌리면서 초등학교 4, 5학년 또래의 어린이들을 강제 징집하여 힘에 겹도록 일을 시켰다. 우리들이 하는 일이란 어른들이 하는 일을 보조해 주는 것으로 자갯돌을 그릇에 담아서 운반하는 일이었다. 이렇게 온종일 작업을 하고 나면 손이 부르트고 허리가 뻐근거렸다.

  좀 쉬면서 작업을 했으면 좋으련만 감독관의 눈초리가 무서워 감히 입을 떼지 못했다. 이런 중노동을 하고도 그날 배당받는 점심은 고작 볶은 콩 한 줌에 지나지 않았다. 허기진 배에 볶은 콩 맛이란 꿀맛과도 같았다. 하지만 뒤처리가 문제였다. 불볕더위에 콩을 먹고 물을 마시면 영락없이 복통이 왔다. 내가 복통으로 신음하는 것을 보면 나의 어머니는 더 이상 참지를 못하셨다.

  "제기랄, 뻔뻔도 하지. 일 시켜 먹고 병까지 주는 고얀 놈일세. 콩 먹고 설사해서 죽으라는 것이로구먼……."

  어머니는 이렇게 한바탕 쏘아붙이고는 어이가 없어서 하늘을 망연히 바라보셨다. 게다가 우리 또래는 전쟁통에 제대로 배우지를 못했다.

  공습경보의 사이렌이 불면 교실에서 다람쥐처럼 뛰쳐 나와 방공호로 기어 들어갔다. 방공호 속에서 한 시간이든 두 시간이든 B29 폭격기가 사라질 때까지 숨을 죽이고 불안에 떨고 있어야만 했다. 전쟁의 여독은 컸다.

  해방 후 여러 해 동안 나는 전쟁의 후유증으로 심한 빈혈 증세를 일으켜 신음했던 일이 있다.

  아나운서의 격앙된 목소리가 또 나의 귓전을 친다. 북침을 알리는 소리다. 나는 집으로 바로 갈까말까 망설이다가 교회 비탈길을 엉거주춤 내려와서 내리막길을 허청허청 걸었다. 이런 전시에 친구라도 만나 속시원하게 이야기를 털어놓아야만 답답한 마음이 속시원하게 풀릴 것만 같았다.

"어서 들어오라구. 잘 왔디."

대문 빗장을 열어 준 할머니는 손녀의 친구라고 반색을 하다가 금세 빗장을 잠그고 내 등을 밀며 안방으로 안내했다.

"나한테 무슨 소리 들으러 왔겠디."

그는 용케 나의 심정을 꿰뚫어 보는 것 같았다. 아닌게 아니라 나는 김일성의 오발탄의 정상을 알고 싶었다.

나와 석인숙(石仁淑)과는 막역한 사이였다. 교회와 학교가 같았고 학년도 같았으며 한 반에서 공부했다. 그의 부모는 해방 직후 월남하였고 그때부터 그녀는 조부모 슬하에서 성장했다. 그의 할아버지는 기림리(箕林里) 전차 종점 부근에서 이발관을 경영하고 계셨는데, 높은 지식을 견지한 분으로 보였다. 할머니 역시 지성인이었고 싹싹하고 민첩한 분이었다.

나는 그 가정이 오래 전부터 철저한 반공 투사의 가정이라는 사실을 알았다.

"어디 무슨 소식이라도 들었는가요?"

"암, 듣다마다……. 난 서울 방송을 도청해 들었다니까. 북침이 아니라 남침이야. 주일 새벽 인민군이 탱크를 앞세우고 밀물처럼 밀고 들어갔다는 거야."

석인숙의 조모는 조심스럽게 무거운 입을 뗐다가 다시 말을 잇는다.

"아무렴. 김일성이가 콩으로 메주를 쑤었다고 해도 곧이 들을 사람이 있을라구?"

이 말을 들으니 심층에 쌓인 체중이 금세 확 풀리는 것만 같았다. 그 후에도 나는 여러 사람들로부터 북한의 남침 도발에 대한 정보를 들었다. 그러면서 전쟁의 도발자가 북한이라는 것을 알았을 때, 치가 떨렸고 분노를 금할 수 없었다. 한편 전쟁으로 인해 겪게 될 우리 민족의 수난을 예기하고 오열의 눈물을 삼켰다.

― 2 ―

두 번째 전쟁을 겪게 되는 나는 몹시 지쳤다. 6월 25일 새벽에도 한반도 대부분의 지역에는 비가 내렸다. 38선 일대도 예외는 아니어서 먼동이 트기 전부터 비가 퍼부었다. 전쟁이 징조 없이 터지는 일은 이 지구상에 한 건도 없었다. 어느 쪽에선가 집적거리거나 시비를 걸거나 덤벼들기 때문에 전쟁이 터지게 마련이다.

이러한 조짐은 해방 후 북에서 서서히 움트기 시작했다. 전쟁의 장본인인 김일성(金日成)은 해방 후 소련을 업고 등극했다. 그의 세력은 만만치 않았다.

서른 살이 갓 넘은 그는 소련 군복 차림으로 북한의 국민과는 거리가 멀어 보였다.

"가짜 김일성이다. 김일성의 이름을 도용한 뻔뻔한 자다."

이처럼 북한에 불쑥 나타난 김일성은 이때부터 멋진 연극을 하기에 여념이 없었다. 지지 기반이 거의 없었던 그는 자기 세력 확장에 부심했으며, 이에 대한 첫 작업으로 북한에서 기독교 박멸 정책을 폈다. 북한의 교회가 육안으로 볼 수 있게 지상에 우뚝 서 있었으나 실은 지하 교회나 다름이 없었다. 김일성의 교회 탄압 정책은 해방 후부터라고 해도 과언이 아닌 성싶었다.

이 음흉한 정책을 역사적 사건이 입증해 주고 있다. 북한은 도시와 지방을 막론하고 교회가 중심이 되어 8·15해방을 맞이하였다. 지방마다 자발적으로 일어난 자치회(自治會)라든지 건국준비회라든지 그 밖의 여러 정당 단체에서도 기독교인이 그 중추가 되어 있었다. 그렇기 때문에 이 사실을 목격한 소련군의 기독교에 대한 관심은 매우 컸다. 그랬던 것이 일제시대와 마찬가지로 교회는 저들의 박해의 대상이 되고 말았다. 그 사례의 하나가 신의주(新義州) 학생 사건이다. 신의주 학생사건을 말하려면 우선 기독교 사회민주당을 말해야 한다.

기독교 사회민주당은 1945년 9월 초에 신의주제일교회 윤하영(尹河英) 목사와 제이교회 한경직(韓景職) 목사를 중심으로 하여 평북 기독교인을 기반으로 조직된 것이었다. 이것은 남북한을 통한 한국 최초의 정당으로서 민주주의 정부의 수립과 기독교 정신에 의한 사회 개혁을 그 정강으로 채택하였다. 그후 북한 동포의 전적 포섭을 위하여 사회민주당이란 이름으로 명명했다.

북한 동포의 대대적인 호응과 지지를 받은 사회민주당은 지방마다 교회를 중심으로 지부를 조직하여 그 기세가 매우 강대하게 되자, 소련군과 북괴는 그것을 크게 겁내어 탄압의 방도를 취하기 시작했다. 그 방책으로 소련 혹은 함경도로부터 파견된 한인 공산당원들을 동원하여 지방의 불량배들을 매수하고 무지한 노동자들과 농민들을 충동하여 방해 공작을 일삼았다.

그들과의 최초의 충돌은 그 해 11월 16일 용암포(龍岩浦)에서 열린 지부 조직대회에서 일어났다. 공산당들은 그 지방의 경금속 공장 직공들을 충동질하여 대회장을 습격하도록 하고, 위원장 장원봉(張元鳳) 집사와 전 간부를 폭행하여 현장에서 한 사람이 즉사했다. 뿐만 아니라 교회당과 당 간부들의 집을 훼파시키는 등 난동을 부렸다.

그러자 이 광경을 목격한 그 지방의 중·고등학교의 학생들이 직공들의 만행에 격분한 나머지 일제히 일어나 그들의 폭력 행위를 제지하려다가 큰 충돌이 발생했다. 이 충돌은 잠시 진정되는 듯하였으나 민족 정신과 정의감에 불타는 젊은 학생들은 의분을 참지 못했다. 신의주와 인근 중·고등학교 학생 약 5천 명이 일단이 되어 대대적 시위 운동을 전개하였다.

의거(義擧) 학생들은 11월 23일, 12시 정각에 공산당 본부와 인민위원회 본부와 보안서를 습격하고 저들의 후퇴를 강요하였다. 이 의거를 결행하기 3시간 전에 그들은 대표 세 사람을 기독교 사회민주당 본부에 파송하여 사전 계획을 보고하고 그 뒷수습을 부탁했었다. 이 보고를 들은 당 간부들은 사태의 위험성을 생각하여 곧 학생들의 습격 예정지로 달려갔으나 이미 의거는 감행되어 사태가 험악해졌다.

그날 무지하고 무자비한 공산 도배들이 어린 학생들을 향하여 기관총을 난사하여 수십 명의 학생이 현장에서 쓰러졌다. 이어 소련군은 계엄령을 선포하고 기독교 사회민주당 간부들을 모두 검거했다. 그리고 소련군과 북괴는 저들의 정치 고문관을 동원하여 교회 교직자들을 엄밀히 조사하는 등 교회 탄압 정책을 노골적으로 펴기 시작하였다.

게다가 그 이듬해의 3·1절 기념행사에는 그 정체가 더욱 공공연하게 드러났다. 민족 대표 33인 중 과반수가 되는 16명의 민족 대표를 낸 기독교회는 어느 곳에서나 선두에 서서 독립 만세를 고함하며 3·1운동을 거족적 독립운동으로 성사시켰다. 약 5만 명의 투옥자 중 3분의 2 이상을 점했던 기독교회로서는 해방 후 처음으로 맞는 뜻깊은 3·1절을 결코 묵과할 수 없었다. 그리하여 청년들은 다채로운 순서 준비에 분망하고 있었다.

그런데 북조선 임시 인민위원회는 3·1절 기념행사의 교회 단독 거행 금지령을 내렸다. 지난 2월 7일 소련군에 의하여 급작스럽게 조직된 북조선 임시 인민위원회를 3·1절 기념행사에 참가하는 인민대회에 승인시킴으로써 인민이 만든 정부로 가장하기 위해서였다.

그런가 하면 교회 탄압의 기회를 얻으려는 속셈이 숨어 있었다. 그렇다고 해도 교회가 이날은 결코 무심히 보낼 수 없었다. 그날 기념예배조차 금지당하는 것은 기독교의 자유를 박탈당하는 일과 다름이 없으므로 기어이 3·1절 기념예배를 거행키로 결속하였다. 이 때문에 교회는 공산당과 정면 충돌을 하게 되어 도처에서 무자비한 박해를 받았다.

3·1운동의 제2본거지였던 평양교회로서는 3·1절 기념행사를 공산당 주재하에서 거행하고 싶지 않았다. 이 일로 평양시 교역자회는 2월 21일 서문밖교회(西門外教會)에 모여 3·1절 기념예배에 대한 절차를 결정하였다. 이런 기미를 보고 방관할 그들이 아니었다. 이와 관련하여 평양 시내 교역자 60명이 일제히 검거되었다.

이런 검거 선풍 속에서도 미처 검속되지 않은 교역자들이 결속이 되어 암암리에 3·1절 기념예배 행사를 추진했다. 그리하여 그날 3·1절 기념예배에는 신도 약 1만 명이 운집하는 대성황을 이루었다. 3·1운동의 진원지인 장대현교회는 입추의 여지 없이 교인들로 꽉 찼다. 이 사건 후 교회와 공산당의 대립은 더욱 극대화되었다.

그렇게 되자 북한 공산당은 박해의 도를 더 가열시켜 목적을 달성하려고 광분하였다. 3·1절 이후 공산당들은 중요한 행사를 일요일에 거행하면서 기독교인의 참석을 강요했으며, 심지어 교회당에서 정치 강연을 강행하는 등 계획적인 탄압을 자행하였다. 김일성 괴뢰 정부 수립을 위한 총선거일로 정한 1946년 11월 3일도 바로 일요일, 즉 주일(主日)이었다. 이렇게 하여 교회 박해의 구실로 삼고 이를 관망해 보기로 하였다. 그러나 연합노회의 태도는 확고했다.

1945년 11월 14일, 평양에서는 평안도와 함경도, 황해도 지방의 노회(老會) 대표들이 회집하여 잠정적으로나마 총회를 대행할 기관의 설립을 추진하기에 이르렀다. 그리하여 조직된 것이 이북 5도 연합노회였다. 이 연합노회는 잠정적인 총회의 대행기관이나 다를 바 없었다. 일요일 총선거일에 대한 문제를 놓고 연합노회는 다음과 같은 결의문을 채택하고 당국에 통고했다.

> 북한의 2천 교회와 30만 기독교 신도들은 신앙의 수호와 교회의 발전을 위하여 다음 5개 조항의 교회 행정의 원칙과 신앙생활의 규범을 택정 실시 중에 있사온 바, 자(玆)에 귀 인민위원회의 적극적인 협조를 바라 마지않는 바입니다.

Ⅰ. 유라굴로의 폭풍

위의 채택문에는 주일(主日)에는 예배 외에 여하한 행사에도 불참한다는 것, 정치와 종교는 엄격히 구분하여 교회당은 예배 이외의 목적에 사용할 수 없다는 것, 현직 교역자가 정계에 종사할 때는 교직을 사면해야 한다는 것, 그리고 교회는 신앙과 집회의 자유를 확보한다는 그러한 내용의 것이었다. 그러나 이같은 건의사항이 그들 공산당의 탁상에서 여지없이 묵살되었다. 과연 그들의 술책은 과녁을 겨냥하여 적중시켰다.

검거 선풍이 불었다. 투옥과 강제노동 등으로 교회 탄압을 강행했을 뿐만 아니라 1946년 11월 28일에는 '기독교연맹'을 조직하여 공산당의 술책에 이용하려고 했다. 그 즈음 공산당의 올가미에 걸린 사람은 왕년의 부흥사로 전국에 이름을 떨쳤던 김익두(金益斗) 목사와 산동성에 선교사로 갔던 박상순(朴商純) 목사이다. 이 두 분을 감언과 공갈로 공산당원에 가맹시킨 다음 교회를 공산주의 선전에 악이용하려고 했다. 심지어 교회 이름으로 남한을 공박하고 김일성을 절대 지지하며 선거에 솔선수범한다는 해괴한 결의문까지 발표하게 했다. 한편 이 연맹에 가입하지 않은 교역자들은 무차별 투옥과 추방으로 위협을 일삼았다.

6·25전쟁 직전에는 교회 교역자들을 거의 대부분 검거했으며 교회당을 정치 계몽소로 사용했다. 이 일로 다수의 교역자나 신도들은 지하로 숨어버렸다.

이리하여 북한의 교회는 대부분 폐쇄되었으며, 집회를 계속하고 있는 교회에 대하여도 그 교회의 설립자가 선교사의 명의로 되어 있는 것을 이유로 그것을 적산으로 간주하여 세금을 납부하도록 만들었다.

삭막한 땅에도 봄이 왔다. 산과 들에는 풀잎이 파릇파릇 돋고 나뭇가지에는 이름 모를 철새들이 날아와서 봄을 구가한다. 그러나 자유를 유린당하고 신앙의 박해를 받는 북한 동포에게 봄은 너무나 아득한 일이었다. 오히려 총뿌리의 위협이 우심했다.

그 해 남침 준비에 광분했던 북한의 주구들은 농촌의 무지한 청년들을 인민군에 입대시켜 세뇌 공작을 가하여 인민군 증강에 혈안이 되어 있었다. 이렇게 하여 공산당의 도구가 된 군인들이 평양시를 활보하면서 으스대었다.

"이것 보시라요. 이 군화는 인민을 위한 구두야요. 이 군화를 신고 조국을 통일시킬 것이라오."

애숭이 인민군은 어깨를 추켜세우며 뽐내었다. 북한은 이런 얼간이들로 판을 이루고 있었다. 기독교의 지도자들을 거의 검속한 그들은 어린이들에게까지 마수의 손을 뻗어 탄압을 하여 교회에 가지 못하도록 위협했다. 해방 후에는 사람들의 눈에 띄지 않도록 은밀히 신앙 박해를 했으나 1950년부터는 노골적으로 드러내며 철부지 어린이까지도 괴롭혔던 것이었다. 일요일에는 일부러 학교 행사를 한답시고 학생들을 동원했고, 그날 만약 결석하는 학생에게는 엄한 벌칙이 내려졌다.

일요일에는 담임교사들을 교회당 정문에 배치시켜서 학생들이 교회에 가지 못하도록 암암리에 감시를 하며 위협을 가했다. 이렇게 하여 마침내 터진 것이 평양3여중 기독학생 사건이다.

평양3여중은 평양 서문여중(西門女中)의 후신이다. 해방 후 북괴가 집권하자 학교의 이름을 모두 바꾸고 학제도 바꾸었는데, 종래의 초등학교 6년 과정을 5년으로 단축시켰다. 그러니까 그때에 발단이 된 사건은 평양3여중의 1학년생이라고 해야 옳을 것이다. 초등학교 6년 과정을 졸업하고 그 해 중학교 2학년에 껑충 올라간 이들은 학교 처사에 불만을 품기 시작했다.

학교 당국이 편파적으로 기독교 학생들을 마치 눈엣가시처럼 생각하여 질시하고 경원했었다. 이런 기미를 눈치챈 그 학교의 2학년 기독학생들이 주동이 되어 스트라이크를 일으켰다.

이 사건은 교내 이외에는 확산되지 않도록 비밀리에 처리되었기 때문에 신문이나 라디오에 보도되지 않았으나, 그 무렵 나는 이 사건에 연루되어 하마터면 큰 곤혹을 치를 뻔했다. 이 사건은 하루 사이에 이루어진 것이 아니었다. 학생들의 불만이 쌓여 포화상태에 이르고, 급기야 돌출된 반항의 항거라고 보아야 할 것이다.

초등학교에서 억눌려 살던 우리는 여학교의 문턱에 들어서자 행동하고 싶은 충동이 솟구쳤다. 그 나이의 우리는 무서운 것이 눈에 보이지 않았다. 우리는 클클하면 교회를 위로처로 삼았다. 교회는 핍박받는 우리에게 둘도 없는 요람이었다.

"오늘 찜통에서 시달렸어."

"나도 그런 걸."

우리는 어깨가 축 늘어져서 교회 종탑실을 더듬어 올라갔다. 한 칸쯤 되어 보이는 마루방은 기도실로 적격이었다. 사상 불순으로 학교에서 구박받고 눌림받던 몇몇 여학생이 그곳에 모이면 속세를 떠난 별천지에 온 기분이었다. 우리는 환한 얼굴로 웃었다. 숙이가 창문가로 갔다가 손짓으로 우리를 부른다.

"어서 와서 저 밖을 봐. 저 둥근 달 말이야……."

"어머나 사과처럼 붉어."

"그게 바로 저녁노을이지 뭐냐……."

석양의 노을은 대동강(大同江) 물에 반사되어 금빛처럼 빛났다. 선희가 가냘프고 맑은 목소리로 목청을 돋우었다. 숙이와 나도 따라불렀다. 꽤 오래 전 일이라 기억이 덤덤하지만 선희는 소프라노, 숙이와 나는 알토의 이중 화음으로 노래를 부른 것 같다.

'고향의 노래'는 우리의 18번이었고, 우리는 이 노래 가사를 우리의 취향에 맞게 개사하여 불렀다. 이를테면 우리나라의 통일과 독립을 염원하는 기원의 노래라고 하는 것이 좋을 것 같다. 그날 눈물을 삼키며 기원의 노래를 부른 우리는 이어 무릎을 꿇고 하나님께 부르짖었다.

평양(平壤)은 한국의 예루살렘으로 한국 기독교의 발상지라고 할 정도로 시가지의 우뚝 솟은 건물은 거의가 예배당 건물이었다. 그 중 대표적인 큰 교회가 산정현교회(山亭峴敎會)와 장대현교회(章臺峴敎會)이다.

산정현교회는 평양에서 부청(府廳) 앞을 지나서 일본인 중학교와 광성고등보통학교 앞을 지나고 기독병원 앞을 지나 신현교회(新峴敎會) 건너편에 있었다. 평양신학교와 그리 멀지 않은 곳에 있다. 산정현교회 초대 목사는 한석진 목사이고, 2대는 강규찬 목사였다.

주기철(朱基徹) 목사는 마산(馬山) 문창교회에서 시무하다가

1936년 7월에 산정현교회에 부임했다. 그 무렵이 산정현교회의 전성기였다. 일사각오(一死覺悟)의 신앙으로 일관했던 주 목사는 일제 말엽 순교자의 대열에 섰다. 이 일로 산정현교회는 더욱 유명해졌다. 산정현교회가 위치한 계리(鷄里)에는 많은 교회가 즐비했다.

1893년 평양에 마포삼열, 이길함, 손아론 세 사람이 널다리골교회를 세운 후로 눈부신 발전을 거듭하여 1920년에는 평양을 한국의 예루살렘이라고 부를 만큼 기독교가 왕성했다. 여기에 널다리골교회가 장대현교회의 전신이다. 이런 역사를 지닌 장대현교회는 한국 교회의 뿌리일 뿐더러 3·1운동의 진원지로 널리 알려져 있었다. 거의 평양의 심장부에 위치하고 있는 장대현교회는 산정현교회와 쌍벽을 이루다시피 했다.

나는 이처럼 유서 깊은 교회에서 마음껏 기도하고 사는 게 소원이었다. 하지만 사정이 여의치 않았다. 그 즈음 공산당의 등쌀에 제대로 24시간 문을 열어 놓는 교회가 그리 많지 않았다.

숙이는 나보다 민첩하고 활동적이었다. 어디서 들었는지 새로운 소식을 갖고 왔다.

"장대현교회에 학생들을 위한 철야기도회가 열린대야……"

"그래. 그러면 우리도 가면 좋겠는걸."

"그런데 그 기도회는 매일 있는 것이 아니고 매주 금요일 밤에만 있다고 했어."

예수의 십자가의 수난일을 기념하여 그 교회에서는 신앙이 좋은 교사가 중·고등부 학생을 위한 철야기도회를 직접 인도한다는 것이었다.

우리는 교복 대신 사복 차림을 하고 담요 한 장과 성경, 찬송을 지참하고 어두운 골목길을 빠져나와 가로등이 있는 행길을 걸었다. 거리에는 행인들이 띄엄띄엄 보였다. 여름밤에 가로수는 축 늘어지고 구름이 반쯤 덮인 하늘에는 금세 비가 쏟아질 것만 같았다.

우리가 예배당 문을 들어서자 철야예배를 인도할 교사인 듯한 젊은 남자가 반색을 하며 맞아 준다.

"어서 와요. 기도하러 오는 학생을 보면 힘이 솟고 기뻐요."

"선생님이신가요?"

그는 대답 대신 히죽 웃는다.

"그런데 오늘밤은 이상해요. 매주 오던 학생의 얼굴도 보이지 않고……. 학교에서 교회 다닌다고 무슨 일이라도 있었는지 모르겠군요."

그는 난색한 표정을 짓다가 또 피식 웃는다. 고급스런 미끈한 양복에 핑크색 넥타이를 맨 것이 격이 있어 보였다. 키가 좀 큰 편이고 눈이 어글어글하고 시원스럽게 생겼다. 하지만 여학생 앞에서는 몹시 수줍어하는 애송이 같았다.

"선생님, 오늘 철야기도회 때 설교는 누가 하시지요?"

"누가 하겠어. 교사는 나뿐이니 나밖에 할 수 없잖아요……. 어디 설교할 사람이 있나요?"

"선생님, 여기 우리 친구가 설교를 시키면 하겠다고 했어요. 한번 시켜 보면 어떨까요?"

"그게 좋겠어. 난 오늘 바쁜 일로 설교 준비 못해서 걱정했는데, 마침 잘되었어요."

그날 밤 철야기도회는 밤 자정이 되어서야 시작되었다. 모인 인원은 선생까지 합해 네 명이고 반주자도 없었다. 그 선생님이 예배를 인도하고 나는 설교를 하려고 단에 섰다. 밤은 적막했다. 교회 숲속에서 벌레 우는 소리가 가냘프게 들릴 뿐 밤은 깊은 적막 속에 싸여 있다.

난생 처음 강단에 선 나는 몸이 흡사 석고처럼 굳어졌다. 그리고 입이 뻣뻣하여 벌어지지 않았다. 애써 진정을 하려고 침을 삼켰다. 성경을 펼쳤다.

"내 계명은 곧 내가 너희를 사랑한 것같이 너희도 서로 사랑하라 하는 이것이니라 사람이 친구를 위하여 자기 목숨을 버리면 이보다 더 큰 사랑이 없나니 너희는 내가 명하는 대로 행하면 곧 나의 친구라"(요 15:12~14).

성경을 읽고 예수님의 사랑을 전하다가 예화로 '도메지 왕자' 이야기를 하게 되었다.

옛날 도메지 왕자가 살았답니다. 궁궐생활에 싫증난 왕자는 궁궐 밖 구경을 하고 싶었습니다. 그리하여 감쪽같이 궁궐 담을 뛰어넘었습니다. 그랬는데…….

구수하게 이야기를 엮어 가며 간신히 설교를 마쳤다. 순간 이마에는 구슬같은 땀이 홍건히 고여 있었다.

"수고했어. 그런데 설교 중간에 가서 이야기의 순서가 뒤바뀌는 바람에 긴장했었지."

"나도 동감이야. 첫술에 배가 부를 수 없잖아……."

이런 말을 주고받으며 배꼽을 쥐고 웃다가 그날 밤을 기도로 새웠다.

그 뒤에도 우리는 애국애족하는 마음으로 그 교회를 자주 찾아갔다. 그 사이 우리는 그 애숭이 교사와 퍽 친숙한 사이가 되었다.

"선생님은 여자 앞에서는 꽁생원이에요. 좀 용기를 내는 것이 어떨까요?"

"어째 나더러 꽁생원이라구……. 그것은 나를 모르고 하는 말일세. 나야말로 여성 예찬론자이니까 여자 앞에서는 겸손해서 그러는 거지."

그는 이런 말을 하며 통쾌하게 웃었다.

그 해 가을, 학교의 분위기는 초가을의 날씨처럼 싸늘해졌다. 아무래도 무슨 일이 터질 것만 같았다. 학교에서 유린당한 기독학생들은 여기저기서 술렁거리기 시작했다.

"시한폭탄이 결국 터지는 것인가 보다."

나는 혼자 중얼거리며 앞으로의 길을 모색해 보았다. 그러던 중에 우리 학급에서부터 학교 당국의 부당한 행위에 항거하는 스트라이크가 일어난 것이다. 능청스럽게 생긴 학생이 교수실로 가서 담임교사를 불러 왔다.

"선생님, 학생들을 교육하는 여학생 앞에서 담벼락에 소변을 보는 것이 옳은 것입니까?"

이 질문에 담임교사는 얼굴이 빨개졌다.

"내가 급하다 보니 학생들 앞에 실례를 했구먼."

그러자 여학생들은 신나게 웃었다.

"그러니까 선생님은 우리를 지도할 자격이 이미 상실된 것입니다."

이렇게 꼬투리를 잡으며 학생들은 평시에 눌림받던 서러움을 털어놓기 시작했다. "우리에게 신앙의 자유를 부여하라. 주일에 학생들을 학교로 동원케 하는 저의를 밝혀라!"는 등 사태는 심상치 않았다. 그러자 담임교사는 퇴장을 하고 얼마 후에는 문공성(문교부)의 직원이 동원되는 등 법썩을 떨었다. 그러면서 주모자 색출에 혈안이 되어 있었다. 그러자 술렁거리던 장내가 숙연해졌다.

"올 때가 왔구나……."

나는 아예 모든 것을 체념해버렸다.

뒤를 돌아보았다. 현숙이, 숙희의 얼굴도 침울해 보였다. 장내는 살벌한 분위기에 싸여 있었다. 금방 무슨 변괴라도 내릴 것만 같았다.

"퇴학이라면 될 대로 되라지."

학교와의 결별을 미리 예측했던 터라 당장 부딪친 사건을 눈앞에 놓고도 두려움이 없었다. 이처럼 기독학생들은 반석과 같은 견고한 신앙으로 뭉쳐 있었고 사태를 예의주시하고 있었다.

그 즈음 반장을 불러서 정보를 입수한 담임교사가 노기가 등등하여 주동학생 몇 명의 이름을 불렀다. 호출받은 학생은 어디론가 끌려갔는데 나도 그들 틈에 끼어 있었다.

끌려 간 곳은 텅 빈 교실이었다.

"어서 사실대로 말해봐. 무슨 일로 스트라이크를 일으켰나?"

평소 얌전했던 담임선생은 이번 사건만은 묵과할 수 없었던지 눈에 쌍심지를 켰다.

"어서 말해 보라니까……."

그는 안경을 벗어서 탁상 위에 놓고 쏘아보았다.

"선생님, 신앙은 우리의 자유 아닌가요? 그렇다면 학원에서 우리의 권리를 찾는다는 게 모순인가요?"

"그건 어거지야. 언제 학원에서 신앙을 유린했던가? 북조선에서는 인민에게 신앙 자유가 헌법으로 보장되어 있어."

나는 이 말에 어이가 없어서 잠자코 있었다. 생트집으로 올가미를 씌우려는 스승과는 아예 상대하지 않는 것이 현자의 태도인 것만 같았다. 현숙이도 숙희도 끌려간 빈 교실에서 심문을 받았으나 말해 보았자 오히려 역효과가 날 것 같아서 침묵으로 일관했다는 것이다.

그후 우리는 이 사건으로 퇴학을 당했다. 퇴학령이 내리기 전 우리 기독학생 몇 명이 교무실로 불려갔다. 교무실 분위기는 겨울 영하의 기온처럼 썰렁했다. 교직원이 입석한 자리에서 검은 안경을 얼굴에 두른 교장이 미리 작성한 문서를 탁상 위에 놓았다. 그리고 우리 앞에 넌즈시 내밀었다.

— 퇴학 처분 —

이미 각오했던 일이기에 오히려 담담한 심정이었다. 순간 나는 존 후스의 순교의 장면이 머리에 떠올랐다. 그는 종교개혁자로 이를 적극 추진하다가 투옥되었고, 교황의 명령에 의하여 사형장으로 끌려갔다. 그러나 후스는 조금도 두려워하지 않았다.

고요히 무릎을 꿇고 두 눈으로 하늘을 우러러보며 소리쳤다.

"오! 하나님이시여, 당신의 무한하신 자비로 나의 원수의 이러한 부정의를 용서하여 주옵소서."

그의 책들은 교회 문간에서 불에 탔다. 후스 주위로 장작이 쌓였을 때 바바리아의 공작은 선고를 받은 그 사람에게 마지막으로 그의 주장을 포기하라고 간청하였다.

그러나 그 순교자는 확고하게 입을 열었다.

"아닙니다. 나는 결코 거짓 교리로 설교하지 않았습니다. 그리고 나는 내 입술로 가르친 그것을 이제 내 피로 인치겠습니다."

쌓인 장작에 불이 붙었을 때 그는 매우 크고 우렁찬 소리로 찬송을 불렀기 때문에 그의 목소리와 장작이 타는 바삭바삭하는 소리가 모인 사람들의 귀를 울렸다. 나는 후스의 영웅적 순교자의 모습을 존경하게 되었고 부러워했다.

우리는 퇴학 처분을 받고 교복을 벗었다. 그런 중에 여론이 비등했다. 주위에서 어린 학생들을 퇴학시키는 것은 심한 처사라는 화살이 빗발치자 다시 복교 조치를 취하여 겨우 퇴학만은 면하게 되었다.

당시 이 사건은 은밀히 감춰진 채 일반에게 알려지지 않았던 사건이었다.

양곡을 만재한 열차가 검은 연기를 뿜으며 북쪽으로 달린다. 그 열차는 서평양(西平壤)에서 정차하지 않고 속력을 내어 걸핏걸핏 달린다. 아무리 보아도 수상한 열차였다.

해방 후부터 6·25전쟁이 발발하기까지 이런 수상한 열차를 수없이 목격했다.

"정지도 하지 않은 채 열차는 어디로 가는 것일까? 그리고 저 엄청난 양곡은 어디다 소비하는 것일까?"

이런 열차를 보고 의구심이 가시지 않았다. 서평양은 우리 집에서 가까운 거리에 있었다. 초등학교에 다닐 때 나는 전차나 도보로 학교를 왕래했다. 우리 집은 기림리(箕林里) 전차 종점인 서평양역 부근에 있기 때문에 매일 아침 저녁으로 기차역을 지나 다녀야 했다.

"또 양곡 실은 열차가 지나가는군."

나는 또 씁쓰레 입맛을 다셨다. 그러자 지나가는 행인이 내 말을 듣고 응수했다.

"어허……. 그것도 몰라. 학생이 어려서 너무 순진하군. 저것 다 소련 상전에게 바치는 거야. 두고보라고. 학생이 철이 들면 자연히 알게 돼. 그때 수수께끼를 풀어 보면 재미있을 거야."

그는 이 말을 남기고 어디론가 휙 돌아서서 총총걸음으로 사라졌다.

어느 날인가, 나는 그 장소에서 양곡을 만재한 열차를 보았다. 양곡을 만재한 차량의 수는 뒷꼬리가 보이지 않을 만큼 길어 보였다. 그 차량을 보고 마구 심장이 뛰었다.

"백성들은 뭘 먹고 살라고 저렇게 소련에다 상납하는 것일까?"

6·25가 임박하면서 양곡을 북송하는 차량의 수는 더욱 늘었다. 이 광경을 보고 속이 든 사람들은 저마다 혀를 찼다.

"빨갱이들이 쌀을 소련에다 상납하고 전쟁 준비를 하고 있는 걸세."

"암 그렇고말고. 쌀 주고 무기를 갖고 오는 거지. 북괴와 소련의 내심이 있는 거야. 전쟁 준비를 하면 언젠가는 크게 전쟁이 터질 걸세."

"그럼, 자네는 남한 정부를 어떻게 생각하나?"

"글쎄, 북괴의 전쟁 음모를 모른 채 남한에서 미국 정부만 과신하다간 큰코 다칠지도 모를 일이야."

이렇게 나라 일을 은근히 걱정하는 사람들을 보면 나도 나라 일이 저으기 염려가 되었다.

지형순 목사가 있었다. 그는 내가 다니던 평양 기림리교회의 담임목사였으며 유명한 부흥사였다. 그 교회 교회학교에 적을 두고 있던 나는 먼 거리에서 그분을 몇 번 보았을 뿐이다. 키가 크고 신체가 건장하며 인물이 수려한 지 목사는 평양 기림교회에 부임하여 식사할 겨를도 없이 분망한 생활을 했다.

"우리 교회 목사님은 참 얼굴 뵙기가 어려워. 늘 부흥회를 인도하니 겨우 주일에나 교회에서 만나게 되지."

어머니는 가끔 지 목사의 이야기를 하며 신령한 목사라고 칭찬을 아끼지 않았다. 지 목사는 흡사 참대처럼 곧고 강인하며 불의 사자와도 같았다. 불의를 보고 참지 못하여 힐책하던 그는 한국의 세례 요한이라고 했다. 그가 설교하던 주위에는 공산당원들이 냄새를 맡고 따라다녔다.

북괴가 전쟁 준비에 광분하던 어느 날, 지목사는 설교하던 중에 북괴의 만행을 여지없이 폭로했다.

"우주를 섭리하시는 하나님은 이 땅에 풍요한 풍년을 주셨습니다. 보시오. 넓은 들에는 익은 곡식이 황금 물결을 이룹니다. 작년에도 풍년, 올해도 풍년, 이렇게 계속하여 하나님께서 풍년으로 복을 주셨습니다. 그러나 풍년으로 추수한 곡식을 소련에 바치고 우리는 한 그릇의 죽도 먹기 어려우니 어찌 된 일입니까······."

그는 이렇게 외치며 북괴의 부당한 처사를 공박하였다. 이런 일로 북괴로부터 더욱 주목을 받았다.

"동무, 함부로 말을 지껄이지 마시오. 계속 버티면 더이상 그냥 두지 않겠소. 시베리아로 끌고 가겠소."

"좋소. 그럼 나는 소련에서 전도하겠소."

이처럼 지 목사는 불의에 타협하거나 굴하지 않았다. 그 후 지형순 목사는 사상 불순, 반동분자로 체포되었고 옥고를 치르다가 재동탄광으로 끌려가 거기서 혹사를 당하였다. 그러나 그는 신앙의 절개를 굳게 지키면서 끝내 공산당과 타협하지 않고 항거하다가 6·25 한국전쟁 당시 순교했다.

북괴는 엄청난 쌀을 소련에 상납하고 무기를 공급받으면서 전쟁 준비에 광분했다. 그런가 하면 소위 평화 공세로 전쟁 도발을 숨기기 위한 술책을 자행하기 시작했다. 그 한 방안으로 6월

7일 소위 조국통일중앙위원회에서 채택하였다는 "조국의 평화적 통일에 관한 결의문"을 대남 방송으로 통보하였다. 이어 다음날에는 남한 지도자와 UN 한국위원단에게 평화통일 호소문을 전달하기 위하여 조국통일중앙위원회 대표 세 사람을 파견한다는 방송을 하기에 이르렀다.

그러나 대한민국 정부는 단호하게 이를 묵살했다. 그 지경에 이르자 북괴는 미리 준비한 또 다른 마각을 넌즈시 제시했다. 북한에 감금되어 있는 조만식 선생 부자와 남한에 체포되어 있는 남로당의 김삼룡과 이주하를 일주일 이내에 38선에서 맞교환하자는 제의를 하며 접근해 왔다.

진해(鎭海)에서 주말 휴양을 마치고 6월 15일 서울에 상경한 이승만 대통령은 몇몇 관계 장관들과 상의하여 조만식 선생 교환에 대한 제의를 북한에 알렸다. 그러나 북괴는 이에 대한 아무런 응답이 없었다.

그러자 남한측에서 다시 독촉하되 6월 23일 오후 2시부터 4시 사이에 여현 남방 3킬로미터 지점에서 상호교환하자는 내용을 재차 방송으로 홍보하였다. 전면 침공 준비에 여념이 없었던 북괴는 고의로 아무런 응답을 하지 않았다. 이처럼 북한 공산당은 평화 위장 공세를 펴며 도전해 왔다.

6월 중순이 넘어서자 전쟁의 조짐이 일기 시작했다.

드디어 6월 25일 새벽 4시, 북한 인민군은 중무장을 하고 탱크를 앞세우며 전면 남침을 개시했다.

요란한 포성 소리가 한반도의 고요한 새벽을 진동시켰다. 동족과 맞붙어 싸우는 격전장에는 피비린내가 짙게 퍼졌다. 김일성의 오발로 세계 역사상 유례가 없는 가공할 만한 전쟁이 벌어진 것이었다.

아! 유라굴로, 유라굴로 폭풍…….

전쟁의 참혹한 폭풍이 한반도에 내습한 것이다. 무섭고 사나운 폭풍이 언제 가실지 아무도 예기치 못했다.

Ⅱ. 내가 마지막 본 적도(赤都) 평양

— 1 —

나는 어릴 때 어머니 치맛자락에 싸여 옛이야기 듣기를 좋아했다.

"엄마, 재미있는 이야기 해줘요. 심심해서 그래."

내가 졸라대면 어머니는 마지못해 입을 열었다.

"그럼, 귀여운 병아리 얘기를 할게."

"아이 좋아. 신난다."

나는 어머니 곁으로 다가앉았다.

"옛날에 알 속에서 금방 나온 예쁜 병아리가 있었단다. 어미 품에서 부화한 이 병아리는 주둥이가 나른하게 예뻤고, 털은 개나리꽃처럼 노랗고 윤이 나며 참 귀여웠지."

"그럼 병아리 이름은 뭐라고 불렀지요?"

"에끼, 병아리가 이름이 있나……. 잠자코 듣기만 하라고. 그 병아리가 아장아장 놀다가 그만 변을 당했다는 거야. 글쎄 쥐가 감쪽같이 나타나 정갱이를 물어 뜯었지."

나는 가엾어서 눈물이 핑 돌았다.

"그랬는데 그 병아리는 며칠을 아파서 신음하다가 죽을 때 '삐약삐약' 거리며 죽었다는 거지."

이야기 끝에 어머니는 은근히 고향 자랑을 했다.

"병아리가 죽을 때 평양을 잊지 못해 삐약삐약거렸듯이 네가 태어난 곳을 잊어서는 안 되느니라."

이렇게 말하는 어머니에게는 심중 깊이 무엇인가 간직한 것이 있는 것처럼 보였다. 어렸을 때는 이런 어머니의 심정을 헤아릴 수 없었으나 나중에는 어렴풋이 이해할 수 있었다.

성격이 활발하고 처세술이 좋으며 인정 많은 어머니는 누구의 말처럼 여염집 여자와 같지 않다는 말을 들었다.

"아무렴, 배운 사람이라면 거목(巨木) 감이지. 몸이 성치 않은 게 탈이로구먼."

언젠가 어머니와 가까이 지낸 주변 사람이 어머니를 접촉하고 한 말이었다. 아닌 게 아니라 어머니는 몸은 성치 않지만 사람들을 잘 사귀며 제법 통솔력이 있어 보였다.

한여름, 상추가 성할 때면 이웃 아낙네들 모두 우리집에 모이도록 했다.

"형님, 여기 앉으시라구요. 우리집 고추장 맛을 보시구레."

어머니는 쌀밥과 씻은 상추 한 바가지를 밥상 위에 올려 놓는다.

"어서 밥 드시라구요. 난 형님들이 잘 잡수시면 참 좋디요."

이런 때면 아낙네들이 우르르 모여서 고추장에 상추를 싸서 먹는데, 순간에 밥이며 상추가 없어졌다. 어머니는 생활이 넉넉지 못하더라도 주는 것을 무척 기쁨으로 생각했다.

"사랑은 입으로만 하는 것이 아니라 실제로 행동이 수반되어야 하느니라. 즉 사람은 먹는 데서 정이 생기게 마련이거든."

이런 어머니의 말이 옳았다.

나는 언젠가 어머니의 이야기 속에서 왜 평양으로 이주해서 살았는가를 알았다.

"네 아버지와 열일곱 살에 결혼을 했었지. 그때 네 아버지는 경남 마산에서 잡화상을 경영했었어. 그랬는데 사업이 부진해서 별안간 평양으로 이사를 온 거란다."

어머니는 철부지인 내가 이야기 상대가 되지 않으련만 속의 것을 털어놓았다. 그렇다면 어머니의 고향은 경상도임에 틀림이 없다.

하지만 어머니는 고향을 묻는 이에게는 "토머스 목사가 순교의 피를 흘린 대동강이 있는 피양이지요" 하고 말한다. 아직 강한 경상도 억양이 있는데 왜 하필이면 굳이 평양이라고 하는 것일까? 거기에 대한 어머니의 이유는 그럴 듯했다.

"처음 평양에 이사와서 한동안 고향병에 걸렸더란다. 그러다가 내 스스로 찾아간 것이 교회당이었어."

어머니는 이야기를 하다 말고 치마로 얼굴에 흥건히 맺힌 땀을 닦았다.

"그런데 난 말이야, 처음 목사님의 설교를 듣고 깨닫고 그 자리에서 예수 그리스도를 나의 구주로 고백을 했구나."

이 말을 하며 어머니는 콧날이 시큰거리는 것 같았다.

"그 시간 나는 새로 태어났지. 주님의 은혜로 옛사람이 변하여 새사람이 된 것이야. 그러기에 영적(靈的)으로 다시 태어난 평양을 고향으로 부르는 것이란다."

듣고 보니 그럴 듯하였다. 그리고 어머니는 자신의 이름도 개명하여 불렀다. 원래 이름은 '두레'였지만 예수 믿게 된 그날을 기념하여 이진실(李眞實)이라고 지어 부른 것이다. 그 이름대로 그의 신앙은 진실했다. 주의 일이면 몸이라도 모두 바치고 싶어 하던 어머니에게 그 기회가 왔다.

평양의 여름은 각 교회의 어린이성경학교로 피크를 이룬다. 그 해도 예외는 아니었다. 우리 집은 모란봉(牡丹峰) 밑의 경창리를 지나서 바로 창동교회(倉洞敎會) 앞에 있었다. 해마다 이 무렵이 되면 동경(東京)에서 유학하던 대학생들이 교회 봉사를 한답시고 교회로 모여들었다. 성경 공부를 비롯한 노래와 율동, 게임, 촌극 등은 어린이들의 흥미를 돋운다. 이런 어린이성경학교에는 불신자의 가정에서나 심지어 불교 가정에서까지 열렬한 호응을 하며, 자녀들을 교회에 데려다주기까지 했다.

나는 언니들에게 이끌려 유치반에서 성경을 배웠다. 키 크고 뚱뚱하고 능숙한 여선생은 성경 이야기를 구수하게 늘어 놓았다.

"멀고먼 옛날에 이스라엘 나라에 삼손이란 사람이 살았어요.

그런데 말이죠. 그 삼손이란 사람은 하나님께 힘을 받은 사람이었어요. 그때 블레셋 나라가 이스라엘을 자주 괴롭혔어요. 삼손은 이런 나쁜 사람들을 없이하려고 하루는 당나귀 턱뼈로 자기에게 덤벼오는 블레셋 사람 1천 명을 단숨에 죽여 버렸어요."

"어머나! 굉장한 장수야……."

꼬마 친구들은 감탄하며 흥미있게 이야기를 들었다. 하지만 나는 그 선생의 이야기를 듣고 왠지 무서워졌다.

그 해 여름성경학교가 끝날 즈음이었다. 교회에서 나오던 나는 어머니와 마주쳤다. 지게꾼을 앞세운 어머니는 교회 사무실로 들어가는 것이었다. 뒤에 안 사실이지만 그날 어머니는 여름성경학교를 위해 수고하는 교사들을 위로하기 위해 참외 한 상자를 전했다는 것이었다.

"그날, 교사들이 어찌나 기뻐하는지 모르겠더라. 하나님께 감사기도를 드리고 먹는 모습이 참 흐뭇하더라. 어쨌든 여름성경학교를 개교한 이래 처음 대접을 받아 보았다는 거야."

그러면서 어머니는 환한 웃음을 지어 보였다.

평양에 김성덕(金聖德) 할머니가 살았다.

거의 70세를 바라보는 이 할머니에게는 아들이 하나 있었다. 그런데 그 아들은 결혼을 했지만 부인과 헤어졌기 때문에 그 아들을 데리고 살았다. 하지만 생활 능력이 없어 이 할머니는 교회 사찰 노릇을 했다.

평양 서문밖 근처에 조그마한 개척 교회가 있었는데, 할머니는 그 교회에서 사찰직을 맡았다. 개척 교회 사찰이었던 만큼 생활이 넉넉하지 못했다. 이에 그는 '믿음으로 구하면 된다' 는 확고부동한 신앙으로 하나님께 매달려 기도하기를 시작했다. 기도의 장소는 모란봉 정상이었다. 거기서 김성덕 할머니는 3개월을 특별기도 기간으로 정하고 부르짖으며 기도했다.

이 할머니는 무식해서 성경을 익숙하게 읽지 못했고 찬송가 곡도 바르게 알지 못했다. 그랬건만 그의 입에서는 늘 즐겨 부르는 찬송이 끊이지 않았다.

성령이여 강림하사 나를 감화하시고
애통하며 회개할 맘 충만하게 합소서.

이처럼 '성령이여 강림하사' 의 한 가닥 곡조가 흘러나오면 그의 얼굴에는 금세 주님이 주시는 위로와 기쁨으로 충만하였다.

그러던 어느 날, 이 할머니가 3개월 기도를 마치고 모란봉에서 허청허청 내려올 때였다. 갑자기 가슴이 뭉클해지며 뜨거워졌다. 그리고 불이 탔다. 순간 성령이 임하심으로 권능이 임했다.

"김성덕 할머니가 기도했더니 곱추가 펴졌대."

이런 소문이 겨울 삭풍을 타고 널리 퍼져갔다. 그러자 그는 하루 사이에 유명해졌다. 그의 집에는 기도를 받아 병을 고치겠다는 사람들이 열을 지어 차례로 기다렸다.

결혼을 했던 한 여자가 자녀 둘을 낳았으나 흉악한 귀신에 얽매여 몹시 고통을 당하고 있던 중에 김성덕 할머니를 찾아왔다. 그녀를 붙들고 간절히 기도하던 그는 버럭 소리를 쳤다.

"이놈, 네 이름이 뭐냐?"

그러자 이 물음에 귀신 들린 여자는 벌벌 떨면서 안절부절하지 못하다가 "내 이름은 소귀신이오."라고 대답했다.

"흥, 네 속에 소귀신이 들어갔었군."

이 말 뒤에 김성덕 할머니는 주 예수의 이름으로 명하여 곧 귀신을 쫓아버렸다.

"그 소문을 듣고 나도 한 번 찾아갔었지. 그때 병 기도를 받아 봤구나."

그후로 어머니는 김성덕 할머니를 좋아하며 모란봉에서 기도하고 내려가는 길에는 우리집에 꼭 들르도록 권유했다. 그가 우리집에 다녀가면 나에게는 소득이 적지 않았다. 그 중의 하나가 눈깔사탕을 얻어 먹는 것이다.

그 할머니는 우리집에 오면 우리 가정을 위해 장시간 기도를 드렸다.

"형님, 아시다시피 하나님께 위탁받은 일곱 남매를 어떻게 양육하여야 할까요. 하나님께 기도밖에 없잖아요. 그러니 자주 들러 주셔야 합니다."

이런 청을 들으면 할머니는 고개를 끄덕거렸다. 자식들을 위해서 기도드려 주기를 바랐던 어머니로서는 김성덕 할머니가 오는 날이면 정성을 쏟아부어 대접했다. 평시 우리가 맛보지도 못했던 반찬이 밥상에 오르는가 하면 간식은 계절에 맞추어 준비를 했다가 대접을 했다.

어머니는 김성덕 할머니를 따라 자주 모란봉에 가서 기도를 드렸다. 평양 모란봉은 수려한 명산일 뿐만 아니라 일제 시대에 기도꾼의 기도가 쌓인 곳이기에 더욱 유명했다. 밤이고 낮이고 기도꾼들의 하나님께 부르짖는 기도의 소리가 끊이지 않았다.

나에게 있어서 평양은 낭만과 꿈을 부풀게 한 곳이었다. 바로 모란봉 밑에서 태어나 그곳에서 성장한 나는 일제 말기 소개지(疎開地)로 갔던 황해도 재령(載寧)과 6·25전란 통에 피신했던 평남 석암(石岩) 외에는 줄곧 평양에서 살았다.

나는 심심하면 꼬마 친구들과 어울려서 모란봉 잔디밭에서 뒹굴었다. 모란봉에는 유서 깊은 고적들이 있었는데, 한번은 그 고적들을 보고 기겁한 일이 있다.

"어머나!"

나는 외마디로 소리쳤다.

"왜 그러니?"

"저 화상이 너무 무서워서 그래."

갑옷과 투구를 쓴 사람은 말을 탔는데, 그 장수 같은 사람이 나를 겨냥하여 달려오는 것만 같았다.

내 또래의 학급에 공부를 썩 잘하는 곽영자란 친구가 있었다. 머리가 명석하고 출중해서 별명이 '천재'였는데, 담임선생조차 그 애 앞에서는 쩔쩔 맬 정도로 머리가 우수했다. 그 애와 나는 절친한 사이였으므로 수업이 끝난 뒤에도 헤어질 줄을 몰랐다.

"어디 가서 공부할까?"

이런 말이 입에서 튀어 나오면 그의 집으로 가거나 모란봉 기슭을 기어올라가서 거기서 해가 지도록 공부를 했다. 여학교 진학을 위해 머리를 싸매야 할 때였다. 그런데 그 애는 공부하다가 가끔 멍청하게 시름에 잠길 때가 있었다.

"또 엄마 생각을 하는 거야?"

그러면 영자는 금세 눈물을 손수건으로 닦았다. 언젠가 나는 그 애 집에 갔다가 아버지에게 분풀이하는 것을 보았다. 일찍이 퇴근한 아버지는 딸 녀석이 너무 귀여워서 딸이 공부하는 방으로 성큼 들어왔다.

"오오, 우리 영자가 아직 공부하고 있구나. 자 아버지가 간식을 준비했으니 친구와 같이 먹으렴."

과자 봉지를 내민 아버지는 딸애가 예뻐서 머리를 쓰다듬어 준다. 하지만 영자는 심통을 부리며 입으로 아버지의 팔목을 핥았다. 순간 나는 친구의 눈에서 헤어진 어머니를 그리워하는 애타는 모습을 엿볼 수 있었다.

그후 나는 영자와 더 가까워졌다. 그 애는 체구에 비하여 유난히 머리가 컸다. 놀란 토끼처럼 눈이 약간 튀어나온 그 애의 얼굴은 개성적이었다. 게다가 가정환경에 비하여 꽤 명랑한 편이었다. 구김살이 없는 탁 트인 그 애의 마음은 배짱도 있고 적극적인 것처럼 보였다.

너무 조숙한 탓인지 모르지만 초등학교 6학년 시절에 같은 학년 또래의 애인이 있다는 소문이 파다하게 퍼졌다.

"영자의 애인은 백만장자 아들이라고 하던데……."

한때 이런 소문이 교내에 요란하게 퍼졌으나 담임선생도 제지를 못하고 철부지의 장난으로 생각했는지 그냥 두고볼 뿐 속수무책이었다. 그러던 어느 날 나는 우연한 기회에 그 장면을 목격했다. 영자의 집으로 가려고 교실문을 나와 현관으로 내려가던 찰라, 그 애의 애인이라 알려진 남학생을 만났다. 그 남학생은 우리를 보자 얼굴이 홍당무처럼 되었다가 휙 돌아서서 달려가는 것이 아닌가.

그 사이 영자는 얼굴에 약간의 경련이 인 듯 보였으며 연민의 정이 어리어 있었다. 나는 상급학교 진학 시험이 얼마 남지 않았던 그 시기에 애써 친구의 마음을 흔들어 놓고 싶지 않았다.

이윽고 우리는 모란봉 기슭에 닿았다. 그 근처에는 잔디밭이 있어서 마음대로 뒹굴 수 있었다.

"우리 피곤도 풀 겸 마음대로 뒹굴어 보자."

"그래. 그게 좋아."

우리는 언덕 잔디밭에서 몸을 뒹굴었다. 미끄럼대에서 내리는 것처럼 몸이 밑으로 쑥 내려갔다. 참 통쾌했다.

여름 하늘에는 흰구름이 뭉게뭉게 피어 있었다. 우리는 두 다리를 뻗고 벌렁 누웠다. 책을 폈으나 마음이 들떠서 글이 눈에 들어오지 않았다. 이런 때 친구에게 전도를 하고 싶은 충동이 일어났다.

나는 주변에서 아름다운 꽃 한 송이를 꺾어 친구에게 넌지시 보였다.

"이 꽃 참 예쁘지."

"그래, 너무 아름다워. 그리고 꽃 냄새도 향기롭고."

영자는 내가 건네주는 꽃을 손에 쥐고 기쁜 표정을 짓는다.

"그런데 성경은 인생은 마치 이 꽃과 같다고 했지. 꽃이 아무리 예뻐도 얼마 안 가 시들해지잖아."

"그렇다면 인생은 너무 허무한 것이군."

"그러기에 사람은 아무리 훌륭해도 한계가 있는 법이야. 사람은 피조물이고 세상에 출생했다가 언젠가는 결국 죽는 거잖아······."

이 말에 영자는 수긍이 갔는지 말없이 고개를 끄덕였다.

"하지만, 나는 당장 교회는 나갈 수 없어. 예수가 역사적인 인물로서 세상에 오셨다는 것은 믿어지지만 하나님이라는 사실은 믿어지지가 않아. 그렇지만 너와 꼭 약속해. 여학교에 입학하면 그때 착실하게 믿어 보겠어."

영자에게 여러 차례 전도를 했으나 이번과 같은 통쾌한 말은 처음 들었다. 그랬던 영자가 여학교에 입학도 못한 채, 꿈도 펴 보지 못하고 그렇게도 소원했던 여학생 교복도 입어 보지 못하고, 또 나에게 약속했던 예배당도 가 보지 못한 채 졸지에 세상을 떠났다.

친구의 장례식 날, 나는 그와 뒹굴며 공부하던 모란봉을 바라보며 하염없이 눈물을 흘렸다.

— 2 —

평양은 옛 고구려의 서울로서 자랑할 것이 많았다. 평양은 문화의 도시요, 상업의 도시요, 종교의 도시요, 교육의 도시로 알려졌다.

그런가 하면 토머스 선교사가 대동강에서 순교한 후에 평양은 한국의 예루살렘으로 유명해졌다. 그러기에 신앙이 있고 앞을 내다보는 사람들은 자식을 낳으면 평양으로 유학을 보냈다.

평양에는 물산장려회 본부가 있었다. '한국의 간디'라는 조만식 장로가 그 중심 인물로 지도하고 있는 만큼 한국 사람의 경제적인 기반이 비교적 튼튼했고 부자들도 제법 있는 편이었다.

중추원(中樞院) 참의가 된 박경석 같은 이의 업체도 있었는데, 기림리를 중심으로 한 양말 생산은 전국적으로 유명했다. 이러한 분들이 대개 기독교인이어서 자연히 기독교의 활동은 활기를 띠었다.

넓은 거리의 상점들이 주일날이 되면 가게 문을 닫고 각 교회로 향했다. 평양의 주일날은 진풍경이었다.

나는 어렸을 때 어렴풋이 들었던 그 "예수 천당!"의 소리를 잊을 수가 없다. 고요한 새벽에 "예수 천당! 불신 지옥!" 하는 소리가 메아리 되어 잠자던 사람의 귓전을 친다.

"얘야! 저 소리가 최권능(崔權能) 목사의 전도하는 목소리란다. 그러니 귀를 기울여 들어 보렴."

이런 어머니의 말에 눈꼽 낀 눈을 비비고 그 소리를 들었다.

"예수 천당! 불신 지옥!"

새벽 4시…….

별들이 오들오들 떨고 있는 싸늘한 밤 하늘을 뚫고 들려오는 그 소리……. 아직은 칠흑으로 덮인 캄캄한 밤 공기를 헤치고 그 목소리는 무지개의 일곱 빛깔보다도 더욱 영롱한 울림으로 어둠이 깔린 창문마다 잔잔한 여운을 남기면서 메아리쳐 가고 있었다.

태양의 광선과도 같은 이 메아리는 압록강을 건너 만주 벌판으로 퍼져갈 것 같았다. 서울에 있는 조선총독부에도 들어갈 것만 같았다. 그리고 현해탄을 건너서 아시아 천지를 마음대로 집어삼키려는 군국주의 일본을 향해서도 이 메아리의 물결이 퍼져 가는 것만 같았다.

"예수 천당! 불신 지옥!"
그것은 또 부패하고 썩어져가는 동족의 낡고 병든 심령을 향해서도 따스한 봄볕같이 스며들 것만 같았다. 한국 기독교 역사의 첫장이 시작되어 개혁교회 신앙을 받아들이고 그것을 키워 온 본고장이 평양이다. 그런가 하면 전도에 대해서도 동정과 이해가 많은 것이 이 고장이었다.

"최 목사님이 수고하디. 수고해!"
노인들은 새벽잠은 안 오고 돋보기로 성경을 읽으면서 제각 각 한마디씩 최 목사의 새벽의 가두 전도에 격려를 보내는 것이다. 자기네들이 용기가 모자라서 못하는 그것을 대신 해주고 있다고 그들은 흐뭇하게 생각하고 있었다.

정녕 평양의 새벽은 최 목사의 "예수 천당"의 외침 속에서 밝아오는 듯했다. 어떤 가정에서는 최 목사의 외침 소리에 벌떡 일어나서 양말공장에 가는 식구들의 아침밥을 서둘러 준비하는 새 습관이 생기기도 했다.

"예수 천당!"
캄캄한 밤중에도 이 소리만은 생명력을 가지고 여울져 갔다. 한국의 예루살렘 평양은 최 목사의 이런 외침으로 동이 텄다. 이 능력의 외침은 한국 교회에 심령의 불을 붙이고, 이로 인해 오늘의 한국 교회는 세계 교회 역사상 보기 드문 부흥의 기적을 낳았다.

최권능 목사는 자기에게 붙은 그 불을 다른 사람의 정신적인 장작개비에다 집어던진 것이다. 그렇게 하여 불은 번져갔다. 마치 용광로처럼 전신이 불덩어리가 되어, 누구든지 그의 곁에 가면 녹는 것 같은 강렬한 힘의 외침이었다.

"예수 천당!"

그 목소리는 오장육부를 쥐어짜서 분출하는 목소리와도 같았다. 그 외침은 새벽기도를 재촉하는 교회의 종소리보다 얼마만큼 앞선 시간이었다. 고요한 새벽에 모란봉이 떠나갈 듯 울려퍼지는 그 요란한 목소리는 새벽 4시가 되면 어김없이 울려 오는 것이었다.

"내가 앞장서디요. 매는 모두 내가 혼자 맡아서 맞고 순교도 내가 맡아서 할 터이다."

이렇게 자기의 심정을 털어 놓았던 최권능 목사는 예수 위해 살고 예수 위해 순교했다. 사신 우상(邪神偶像)에 불을 지르고 때려부수고 '예수 천당'을 외치던 그는 여러 차례 죽을 고비를 넘겼었다.

평양 창동교회 목사로 시무했고 평양신학교 교수와 학장을 역임했던 채필근 목사가 하루는 평양 시가지를 걷던 중 길에서 최권능 목사를 만났다.

"예수 천당!"

채필근 목사는 뒤로 와서 귀에 대고 이런 외침의 소리를 듣고 깜짝 놀랐다.

"목사님, 나도 예수를 믿습니다."

"뭣이……. 예수 믿으면 전도해야지. 전도 못하면 벌티(벙어리)야!"

그는 서슴지 않고 쏘아붙여 말했다. 그날 쏘아붙이는 말은 불쾌했으나 채 목사는 전도 못하는 자신을 심히 부끄럽게 생각하였다.

그런가 하면 안이숙(安利淑) 여사에게도 최권능 목사에 대한 일화 한 토막이 있다. 어느 날 아침, 안 여사는 밤새 철야기도를 하고 교회 문을 나서다가 우렁찬 목소리를 들었다.

"예수 천당! 불신 지옥!"

소리나는 쪽을 향하여 뒤를 돌아보았다. 그곳은 평양 성내의 장작을 파는 장터였는데, 키가 작은 백발 노인이 외치고 있었다. 안 여사는 놀라기도 했으며 덜컥 겁이 났다.

"요즈음 어떤 시기인데 저렇게 외치고 있을까? 전도하다 혹시 왜경에게 잡히면 어떻게 하지."

그 즈음 일제는 진실히 예수를 믿어 보려는 사람들에게 체포령을 내려서 적지 않은 신자들이 산에 은신하거나 혹은 피신을 하여 예수를 믿던 때였다. 그러나 그는 이런 위험한 시국에도 아랑곳하지 않고 우렁찬 목소리로 "예수 천당!" 하며 목이 아프도록 외쳤던 것이다. 그의 얼굴에는 위엄이 있어 보였고 눈은 빛났다. 흰 두루마기를 입은 그는 한 손에 성경책을 쥐고 또 한 손에는 지팡이를 쥐고 있었다.

"예수 천당!"

"저도 예수 믿는 사람이랍니다."

"예수 믿으면서 왜 입을 다물고 있는 거요? 지금 모든 사람이 지옥으로 떨어져 가는데 입으로는 밥만 먹고 아무 말도 안 한단 말이오?"

그의 성난 말에 안 여사는 다시 한 번 놀랐다.

'할 말은 하고 사는 멋진 사람이구나.'

꼭 만나야 할 사람을 만난 것 같았기에 안 여사는 자기 집으로 최 목사를 모셨다. 그날 그는 정성을 쏟아부어 최권능 목사를 융숭히 대접했다. 식사 후 안 여사는 감격하여 자신이 받은 은혜와 간증을 죄다 털어 놓았다.

"자, 그런데 왜 전도는 않고 잠자코 있소?"

최 목사가 다그쳐 묻는 말에 안 여사는 기분이 언짢았으나 꾹 참았다. 무거운 침묵이 흘러갔다.

"저도 최 목사님 못지않게 매일 장터에 나가서 전도지를 가지고 전도를 한답니다."

안 여사가 불쾌한 표정을 지으며 말하자 최 목사는 이어 말꼬리를 잡았다.

"그것만으로 되는 줄 아시오? 지금이 어느 때인데……. 매일 매시간 사람들이 죄 가운데서 죽어 지옥으로 떨어져 가는 것이오. 그런데 점잔만 빼고 안일하게 살겠다는 말이오? 그만한 은혜를 받았으면 받은 만큼 일해야지, 그래 평안할 것 같소? 화가 미쳐요, 화가……."

이렇게 말하며 고함을 질렀다. 하지만 안 여사는 이 말을 하나님께서 최 목사를 통해 주시는 말씀으로 달게 받았다.

"옳습니다. 그래야 합니다. 전도를 해야 합니다."

그러면서 그녀는 혼자 중얼거렸다.

"그렇다. 예수의 십자가는 바로 전도였구나. 전도다. 전도해야 한다."

안 여사는 가만히 앉아 있을 수 없었다. 거리로 뛰쳐나갔다. 남자나 여자나 늙은이나 젊은이를 막론하고 지나가는 사람들을 붙들고 전도했다.

"예수 믿어요. 예수 믿기만 하면 구원을 선물로 받습니다."

이렇게 거침없이 외치는 그녀의 눈에는 모든 사람이 송장같이 보였다. 심지어 그녀는 전도할 때 한 사람, 한 사람씩 따라다니며 애걸하여 울며 전도했다. 이런 전도를 받은 사람 중에 고맙다고 공손히 절을 하는 이가 있는가 하면, 어떤 이는 믿는 이지만 더 잘 믿어 보겠다고 약속하기도 했다. 그런가 하면 정신 이상자가 아닌가 하고 경계하는 이도 있었다.

그 후에도 안 여사는 속에 전도의 불이 타서 견딜 수 없어 밖으로 뛰쳐나갔다. 불은 점화되게 마련이다. 한 사람이 받은 전도의 불은 또 다른 이에게 점화되어 전도의 불이 활활 타올랐다.

마침내 그 불이 일본으로까지 파급된 것이었다.

"예수 천당! 불신 지옥!"

이 외침은 잠든 영혼을 깨우는 소리로, 한국의 예루살렘 평양의 맥박과도 같았다.

평양은 산자수명한 곳으로 유명하거니와 옛 고구려의 수도로 4천 년의 역사를 지닌 고장으로도 널리 알려졌다. 시내 한가운데로 대동강이 흐르고, 북쪽으로는 대성산(大成山)을 등지고 있는 요새지이다. 특히 곡물의 지하자원이 풍부하며 평양 밤과 소[牛]가 유명하다.

명승고적으로는 모란봉, 을밀대, 부벽루, 능라도, 기자능, 연관정, 낙랑고적을 들 수 있고, 서경(西京), 유경, 기성 등이 있다. 시가는 대동강가에 솟아 있는 모란봉을 등지고 강안(江岸)을 따라 길게 발달하였다.

모란봉 정상에 오르면 평양 시가지를 한눈에 내려다볼 수 있다. 대동강을 끼고 기라성처럼 펼쳐진 평야……. 그것을 보면 마음이 확 트이고 평양시의 끊임없는 발전상을 내다볼 수 있다. 더욱이 평양의 봄은 한마디로 함축하여 절경이라고 표현할 수 있다.

그 절경은 사람의 마음을 사로잡는다. 4월 봄학기가 다가오면 평양시는 비상태세를 갖추어야 했다. 평양은 학술과 종교의 중심지로서 숭실대학, 공과대학, 사범대학과 우수한 중·고등학교 등이 적지 않다. 해마다 4월이면 전국에서 대학이나 중·고등학교를 지망하여 모여들었는데 낙방한 학생이 상심한 마음을 달래기 위해서 평양의 명승고적이나 자연을 만끽하다가 심리적 변화를 일으켜 대동강에서 투신 자살하는 이가 속출하기 때문이다.

그리하여 당국에서는 이를 대비하기 위해서 대동강 요소에다 "잠깐만 참으시오. 잠깐만!" 이라는 큼직한 글귀를 써 붙였다.

평양에는 옛날부터 내려오는 전설이 있다. 어느 임금이 신임하는 신하를 불러서 평양 부근을 시찰해 보라고 어명을 내렸다.

"평양 일대를 두루 시찰해 보고 그 결과를 보고하거라."

"네, 상감마마. 분부대로 이행하겠나이다."

신하는 임금의 어명을 받들어 임지에 가서 평양 일대를 유심히 살폈다. 아득한 옛날에 평양은 산골이라 외관상으로 두드러지게 보이는 것이 없었다. 그러나 그 신하는 선견지명이 있었다.

"으흠, 명당 자리로군."

그는 답사 결과를 임금에게 정중하게 보고하였다.

"상감마마! 답사한 결과를 아뢰나이다."

"그래, 어서 말해 보아라."

임금은 호기심 어린 눈매로 신하를 내려다보았다.

"비천한 신하가 보건대 평양은 썩 좋은 곳이라고 아뢰옵니다. 명당 자리옵니다. 인물이 나올 만한 곳입니다."

이렇게 말하며 충성스러운 신하는 상감마마에게 허리를 굽히며 큰절을 했다. 그런데 임금은 차츰 안색이 변하더니 불호령을 내렸다.

"보아하니 이 자는 허황된 보고를 하였다. 어찌 그런 산골에서 인물이 나오겠단 말이야? 여봐라! 이 자를 꽁꽁 묶어 참형에 처하라!"

왕의 명령이 떨어지자 그 신하는 즉석에서 처형을 당했다.

그 뒤 오랜 날이 경과되어 왕은 다시 신하를 평양에 파송하여 답사하라고 어명을 내렸다. 그 신하 역시 명당 자리라고 보고했다. 왕은 깊이 뉘우치며 이미 처형된 그 신하의 넋을 위로하여 기념하는 뜻에서 평양에 '급살문'을 세웠다는 것이다.

조선시대에 선비 한 사람이 평양을 관광하러 왔다. 한양에서 평양까지의 상거가 5백 리로 그 먼 길을 걸어서 여러 날만에 목적지에 닿았다.

그 선비는 모란봉을 산책하다가 을밀대(乙蜜臺)에 올랐다. 을밀대에 오른 그는 아래로 굽어보다가 그 장관에 놀랐다. 눈앞에 펼쳐진 그 아름다움이란 입으로 형언할 수조차 없었다. 황홀한 절경에 도취되었던 그 선비는 등에 걸머진 봇짐을 아무렇게나 집어던지고 유유히 흐르는 대동강을 굽어 보았다.

아! 그 물은 유리보다 맑았다. 그 속에 물고기가 헤엄치는 모습이 아련히 보였다. 그리고 사방을 두루 살펴보았을 때 그는 다시 한 번 탄성을 질렀다.

그는 봇짐에서 구겨진 종이를 폈다. 그리고 붓을 들어 그의 앞에 전개된 평양의 절경을 시로 읊으려고 했다.

　　아아……! 유유히 흐르는 대동강!
　　동쪽의 아름다운 섬들이…….

그는 시를 읊으려고 붓을 들었으나 시상(詩想)이 줄줄이 떠오르지 않았다. 그 아름다운 절경은 감히 글로써 담을 수가 없었다. 그 선비는 시(詩)의 머리 부분만을 남겼을 뿐이었다.

평양 하면 모란봉과 을밀대를 떠올리게 된다. 을밀대는 평양 금수산 일각대상에 있는 정자로서 6세기 중엽에 건립한 것으로 추측되는 사허정(四虛亭)에 있다. 모란대(牡丹臺)와 맞서 보이는 석루(石樓) 위에 있어 평양을 바라볼 수 있으며, 동쪽은 낭떠

러지로 대동강이 잇닿아 있다. 그런가 하면 북쪽은 현무문(玄武門)이 내려다 보인다.

임진왜란 때 왜장 고니시 유키나가(小西行長)의 군대가 평양 동대원(東大院) 언덕에 진을 치고 싸울 때 유성룡 등은 연광정(練光亭)을, 송언신은 대동문(大同門)을, 병신 이윤덕은 부벽루를 지켰다. 그런데 성(城)의 방비가 약하므로 을밀대 부근 소나무에 군복을 걸어 놓고 병사를 가장하여 왜병을 위협하였다는 이야기가 전해지고 있다.

임진왜란과 청일전쟁 당시의 탄환 흔적이 주광(注框)에 아직도 남아 있어 격전의 옛 모습을 보여주고 있다.

— 3 —

사람은 물과 불가분의 관계를 맺고 있다. 생리학적으로나 의학적으로 인체의 수분 함량은 체질에 따라 조금 다르지만 약 70% 이상이 물이며 만약 탈수증이 일어나면 사람은 죽는다. 이처럼 인류의 문화 발달에도 물은 깊은 연관 관계를 이루고 있다.

평양시도 예외는 아니었다. 평양의 풍요는 대동강(大同江)의 도로에 흐르고 있기 때문이라고 하는 것이다.

대동강은 우리나라에서 다섯 번째로 긴 강으로 그 길이가 436킬로미터이다. 평안남도 영원군 소백면 동백산(東白山)과 소백산(小白山)에서 발원하여 평양, 진남포, 황해도, 황주(黃州) 등지를 지나서 서해로 흘러 들어간다. 유역에 평야도 넓으니 수운이 편리하며 큰 배가 운행한다.

대동강물은 언제나 수정(水晶)과 같이 맑다. 그러기에 평양 사람더러 "고향이 어디디요?" 하고 물으면 "내레 대동강물 먹고 자랐디요" 하고 대답한다.

그러면서 평양 사람들의 거의가 자랑으로 삼는 것은 대동강이 기독교(基督敎)의 발상지라는 것이다. 그것은 토머스(Robert Termain Thomas) 목사가 최초에 평양 대동강에서 기독교의 복음을 전파하였다는 사실에 기인한 것이었다.

토머스 선교사는 1840년 9월 9일, 영국 웨일즈(Wales) 지방 라야다(Rhayada)라는 동네에서 회중교회 목사의 아들로 태어났다. 그는 뉴 칼리지(New College)를 졸업한 후 목사가 되려고 뉴 칼리지에서 신학 과정을 계속하였다.

그는 1863년 6월 4일, 고향에 있는 하노버(Hanover) 교회에서 목사 안수를 받은 후 중국 선교에 뜻을 두고 런던선교회의 파송을 받아 부인 캐롤라인(Caroline)과 함께 폴메이스(Polmaise)호를 타고 중국을 향하여 출항하였다.

그 해 가을, 상하이(上海)에 부임한 그는 그곳에서 아내를 사별하고 선교지를 산동성(山東省) 지푸로 옮기게 되었는데, 그곳에서 런던선교회와의 관계를 끊고 자급 전도를 시작하였다.

이러한 파란의 전환에서 우연히 만난 두 사람을 통하여 한국인의 강렬하고 순박한 종교심에 감화를 받았다. 한국말을 전혀 모르는 그에게는 마치 벙어리 냉가슴처럼 답답했으나 손짓, 발짓, 얼굴 표정으로 의사 소통이 이루어지고 마음에 감화가 왔다.

더욱이 그에게 용기를 준 것은 한국인이 한문성경을 읽을 수 있었다는 사실이었다. 그는 한국을 방문하여 선교하고 싶은 충동이 불꽃처럼 일어났다.

토머스 선교사는 지푸 주재 스코틀랜드 성서공회의 총무인 윌리엄슨 목사를 만나 자문을 받았다. 그리고 그의 적극적인 후원으로 다량의 한문성경과 전도지를 지급받았다.

"하나님은 토머스 목사와 함께하십니다. 주저하지 말고 두려워하지 말고 믿고 힘써 복음만 전하십시오."

윌리엄슨 목사의 말은 그에게 큰 힘과 용기를 주었다.

그가 김자평의 안내로 중국인 우문태의 배를 탔다. 이어 한국에 최초로 상륙한 곳이 황해도 연안에 있는 창린도 자라리 군포라는 섬이었다.

토머스 목사는 이곳에서 두 달 반을 유숙하면서 복음서 16권을 전달하였다. 그는 열심히 전도를 하는 한편 한국말을 배워 약간의 한국어를 이해하게끔 되었다. 그는 가능하면 왕을 만나 선교의 윤허를 얻어 보려고 서울로 가려고 계획을 세웠으나 거듭되는 폭풍우로 인해 뜻을 이루지 못하였다. 하지만 그는 한국 선교의 꿈을 포기하지 않았다.

다시 재기의 그날을 위하여 기도하며 준비하면서 한국 선교의 꿈을 키워 갔다. 그 무렵 마침 텐진(天津)에 묵고 있는 프레스톤의 소유 상선이 한국으로 간다는 소식을 들었다. 그 상선은 제너럴 서먼(General Sherman)으로 영국인 경영의 메도우(Medows) 상사와 결탁하여 상품을 싣고 한국으로 향한다는 정보였다.

토머스 목사는 이때를 하나님이 자기에게 부여하는 선교의 기회로 여겨 그들을 만나 자기를 통역 겸 안내인으로 동승하게 해줄 것을 간청했다. 그는 다시 윌리엄슨 목사를 찾아가 후원을 간곡히 부탁하였다.

"윌리엄슨 목사님! 이번에도 도와주셔야겠습니다."

"그런데 도대체 어떻게 가려고 하오? 지난 번의 경험을 생각하여 더 기도하며 때를 기다리는 것이 좋겠소."

"그러나 기회란 늘 있는 것이 아닙니다. 이젠 한국말을 좀 이해할 수 있으니 상선 관계자를 만나서 통역 겸 안내원으로 가게 되어 있습니다."

그는 토머스 목사의 열화 같은 사명감을 보고 상당한 분량의 한문성서를 선교용으로 후원하였다.

"한국 사람들에게 환영을 받을 생각을 하니 얼굴이 달아오르며 희망의 웃음이 저절로 피어오릅니다. 미지의 나라로 가는 나의 노력은 언젠가는 반드시 시인해 주리라고 믿으면서 갑니다."

그는 한국으로 향하기 전에 이 편지를 런던선교회에 띄웠다. 이 편지가 토머스 목사에게는 본국으로 보내는 마지막 편지가 되었다.

1866년 7월 27일, 텐진을 출발하여 한국을 향한 제너럴 셔먼호는 평양 대동강을 서울의 한강으로 오인하고 대동강을 소상하기 시작하였다. 도중에 장사포(長沙浦)와 석호정(石湖亭)을 지날 때 토머스 목사는 가지고 온 전도지와 한문성경을 배를 구경하기 위하여 모여든 주민들에게 나누어 주었다. 그 배가 계속 전진하여 평양성에 가까운 만경대(萬京臺)에 이르렀을 때 토머스 목사는 위험을 무릅쓰고 육지에 상륙했다.

"한국 사람을 만나니 참 기쁘오. 예수 믿으면 구원받습니다."

그는 서툰 한국말이지만 이렇게 전도하며 생소한 한국 땅을 감격스럽게 휘돌아 보았다.

서윤 신태정과 중군 이현익은 이양선(異樣船) 도래의 보고를 받고 급히 문정을 위하여 만경대로 출동하였다. 토머스 목사는 문정에 나선 중군을 향하여 한국 방문의 취지를 설명했다.

"우리는 결코 다른 욕심을 가지고 귀국을 방문한 것이 아닙니다. 우리는 예수교를 전하려는 것이 첫째 목적이요, 둘째는 좋은 물건을 서로 교환하자는 것이요, 셋째는 귀국의 산천과 명승지를 구경하려는 것입니다."

이렇게 한국 방문의 목적을 분명하게 전달하였다. 그러나 이런 뜻이 잘 받아들여지지 않아 사태는 위급하게 진행되었다.

토머스 목사는 중군에게 우리를 궤살하려는 저의가 무엇이냐고 항의했으나 중군은 이에 대한 언지를 주지 않았다. 이러한 마찰 속에 어려운 문제가 생기기 시작하였다. 마침내 제너럴 셔먼호의 선원들과 평양성의 군사들 사이에 일대 교전이 벌어졌다. 이렇게 되자 회교 박춘권은 그 배와 선원 전부를 소살할 계교를 꾸몄다.

그는 거룻배 수십 척을 모아 그 배에 나무를 가득 싣고 불을 붙였다. 그리고 거룻배들을 강 상류로 떠내려 보냈다. 이 전법은 박춘권의 화공(火功) 전략이었는데 그날 제너럴 셔먼호는 수십 척의 불타는 거룻배에 부딪쳐 삽시간에 화염에 싸였다.

불의 기세가 강하여지면서 배 안의 화약이 터지고 기름통이 맹렬히 탔다. 위험이 눈앞에 닥치자 선원들은 배에서 강물 속으로 뛰어내렸다. 어떤 사람은 물에 빠져 죽기도 하였고 어떤 사람은 언덕을 향하여 헤엄쳐 나가기도 하였다. 그러나 언덕에 기어오른 선원은 군인들의 칼을 맞아야 했다. 토머스 목사와 선장인 프레스톤과 서기 등 네 사람 외에는 선원 전부가 이렇게 하여 피살되었다.

그랬건만 토머스 목사는 불타는 화염 속에서 자기의 사명을 더욱 깨달았다. 예수 그리스도를 전혀 모르는 불쌍한 한국 민족에게 그리스도의 복음을 전파하는 것이었다. 그는 불길을 피하여 갑판 위에 성경 상자를 끌고 왔다갔다 하면서 그 속에서 성경을 꺼내어 언덕에 있는 사람들을 향하여 힘껏 내던졌다.

그가 던진 대부분의 성경책은 언덕까지 못 미치고 물 속에 떨어졌다. 그럴 즈음 불꽃이 완전히 배를 에워쌌다. 토머스 목사의 옷자락에도 불이 붙고 그의 머리칼도 타기 시작했다. 견디지 못한 토머스 목사는 물 속으로 몸을 떨구었다. 순간 그를 겨냥한 손에 붙들렸다.

"에끼, 이 양코배기 꼼짝 마라!"

그는 병정에게 붙들려 박규수 앞에 끌려갔으나 정세의 불리함을 감지한 박규수는 냉대하였다.

토머스 목사는 북경에서 박규수를 만난 적이 있었다. 그때 다정하게 이야기를 나누며 한국에 가서 선교를 하고 싶다고 말한 바 있었다. 그랬더니 박규수가 돕겠다고 했다.

"정 소원이면 오시오. 내가 협조하리이다."

토머스 목사는 형장에 끌려가면서도 지난날 박규수와의 약속이 있었기에 일말의 희망을 걸었었다. 하지만 박규수는 그때 일을 잊은 듯 시치미를 뗐다.

"어서 참수형을 하렷다!"

이 호령과 함께 토머스 목사는 군졸에게 이끌려 형장으로 갔다. 주위는 살벌했다. 그의 눈에는 크고 날카로운 병졸의 칼이 번득거렸다.

오! 하나님, 사랑의 하나님!
저들은 자기들이 하는 일을 모르고 있사오니 용서하여 주옵소서. 저들은 아직까지 복음을 듣지 못한 불쌍한 백성이오니 한국 백성들에게 은혜를 내려 주옵소서…….

토머스 목사는 사형장인 대동강 하류에 있는 양각도(羊角島)까지 끌려가면서 만나는 사람에게 예수 그리스도를 전하다가 최후의 기도를 드렸다.

그의 마지막을 보려고 평양 시민들은 형장으로 떼지어 몰려왔다. 병졸이 든 칼은 저녁 햇빛에 번득거렸다. 병졸이 높이 들렸던 칼을 내려쳤을 때 참수당한 그의 몸에서 붉은 피가 쏟아져 대동강 물과 합류되었다. 주변의 대동강 물은 금세 핏빛으로 변하였다.

1866년 9월 2일 저녁에 토머스 목사는 칼에 맞아 피를 쏟으므로 한국인을 위한 최초의 개신교 순교자가 되었다. 그때 그의 나이 약관 27세였다.

그러나 그의 순교의 피는 생동했다. 그때 칼을 들어 토머스 목사의 목을 친 박춘권은 후일 회개하고 예수를 믿어 1899년에 세례를 받아 평양에서의 초대 교인이 되었다. 그가 심경의 큰 변화를 일으킨 것은 토머스 목사의 최후 장면을 목격한 후였다.

자기에게 쥐어 준 그 책……. 그리고 마지막 순간에 그는 자기를 원망하고 저주하기보다는 오히려 용서하고 사랑하는 듯 미소를 지어 보인 것이었다.

'도대체 그는 어떤 사람이기에 죽음도 두려워하지 않으며 미소를 지어 보일까?'

그는 이상한 마음의 충동을 받으며 토머스 목사가 쥐어 준 성경책을 읽기 시작했다. 의미없이 읽은 성경이었지만 하나님의 말씀은 생명력이 있고 운동력이 있으므로 그의 마음을 움직였다.

그때에 나이 열두 살이 된 최치량이라는 어린이가 있었다. 그 어린이는 토머스 목사에게서 세 권의 성경을 받았는데 겁을 내어 그것을 보관하지 못하고 어느 병정에게 건네주었다. 병정은 그 성경을 받아 가지고 집에 가서 뜯어 벽에 발랐다. 후에 최치량도 예수를 믿어 모범적인 신자가 되었다. 이렇게 그의 순교의 피는 살아 역사하였다.

토머스 목사의 피가 섞인 대동강 물을 마시는 많은 사람들이 그후에 오래지 않아 기독교인이 되었다는 것은 우연한 일이 아니었다. 토머스 목사가 순교한 대동강 하류 양각도에는 그를 기념하는 예배당이 우뚝 세워졌다.

1927년 5월 8일, 쑥섬에는 수천 명의 신도들이 토머스 목사를 기념하는 예배당에서 눈물겨운 예배를 드렸다. 그 교회가 대동강변에 세워진 조광교회이며, 그 교회를 보는 사람마다 토머스 목사를 기억했다.

1930년은 평양에 기독교가 전래된 이래 최고의 전성기였다. 한국의 제2위의 도시, 그리고 한국의 예루살렘이라고 불리는 평양에서 역사적인 대한예수교장로회 총회가 열렸다. 1930년 9월 12일, 제19회 총회였으며 장소는 평양 서문밖교회였다.

평양에 있는 교회들은 대동강 상에 총회원 환영회를 열어 뜨거운 환영으로 맞이하였다. 즉 강 상(江上)에 15척의 배를 연결하여 놓고 21노회 3,571교회를 대표하는 총회원 160인과 내빈까지 다수의 성직자들이 배에 올랐다.

티없는 가을 하늘은 맑고 높았다. 대동강 물을 스치고 솔솔 불어오는 청풍은 가을의 감흥을 뜨겁게 하였다.

"과연 여기가 천하 제일강산에 4천 년 옛 서울이로다."

누구의 입에서 이런 감탄사가 터져나왔다. 이어 금수강산을 울리는 찬송 소리가 끝나자 평양 서문밖교회에서 시무하던 림종순(林種純) 목사가 좌석에서 일어나 환영사를 외쳤다.

저기는 모란봉이요, 여기서는 대동강이 흐릅니다. 배 위에서 사도를 부르신 예수님 앞에서, 총회원 여러분은 오늘 이 배 위에서 소명감을 다시 한 번 감명하사이다. 갈릴리 바다 배 위에서 쉬시던 주님 앞에서, 오늘 대동강 이 배 위에서의 휴식도 좋지 않습니까? 양덕 맹산을 흐르는 대천(大川) 세류(細流)와 신계 곡산에 솟은 청천 벽계 합수하니 대동 합류 대동강이올시다. 이 강물이 흘러 강 좌우 옥야에 오곡백과를 길러 4천만 우리 민족을 살려 줍니다.

　남부 만주, 노령(露領), 일본(日本), 북지(北支), 3천 리 방방곡곡에 큰 교회, 작은 교회, 늙은 종, 젊은 일꾼들이 대동 합류한 교회로 뭉쳐 흘러넘치는 생명 강수가 되어 우리 동포, 이 민족을 살리는 것이 오늘 우리 총회원 여러분의 사명입니다.

　그의 환영사는 그날 총회원 대표들의 심금을 울리었다. 바야흐로 평양은 기독교의 전성기를 이루고 있었다. 그것은 거침없이 유유히 흐르고 있는 대동강수와 같았다. 그러나 그 전성기도 잠시뿐, 두 차례 전쟁을 겪은 평양시는 전운(戰雲)에 휩싸이게 되었다.

— 4 —

　그날은 하늘에 먹구름이 끼어서 금방 소나기라도 쏟아질 것 같았다. 시민들의 모습도 석고처럼 굳어 보였다. 어디 새 소식이라도 듣고 싶었던 나는 거리로 나왔다가 뜻밖에 믿을 수 없는 소식을 들었다.
　"석숙덕이 인민군에 입대했다는 거야."
　"뭣이, 설마 그럴 수가?"
　이 말이 나에게는 믿어지지 않았다. 그녀는 내 또래로 아직 군에 나갈 나이도 아니었고 나와 함께 공산당에 저항했었다. 그 친구는 열렬한 기독교도였다. 같은 학급에서 공부하던 그녀는 한때 교내 스트라이크에 연루되어 퇴학을 당할 뻔했었다.

게다가 키가 크고 성격이 활발하고 도전적이었다. 나는 그 친구와 매우 가깝게 지냈는데 저런 과격한 성격에 혹시 실수나 하지 않을까 싶었다. 그렇다면 거짓 선전에 매수 당한 것일까…….

"나는 네가 너무나 과격한 성격이라서 염려될 때가 있어. 그것은 친구를 아끼는 마음에서야. 쇠붙이가 아무리 견고해도 두들기면 쉽게 부러지거든."

이런 말을 하자 그는 피식 웃었다.

학교와 가까운 거리에 있는 그 친구의 집을 몇 차례 찾아갔던 일이 있다. 친구의 집은 찢어지도록 가난했다. 그녀의 아버지는 땜질을 하는 땜질꾼이었다.

"어. 우리 딸년을 찾아왔구나. 좀 있으면 나올 게다."

그는 남루한 한복을 입었으나 등살을 보이며 열심히 땜질을 했다. 어느 날인가, 나는 그녀의 아버지를 보았다.

"땜질하시오, 땜질을……. 이번 기회 놓치면 못 땝니다."

어떤 아낙네가 그 소리를 듣고 깨진 세숫대야를 들고 나왔다.

"이거 땔 수 있겠시요?"

"어허, 이래뵈두 내래 일류 기술자디요."

또 골목 골목마다 누비며 외치는 그 목소리는 크고 쩡쩡하게 들렸다. 하지만 그의 딸은 보통 아이가 아니었다. 비록 가난에 눌리고 시달려도 내색은커녕 오히려 명랑하고 씩씩했다. 무슨 일에서나 그녀는 앞장서기를 좋아하며 적극성을 보였다.

공산당들은 무슨 일을 벌이면 으레 학생들을 강제로 동원하는 것이 통례였다. 우리는 싫든 좋든 시청 광장에 가면 김일성의 연설을 듣거나 구호도 따라 외치거나 주석단을 사열해야 했으며, 시가행진 등을 해야 했다.

이런 행사 때가 되면 배꼽을 쥐며 웃는 일들도 생긴다. 김일성대학에는 반공투사들이 적지 않았다. 그들은 시청 광장에서 김일성의 연설을 듣고 구호를 외치며 주석단을 사열하게 되면 웃음이 터졌다.

"우리 모두 궐기하자!"

선두에서 이런 호령과 함께 "김구, 이승만을 타도하자!"는 구호 호령이 내려지면 김일성대학 학생들은 그 구호령을 받아 엉뚱한 구호를 외치는 것이다.

"김구 이승만을 다 도와하자(좋아하자)!"

석숙덕은 그런 이야기를 어디서 주워들었는지 나에게 은근히 들려 주곤 하였다.

"오늘 주석단을 사열할 때 그 김일성이 얼굴을 쏘아보았어."

"그래. 그것도 일리가 있는 것이니까."

그날 우리는 주석단 사열을 할 때 거수경례를 하며 지나가다가 김일성의 얼굴을 쏘아보았다. 바로 주석단 중앙에 선 김일성은 하얀 덧니를 보이며 히죽 웃는 표정을 지었다. 그리고 그는 쏘아보는 우리를 자기를 환영하는 것으로 오인하고 박수를 치며 응수하는 것이었다. 그날 사열을 마치고 귀가한 우리는 또 배꼽을 쥐고 한바탕 웃고 나니 속이 후련한 것 같았다.

그 뒤 그와 나는 고등학교에 진학하면서부터 소식이 뜸해졌다. 같은 학교가 아닌 상태에서 자주 만난다는 것이 그리 쉬운 일은 아니었다. 더욱이 고학으로 공부하는 나에게는 친구를 만날 만한 시간적 여유가 없었다. 친구에게 그 뒤에 어떠한 심경의 변화가 왔는지 모르지만, 나는 그가 자진하여 인민군에 입대했다는 소식을 곧이 받아들일 수 없었다.

"어서 피신해요. 여자까지 붙들어 강제로 인민군에 입대시키는 판국이야."

"설마 그럴라구. 차마 여학생까지 손을 댈 수 없잖아."

"그건 너의 지나친 방심이야. 그 친구가 왜 인민군에 입대했겠어. 너라고 보장할 수 없는거야."

나는 너무 순진했다.

"평양 인심도 변한 것이야. 그러니 그렇게 좋다던 대동강물도 변했다는 것이지."

이 같은 주변 친구들의 권유에 따라 그 해에 평양을 슬며시 탈출했다.

— 5 —

새벽 동틀 무렵, 나는 살짝 집을 빠져나왔다.

"초행길이니 길을 잘 물어서 가도록 하여라. 거기 가면 피신도 되고 마음 놓고 예수도 믿을 수 있게 될 것이다."

어머니는 안타까운 표정으로 말하다가 물기 있는 손을 치마로 닦았다.

"그리고 말이다. 입조심을 해라. 평양서 왔다고 하면 눈총을 받게 되는 거야……."

이 말을 하고서는 어머니는 무거운 다리를 끌며 대문 밖까지 나와서 딸의 모습이 사라질 때까지 서 있었다.

나는 일부러 남루한 옷을 입었다. 교복 대신 검은 바지에다 반소매가 달린 상의를 입고, 성경책과 갈아입을 옷 몇 가지를 넣은 괴나리봇짐을 오른손에 들었다. 게다가 세수도 하지 않고 머리도 빗지 않은 나의 행색은 마치 시골뜨기와 같았다.

가로수의 나무가 더위에 축 늘어져서 허우적거렸다. 시냇물도 더위에 바싹 마른 것 같았다. 소나기가 쏟아지면 시원할 것 같았다.

초행길인 나에게는 석암(石岩)이라는 곳이 천 리나 되는 듯 멀어 보였다. 평양을 빠져나와 약 20리를 걸었을 때, 발에 굳은 살이 박혔다. 운동화 끈을 다시 고쳐 맸다.

석암은 평양에서 70리 길이다. 그 마을에 석암장로교회가 있는데, 형부가 그 교회의 전도사로 사역하고 있었다. 큰언니는 결혼으로 신학교를 중퇴했지만 형부는 자전거를 타고 다니며 평양신학교를 통학했다. 그 당시 공산당은 혈안이 되어 교회를 감시했고 목사나 전도사, 심지어 평신도까지 마구 잡아 가두었다.

그러한 절박한 시기에 형부의 일도 궁금했었다.

"보아하니 시골처녀 같군. 대담도 하지."

어느 행인이 묻는 말에 나는 피식 웃었다. 순안(順安)에 거의 왔을 때는 피난민들과 거의 합세하여 심심치 않았다. 어떤 사람은 말을 함부로 지껄인다.

"이놈의 세상, 어서 뒤집혀져야지. 백성들이 살 수가 있어야지. 그 빨갱이 등쌀에 살 수가 없구먼."

"그렇시다가래. 전쟁터에 백성만 시달려 죽는 판이디요."

"내 아들이 고등학교에 다니다가 전쟁터에 끌려나갔시요. 아마 죽었는지도 모르디요. 가만히 생각하면 부모는 살겠다고 피난가는 것이 가책이 됩니다. 그래. 참, 사람 목숨 질기외다."

반백이 된 노인이 깊은 한숨을 쉬며 말한다. 그러다가 그는 주변 사람들을 훑어보며 혹시나 빨갱이가 없는가 살펴보는 것 같았다.

순안이 지척에 보이자 근처 냉면집에 들어가 잠시 쉬었다. 냉면 한 그릇을 청했다. 전쟁통에 냉면에 양념을 제대로 넣지 못한 덤덤한 맛이었지만 시장한 터에 단숨에 그릇을 비웠다.

"학생 같아. 그 나이에 일을 많이 했구먼."

"할아버지 어떻게 잘 아시지요?"

"그래. 풍진 세상을 살다 보니 사람 관상쯤이야 잘 보는 걸세."

그는 어림잡아 일혼은 넘어 보였다.

"젊어 고생은 금을 주고도 못 사는 것이야. 지혜롭게 살아라. 우린 나이가 많지만 참고 사노라면 좋은 날도 있을 것이니 꾹 참고 살아요."

이런 말을 하며 그 할아버지는 무심코 하늘을 우러러 쳐다보았다.

"어서 해 떨어지기 전에 길을 재촉하지. 석암이 여기에 아직 20리 길이 남았네."

그는 손녀를 대하듯 퍽 친절했다. 다시 피난민과 합세했다. 그들은 거의가 친척집을 찾아가는 난민들이었다.

그날 땅거미가 질 무렵에서야 겨우 목적지에 닿았다. 언니는 산월(産月)이라서 배가 불룩해서 동생을 맞아주었다.

고즈넉한 마을이다. 야산에 나무가 덤덤히 있고 초가집 몇십 채가 여기저기 널려져 있다. 이런 마을을 중심으로 기와로 세운 석암장로교회가 언덕빼기에 우뚝 서 있다. 부농도 빈농도 아닌 중농을 하는 농군들이 모여 사는 동네처럼 보였다.

주일이면 사찰집사가 종을 쳤다. 그러면 포도원을 가꾸는 김장로가 흰 두루마기를 단정히 입고 예배당에 나와서 교회 봉사를 했다. 전쟁통에 교인들이 감소되어 고작 20명을 헤아릴 정도였지만 그들은 오직 주님을 위해서 사는 십자가 용사와 흡사했다.

언젠가는 교역자 사택에 낯선 손님이 찾아왔다. 꼽추가 된 처녀였다. 나에게 교역자 사택을 묻기에 친절하게 가르쳐 주었다. 형부가 없어서 언니가 대신 그 손님을 안방으로 안내했다.

"저는 이 동네에서 좀 떨어진 곳에서 살아요. 천주교인이랍니다. 교회가 여기 있는 것을 알고 기뻐서 찾아왔답니다."

그녀는 기쁨으로 벅차 있었다.

"교회에 들어가 기도하고 가면 어떨까요?"

"그렇게 하시지요. 언제든 와서 기도해도 좋습니다."

이 말을 듣고 그녀는 사연을 털어놓았다. 그녀의 형부가 공산당에서 높은 직에 있는데 언니와 함께 인근에 피난을 왔다고 고백했다.

"예배당이 그리워요. 교회 종소리를 들으니 집에 갇혀 있을 수가 없어서 달려나온 것입니다."

서슴없이 자기 심정을 토로한 그 처녀는 떠날 때 쇠고기 몇 근 값을 놓고 갔다. 그러나 석암교회의 종소리마저 얼마 후에는 들을 수 없게 되었다. 집총한 내무서원이 동원하여 교회 종을 치지 못하도록 불호령을 내렸고, 즉시 종각이 사라져버렸다.

긴 여름 동안 석암에 피신해 있던 나는 국군이 평양에 입성했다는 희소식을 듣고 귀향하려고 서둘렀다.

미군이 석암교회에서 예배를 드리고 떠날 때 주고 간 대형 라디오를 등에 걸머지고 인근 평양으로 왔다. 다시 밟은 평양은 온통 축제의 분위기로 들떠 있었다. 태극기의 물결이 시내를 가득 메웠다. 다시 듣는 교회당에서 울려퍼지는 '뎅그렁' 종소리는 가슴을 뭉클하게 했다. 대한민국 국군은 무쌍했다.

1950년 10월 19일 국군 제1사단이 평양을 탈환했다. 거의 같은 시각에 제7사단의 제8연대가 김일성대학과 모란봉을 거쳐 평양 서북쪽으로 진입했다.

국군 제1사단과 진격 경쟁을 벌였던 미 제1기 감사단은 뒤늦게 흑교리를 거쳐 입성하였다. 김일성이 강계(江界)로 도망하던 날, 이승만 대통령은 원산(元山)에 그 모습을 나타냈다. 시민들은 열광했으며 환호성이 하늘을 덮는 듯하였다.

이 대통령의 평양 방문은 원산 방문 뒤 나흘 되는 10월 30일이었다. 검정색 두루마기를 입은 이 대통령은 평양시청 앞 광장에 마련한 식장에 첫 모습을 나타내었다. 태극기가 물결치기 시작했다. 광장을 가득 메운 평양 시민들의 만세 소리가 하늘을 진동했다.

친애하는 나의 동포, 평양 시민 여러분!

이 대통령의 떨리는 듯한 목소리가 확성기를 통하여 울려퍼졌다. 그러자 10여 만 군중들은 일제히 외쳤다.
"이승만 대통령 만세!"
평양 시민들은 숨소리마저 죽였다. 폭풍이 지나간 뒤의 고요와 같았다.
그날 이 대통령의 연설은 잊을 수 없는 명연설이었다.

> 우리 남북 동포가 한자리에 모여 만남의 기쁨을 나누게 된 이 자리에, 우리가 존경하는 조만식 선생을 비롯한 수많은 애국 지도자들의 모습을 볼 수 없는 것이 가슴 아픈 것입니다.
> 우리는 단군의 후손으로 모두 한 핏줄의 형제입니다. 그러니 다시는 헤어지지 말아야 합니다. 나라와 겨레를 사랑하는 지성으로 한덩어리가 되어 공산당을 몰아내고 남북통일을 완수하여 우리의 아름다운 삼천리 강산에 무궁토록 자유와 평화를 누려야 하는 것입니다.
> 이 자리에 모인 평양 시민 여러분이 앞장서서 압록강까지 진격해야 하는 것입니다.

연설 도중 식장에 모인 평양 시민들은 어느새 울고 있었다. 이 대통령은 몰려드는 시민들과 일일이 악수를 나누며 군중 속으로 걸어갔다. 그런가 하면 노인들이 앞에 나타나면 서로 얼싸안기까지 했다. 주위에서는 끊임없이 만세 소리가 터져나왔다.
그렇건만 감동적인 강연은 오래가지를 못했다. 그 즈음 중공군이 운산(雲山)을 비롯한 여러 지역에서 출몰하기 시작했다. 중공군 병력은 약 12만, 4개군 중 3개군이 청천강(淸川江) 방면으로 밀려왔다. 그리고 중공군의 제4야전군에 이어 제3야전군이 투입되었다. 이렇게 하여 한국 전선에 나타난 중공군의 총병력은 30만에 이르렀다.

11월 27일경부터는 평양의 각 신문사에서 중공 오랑캐가 넘어온다고 신문에 대서특필로 보도하였다. 분노와 공포에 싸인 사람들이 대규모의 데모를 위하여 긴장된 도시의 거리로 쏟아져 나왔다.

그들은 중공군의 개입에 항의하고 있었다. 폭격으로 파괴된 광장에서, 눈 덮인 운동장에서 대규모의 시위가 계속되었다. 거리 모퉁이마다 설치된 확성기들은 자유의 정신을 고취하면서 노한 음성으로 중공군 개입의 부당성을 부르짖고 있었다.

날마다 내리는 눈에 묻힌 잿빛 하늘 아래에서 시위 행렬은 끊이지 않고 거리로 거리로 이어지고 있었다. 그렇게 좋다고 하던 대동강 인심도 하루 사이에 변해 버렸다. 우리나라에서 제일로 꼽던 양말 공장의 문도 닫혔고 거리의 상점도 거의 철시를 하다시피 되어 있었다.

저마다 살겠다고 아우성이었다. 저 높은 종각에서 새벽이면 울리던 그 종소리도 뜸해졌다. 누가 주인인가……. 유엔군은 후퇴 직전에 경황이 없어 보였다.

소란해진 평양 거리……. 나는 마치 황량한 벌판에 선 것 같았다. 한국의 예루살렘 평양성은 또다시 전운으로 감싸이게 되었다. 그러나 평양성을 끼고 유유히 흐르는 대동강은 말이 없었다.

－6－

 평양시는 날이 갈수록 전운의 조짐이 일기 시작했다. 그냥 그대로 있다는 것이 어쩌면 큰 변괴를 예견하는 것만 같았다. 저 북쪽의 뜨거운 전쟁의 가마가 한국으로 기울어졌다. 북쪽에서 피난민들이 마구 밀려왔다. 등에 잔뜩 짐을 지거나 머리에 짐을 얹은 사람들이 이집 저집 문을 두드리며 협조를 요청했다.

 "우리는 피난민이디요. 박천(博川)에서 왔디요. 잠이나 자게 해주시구래."

 "우리는 순안(順安)에서 왔습니다그래. 배가 고프니 요기나 하게 도와주시구래."

 이들은 밤새 걸어서 발이 부르텄다. 이런 딱한 피난민을 보면 평양 사람들도 후한 인심을 아끼지 않았다.

 "자, 어서 쉬어서 가시라구요. 우리 뭐 한 형제디요."

 "좁쌀 섞인 밥이지만 많이 마음놓고 잡수시라구요."

 이 같은 온정이 오고갔다.

 남부여대한 북쪽에서 밀려오는 피난민은 시간이 흐름에 따라 더욱 그 수가 증가했다.

 "이대로 가만히 있으면 안 되디요."

 "그래 전세가 어떠합디까?"

 "중공 오랑캐가 벌떼처럼 밀어닥치고 있디요."

 이런 피난민들이 내뱉는 소식은 심상치 않았다. 만약 이들의 말대로 벌떼처럼 내습해 왔다고 하면 그 수는 엄청난 수임에 틀림이 없었다. 이에 대한 중공군의 한국전쟁 개입을, 그들은 우방

조선을 구하기 위한 것이라고 떠벌렸다. 그러나 평양 시민은 당황하지 않았다.

"걱정할 것 없디요. 유엔군과 국군이 후퇴하지만 그것은 전략에 따른 것이디요. 두고 보시라구요. 며칠 사이에 다시 진격해 들어오디요."

"암 그렇디요. 그러면 참 살기 도은 세상이 오디요."

유엔군이나 국군을 하늘처럼 믿는 평양 시민들은 거의가 이렇게 믿으며 확신했다. 하지만 어머니의 생각은 의외로 달랐다.

"얘야! 우리는 어떻게 하면 좋을까? 이대로 있을 수는 없잖아……. 살 길을 모색해야겠어. 하나님께서는 너를 사랑하신다. 그러니 기도하여 하나님의 인도하심을 받는 것이 좋겠다."

어머니는 중대한 일을 처리할 때면 으레 나를 불러 놓고 의논했다. 그날 밤, 나는 평양시가 불바다로 돌변하는 꿈을 꾸었다. 평양 시내에서 크게 전쟁이 벌어졌다. 무서운 전쟁으로 시민들은 공포에 떨고 있었다.

이 즈음 평양 상공은 비행기로 덮였다. 순간 꽝 하는 귀청을 찢는 듯한 굉음이 들렸다. 폭격이다. 평양에 원자탄이 투하되었다는 것이다. 순간 평양은 불바다가 되어 버렸다.

"으악!" 하고 나는 외마디 비명 소리를 지르며 잠에서 소스라쳐 깨어보니 꿈이었다. 며칠 동안 나는 기도를 드리면서 하나님께 우리 가정의 인도하심을 구했던 것인데, 꿈속에서 나갈 길을 보여 주셨다.

더 이상 지체할 수 없었다. 어머니는 몸이 불편하므로 주저하기도 했으나 끈덕진 권유를 받고 같이 행동하기로 결단을 내렸다. 나는 오빠와 같이 교회로 달려갔다.

평양 기림리교회는 기자묘 부근의 언덕에 우뚝 서 있다. 교회에 오르면 전차 궤도가 보이고 기림리가 훤히 시원스럽게 내려다보인다.

우리는 교회 마당에 있는 목사관을 찾아 문을 힘껏 두들겼다. 이윽고 안에서 여자의 목소리가 들렸다.

"거 누구시오?"

"목사님을 뵙고 싶습니다. 긴요한 용건이 있어서 왔습니다."

이윽고 사모가 안방에서 나와서 우리를 목사관으로 안내했다.

"왜 나를 만나러 왔지?"

한복을 입고 머리를 빡빡 깎은 계효언 목사는 첫말부터가 뚝뚝해 보였다.

"목사님, 다름이 아니오라 우린 피난을 가려고 인사차 왔습니다. 그러자니 교인증이 필요합니다."

"그래, 해주지."

그는 달갑지 않은 표정을 지으며 간략하게 교인 증명을 흰 종이에다 써 주었다.

이 교인증은 나도 별도로 받았다. 이어 나는 오빠와 함께 미군이 준 라디오를 잘 포장하여 마루 밑 땅속에 묻었다. 다음날 아침, 우리 가족 일행은 대동강을 건너려고 강가로 향하였다.

그 해 겨울은 유난히 추웠다. 12월 5일, 우리는 피난민에 밀리어 강변 가까이로 왔다. 대동강은 벌써 살얼음이 얼었고 싸늘한 강바람이 뺨을 사정없이 때린다. 밀리고 밀리어 강변에 몰린 군

> ## 교인증(敎人證)
>
> 성명 : 정지순(남자)
> 생년월일 : 1931년생
>
> 　위의 정지순은 세례교인으로서 평양 기림리교회 교인임을 정히 증명함.
>
> 　　　　　　　　　　　　　　　1950년 12월 4일
> 　　　　　　　　　　　　　평양 기림리교회 계효언 목사

중들은 저마다 살겠다고 아우성을 친다. 유엔군과 국군은 이미 평양을 떠났으며 그 사이 평양은 무법천지를 방불케 했다.

　땅의 주인은 아무도 없었다. 방황하며 애타는 저 피난민 무리들을 인도할 사람이 아무도 없었다. 이럴 때는 주먹깨나 쓰는 사람이 판을 치는 판국이었다.

　발을 동동 구르다가 눈을 감는다. 건너지 못하는 대동강을 앞에 두고 한숨을 짓다가 그저 눈물만 흘릴 뿐이다. 나라 없는 비애가 이런 것일까? 설령 나라가 있다고 하나 약소민족의 설움과 아픔을 생각할 때 거침없이 흐르는 눈물을 억제할 수 없었다.

　누군가 소리쳤다.

　"정신을 차리시오. 그냥 서 있으면 추위에 얼어 죽습니다. 죽을 각오를 하고 대동강을 건너야 합니다."

　"옳소. 우리는 그래야만 위기에서 살아갈 수 있습니다."

그러자 피난민들이 우르르 움직이기 시작했다. 우리 일행은 염전리(塩田里)에 있는 평양 대동강 인도교에서 수많은 피난민과 합류했다.

대동강 다리가 눈앞에 있었으나 통행이 차단되어 건널 수 없다. 유엔군과 국군은 작전상 일단 철수는 했으나 아직 잔여 부대가 있어서 마지막 철수를 서두르고 있다. 발돋움을 하여 대동강 다리를 보면 가끔 다리를 통행하는 군용차를 볼 수 있었다.

북한 동포의 몸숨 건 남하 행렬
- 1950년 12월 4일 평양을 철수하는 국군과 유엔군을 따라 북한 동포들은 이렇게 부서진 대동강 다리를 결사적으로 건너 남하하기 시작했다.

"제기랄, 대동강 다리를 보고도 건너가지 못하는구먼."

누군가 우리 뒤에서 투덜거렸다. 그 사이 군중들은 뜬 구름처럼 이리저리 밀리며 서성거렸다. 그런 와중에 주암산 쪽에 다리가 있다는 소문을 듣고 그쪽으로 몰려갔다. 거기에 유엔군이 임시로 가설한 고무다리가 있었다. 이 다리를 통행하면 곧 평양 비행장에 이르게 된다.

주암산은 모란봉 북쪽에서 약 25리쯤 되는 거리에 있는데 큰 산으로 해발 1백 미터쯤 되어 보였다. 이 산에 오르면 조그마한

Ⅱ. 내가 마지막 본 적도(赤都) 평양 • 77

소나무들이 많으며 우람한 산으로 산의 장려한 멋이 풍겼다.

이 산이 유명세로 더 돋보이게 된 것은 일제 말기 때이다. 일제는 우리 민족에게 우상 숭배를 강요했다. 소위 평양 모란봉에 신사(神社)를 만들어 놓고 자기 신(神)에게 경배하라고 공포하였다. 이렇게 되자 사신 우상에게 절을 하며 섬길 수 없다고 하며 항거하다가 적지 않은 기독교 신자들이 체포, 구금되었던 것이다. 그 즈음 평양시에서 목회(牧會)하던 창동교회 김화식 목사, 신현교회 이유택 목사, 산정현교회 주기철 목사 등이 숨어 금식기도를 드렸던 곳으로 주암산이 두루 알려졌다.

날쌔고 힘센 청년들이 그쪽으로 달려갔으나 그곳도 쉽게 건널 수가 없게 되어 있었다. 종일 강바람에 떨다 보니 전신이 둔탁해지고 몸이 석고처럼 굳어졌다.

"공연히 나왔어. 젊은 너희들만이라도 피난 갔으면 좋으련만……."

어머니는 지쳐서 푸념을 털어 놓았다.

"오빠와 나만 갈 수 없잖아요. 하나님께서는 저에게 꿈을 통해서 장차의 일을 보여주셨으니까요."

"그래두, 우리 꼴을 보면 남이 웃을 것이다. 우리 같은 주제에 피난을 간다고 말이다."

어머니는 학교 문전에도 가 보지 못한 무식자이지만 유식한 사람처럼 말은 제법 조리가 있었다. 어머니는 50세도 안 되었지만 오랜 지병으로 보행이 자유롭지 못했다. 7남매를 거느린 어머니는 두 딸을 결혼시키고 5남매를 데리고 강둑에 서서 서성거렸다.

오빠는 나이 20도 채 못 되었지만 페인트상에서 일하다가 화상을 입고 치료 중에 피난길에 나섰다.

"너는 잡히면 영락없이 인민군에 붙들려 갈거다. 그러니 잘 생각하여 결정을 하도록 하렴. 어때, 꽤 걸을 수 있겠니?"

어머니 말씀에 오빠는 머리를 끄덕였다.

"이래뵈두 너끈히 걸을 수가 있어요. 우선 오랑캐를 피해야 하잖아요."

그러면서 그는 새 붕대로 상처를 싸매고 다리를 약간 절룩거리면서 강가로 따라나섰다.

내 바로 아래 여동생은 초등학교 재학생으로 힘에 겹도록 등에 큰 이불을 걸머졌는가 하면, 그 아래 여동생은 냄비와 그릇 몇 점, 식기를 배낭 주머니에 넣어서 등에 매었다. 그리고 나는 막둥이 다섯 살배기 남동생을 업고 아래로 처지지 않도록 띠로 단단히 맸다.

이런 행렬이 그날 대동강을 건넌다는 것은 용이한 일이 아니었다. 주위에서는 우리의 주제를 보고 안쓰러운 표정을 짓는 것 같았다.

"오마니, 그런 다리를 끌고 어떻게 강을 건너가겠시요? 게다가 이 꼬맹이들을 데리고 어떻게 하겠시요?"

이 같은 참견을 들으면 용기가 땅 밑으로 가라앉는 것 같았다.

오후 늦게 겨울의 삭풍이 살이 아리도록 불어 닥쳤다. 그럴 즈음 군중 속에 있던 젊은이들이 우르르 헤치고 나와서 다리 교각을 오르기 시작했다. 순간 대동교 교각에는 마치 사과나무에 과일이 매달리듯이 피난민들이 매달려 있었다. 그들은 이판사판 죽을 바에야 차라리 교각이라도 짚고 대동강을 건너야겠다는, 어쩌면 결사대와도 같이 보였다.

그 사이 오빠도 이런 결심이 선 듯 윗도리를 벗어서 나에게 덮어 주었다.

"어머니와 동생들을 잘 부탁해. 사태가 험악하니 어서 중공 오랑캐를 피해야겠어."

그는 장자의 권한을 나에게 위임하며 저는 다리를 끌고 어머니 가까이로 왔다.

"어머니! 잠시 헤어졌다가 다시 만납시다. 하나님께서 우리 사이를 지켜 주실 것입니다."

아들과의 이별로 어머니는 눈물을 삼키면서 서러워했다.

중공군의 북소리가 뜸해졌다가 또 들려왔다. 그러자 대동강변은 피난민의 아우성 소리로 아수라장이 되었다. 그들 피난민 속에 묻힌 우리 가족은 간신히 빠져나와 대동강을 망연히 바라보았다. 그리고 강변을 따라 저만치 걸어 보았지만 대동강물은 범람하여 건널 수 없었다.

하지만 기독교 신자에게는 위급할 때 사용하는 비상벨이 있다. 그 비상벨은 하나님께 부르짖는 기도였다.

그 위급한 시기에 우리 가족은 기도의 무릎을 꿇었다. 위급한 상황에서 하나님께 기도로 부르짖던 우리는 평안과 위로를 받으며 두려움이 사라졌다. 그리고 하나님의 도우시는 선한 손길을 따르게 되었다.

Ⅲ. 피난민으로 몰린 흥남(興南) 부둣가

　중공군의 한국전쟁 참전으로 전쟁이 불리하게 전개되었다. 평양 대동강변에 몰린 피난민의 엄청난 무리가 함경도 흥남에서도 인산인해를 이루었다.

　두만강을 바로 눈앞에 두고 발길을 돌려야 했던 국군 장병들의 심정은 비통했다. 육군본부 상황실도 온통 울분에 차 있었다. 북한 땅을 탈출하려는 피난민 수가 20만을 헤아렸다.

　홍남 부두에서 9만 8천 명, 성진 부두에서 약 1만 2천 명 등 합계 11만 명으로 나타났다. 알몬드 장군의 약속대로 피난민 철수 수송에 대한 미군측의 협조는 적극적이었다. 그러나 수송선마다 병력과 장비를 먼저 싣고 남은 빈 칸에 피난민을 수용했다. 이에 제한이 따랐고 부두 현장에서는 안타까운 장면이 이어졌다.

　함흥 사람들은 전전긍긍했다. 겨우 자유를 찾았다고 생각했는데 기쁨은 순간이었고 다시 불안에 휩싸였다. 5년 동안 목숨을 내걸고 반공을 한 사람들, UN군에 협조한 반공 인사들, 기독교 신자들, 천주교 신자를 버리고 간다면 공산당이 들어왔을 때 어떤 일이 벌어질 것인지는 뻔한 일이었다.

그 지경에 역에는 함흥 인구 절반은 됨직한 5만여 명이나 몰려들어 혼잡을 이루었다. 기차를 타지 못한 많은 사람들은 논둑길과 산길로 흥남에 집결했다.

10만이 되는 함흥 인구의 절반이 10리나 되는 길을 걸어서 흥남까지 온 것이다. 그러나 피난민을 수송할 배가 오지 않았다. 그러자 이 딱한 사정을 해병대를 통해서 일본과 부산에 계속 전보를 쳤다.

그후 일주일이 지나 11척의 배가 도착했다. 그동안 피난민들은 공공시설과 집집마다 수용되었으나 대부분의 피난민들은 숙소가 없어서 벌판에서 밤을 지낼 수밖에 없었다. 그 해 혹독한 추위 속에서 많은 사람들이 고생을 하였고 노약자는 죽어갔다. 흥남에 몰려든 10만의 피난민들을 먹여 살리기 위해 인민군이 남기고 간 창고를 털었다.

쌀은 나눠주고 반찬은 없어서 소금을 배급했다. 부둣가에서 배를 기다리는 수많은 피난민들의 모습은 비참하기 이를 데 없었다. 그들은 추위로 배고픔을 잊은 채 남쪽으로 데려다 줄 배를 기다렸다.

기다리고 기다렸던 수송선이 부둣가에 닿으면 피난민들이 함성을 지르며 모여들었다. 부두선상에는 안타까운 사연이 이어졌다.

수송선이 차례로 떠날 때마다 부두는 눈물 바다를 이루었다. 차례를 기다리다가 타지 못한 피난민들은 발을 동동 굴렀다.

부모형제가 서로 떨어져야 하는 경우도 수없이 많았다. 가까스로 배에 타긴 했으나 부두에 남은 부모형제의 이름을 부르며 울부짖는 소년소녀들도 많았다. 그런가 하면 배를 타고 멀어져 가는 부모형제들을 바라보며 울부짖는 광경도 보였다.

울부짖다가 선창가에서 차가운 바닷물에 뛰어드는 사람도 있었다. 바다에는 많은 시신이 보였다. 차마 눈을 뜨고 바라볼 수 없는 단장의 이별이었다.

그후에도 흥남시는 함경남북도 전역에서 몰려든 피난민들로 공공건물이 모두 찼다. 흥남역 광장에는 50~60명 가량의 소년들이 찬송을 부르고 있다. 그들은 손에는 모두가 십자가가 들려 있었고 찬송을 부르는 입에서는 찬 날씨 탓으로 흰 입김이 목화송이처럼 피어났다.

그들은 찬송을 부르다가 목놓아 울기 시작했다.

6·25 흥남 철수 피난민

"우리를 이남으로 데려다 주세요."
"이남에 못 가면 모두가 죽게 됩니다."
이런 말을 하며 모두가 눈물을 펑펑 쏟았다.

김 군단장은 약속을 했다. 사령부로 돌아온 군단장은 60벌의 군복을 준비하라고 지시했다. 다음날 군복으로 갈아입은 소년 소녀들은 군의 철수 대열에 섞여 승선했다.

미 제3사단의 마지막으로 철수작전이 완료된 것은 12월 24일 오후 2시 반 경이었다. 그러나 마지막 수송선이 부두를 떠날 때 참극이 벌어졌다. 부두 선창가를 메웠던 피난민들이 마지막 배를 향해 한꺼번에 몰려드는 바람에 벌어진 일이었다.

수송선(LST)의 앞 쇠문이 서서히 닫혀지고 있던 순간이었다. 피난민들은 필사적으로 닫히는 쇠문에도 매달렸다. 그 지경에 쇠문에 끼는 사람들이 있었다. 또 쇠문을 붙잡으려고 팔을 뻗쳤다가 바닷물에 곤두박질하는 피난민들도 있었다. 이처럼 흥남 철수작전은 피난민들의 한(限)을 남겨둔 채 부둣가에서 점점 멀어졌다.

Ⅳ. 광야의 불 기둥

— 1 —

　오빠와 헤어진 우리는 피난민 군중들과 좀 떨어진 대동강 하류에서 다시 대동강 교각을 바라보았다. 오빠가 무너진 교각을 무사히 건넜으면 하는 마음에서 기린의 목이 되어 지켜보았다.
　중공군의 북소리가 뜸해졌다가 다시 들려왔다. 그 북소리가 점점 가까이 들려오는 것 같았다.
　"이럴 땐 하나님의 기적밖에 없지……. 옛날 이스라엘 민족은 홍해(紅海)를 육지같이 건너지 않았느냐? 그 기적 말이다."
　"네, 어머니. 저도 그렇게 믿어요."
　우리 모녀는 홍해의 기적을 연상하면서 대동강을 망연히 바라보았다.

그럴 때 문득 하나님 말씀이 떠올랐다.

"형제들아 우리가 아시아에서 당한 환난을 너희가 모르기를 원하지 아니하노니 힘이 겹도록 심한 고난을 당하여 살 소망까지 끊어지고 우리는 우리 자신이 사형 선고를 받은 줄 알았으니 이는 우리로 자기를 의지하지 말고 오직 죽은 자를 다시 살리시는 하나님만 의지하게 하심이라 그가 이같이 큰 사망에서 우리를 건지셨고 또 건지실 것이며 이후에라도 건지시기를 그에게 바라노라"(고후 1:8~10).

이방인의 사도로 부르심을 받은 예수의 제자 바울은 아시아에서 복음을 전하다가 큰 환난을 만났다. 그 환난으로 바울은 사형 언도를 받은 줄로 알았다. 그러나 그는 이 위기의 돌파구를 무릎을 꿇고 기도함으로써 해결의 은총을 받았다. 여기서 그는 더 깊은 신앙에로 들어갔으며, 그것이 죽은 자를 살리신 하나님만을 의뢰하는 믿음이라고 고백하였다.

이 말씀에서 나는 기독교의 깊은 진수를 깨달았다. 현실의 군중심리에 동화를 받아 안절부절못하던 나 자신이 부끄러웠다. 나는 그 자리에 선 채로 하나님께 위급한 상황을 아뢰었다. 그러면서 고요히 하나님의 인도하심을 기다렸다.

순간 마음에 위로와 기쁨이 용솟음치면서 영음(靈音)이 들려왔다.

내가 너를 인도하리니 저쪽으로 가거라!

그 소리는 사람의 소리가 아니었다.

"어서 저쪽으로 가요. 하나님께서 우리를 향하여 큰 일을 역사하실 것입니다. 우리가 믿는 하나님은 전지전능한 하나님이시며 막다른 길에서 역사하십니다."

나는 어머니와 형제들을 하나님이 인도하시는 쪽으로 인도했다. 강바람과 더불어 대동강 물이 출렁거렸다. 흡사 홍해 앞에 선 기분이었다.

"여호와께서 너희를 위하여 싸우시리니 너희는 가만히 있을 지니라"(출 14:14).

이 말씀에 의지하여 믿음의 담력을 갖고 하나님의 인도하심을 따랐다.

"저쪽이라면 어느 정도 걸으면 될까?"

우리는 온종일 몸이 얼고 지쳐서 발을 땅에서 떼었으나 걷기가 부자연스러웠다. 더구나 다리가 불편한 어머니는 몸의 균형을 잃은 듯 비틀거렸다. 동생이 얼른 어머니를 부축했다.

이런 걸음으로 얼마를 걸었을 때 아물거리는 물체가 보였다.

"바로 저기다! 저기가……."

나는 외마디 소리로 연거푸 탄성을 질렀다.

"그래, 무엇이 보인다. 하나님께서 우리를 기억하신 거야."

어머니가 기뻐서 말했다. 가까이 가서 보았다. 거기에는 나룻배가 운행하고 있었다. 쓰다 버린 빈 드럼통 두 개에 널판을 올려 놓은 임시 나룻배였다. 몇 사람이 그 배를 타려고 기다리고 있었으며 그들은 한 가족처럼 보였다. 기회다 싶어 우리도 그들 사이에 섰다. 그러자 뱃사공은 우리를 그들의 가족으로 생각했는지 아무런 말도 하지 않았다.

"자, 어서 타십시오. 화급을 다투는 일입니다."

뱃사공은 중공군의 북소리에 긴장이 되었는지 몹시 서둘렀다. 우리는 염치 불구하고 성큼 배를 탔다. 허술한 이 배는 강물에 약간 흔들리다가 전진했다. 이윽고 우리는 알지도 못하는 강 저편 언덕에 상륙했다.

하나님은 막다른 길에서 역사하시는 분이다. 미리 나룻배를 예비하신 하나님은 대동강을 수월하게 건너가도록 하신 것이다. 대동강에 핀 기적의 사건이었다.

그날 우리는 강 건너 조그마한 섬에 상륙하였다. 사람이 별로 보이지 않는 외딴섬이다. 사방은 고요속에 잠겨 있다. 그렇게 소원했던 대동강을 건넜으니 우리의 마음은 걷잡을 수 없는 기쁨으로 들떠 있었다.

그렇다고 기쁨에만 젖어 있을 수 없었다. 우리의 갈 길이 시급했다. 비록 짧은 피난 일정이라고 하더라도 우리를 급습해 오는 적을 피해야 했기 때문이었다.

평양 시민들은 큰 소리로 장담했다.

"문제 없지요. 유엔군, 국군의 후퇴는 작전상 후퇴디요. 가만히 두고 보시라구요. 기껏 2, 3일이면 족하디요."

이런 말이 평양시에 파다하게 퍼졌다. 어떤 이는 약 열흘이면 유엔군이 다시 진군하게 되리라고 장담했다. 그러나 전쟁은 예측할 수 없는 엉뚱한 결과를 초래할 수도 있다.

이윽고 우리는 선교리 쪽을 바라보고 걸었다. 아무래도 남쪽으로 가려면 아는 길이 상책일 것 같았다.

길 연변에 있는 크고 높은 집들은 텅텅 비어 있거나 아무렇게나 방치되어 있다. 황량한 거리는 겨울의 한랭한 공기처럼 싸늘해 보였다.

그때였다. 제트기의 요란한 소리가 고막을 때렸다. 무슨 일인가 싶어 상공을 바라보았다. 하늘에는 제트기가 활시위를 하며 선회하는 것이 아닌가……. 그러나 몇 대의 제트기가 적기가 아닌 것을 보고 안심을 했다.

그러나 그 제트기는 한 바퀴를 선회한 다음 우리 머리 위에서 기총사격을 퍼붓는 것이었다. 쌍발에서 퍼붓는 기관포 사격은 맹렬하게 불을 뿜으며 목표물을 겨냥했다. 순간 큰 건물이 파괴되어 요란한 폭음소리를 냈다.

우르르 꽝! 꽝! 이 소리와 함께 검은 연기가 하늘을 덮었다. 이런 폭음이 등 뒤에서 계속 들려왔다.

무의식적으로 땅에 엎드렸다.

그러나 첫 번째 바로 내 눈앞에서 터진 포탄은 요란한 굉음을 내면서 불길을 뿜더니 건너편 건물에 닿았다. 그러자 그 건물은 불길에 휩싸였다. 그 건물이 무기창고인 것 같았다. 화약 냄새가 코를 찌르며 총알이 터지는 소리가 고막을 찢는 듯 들렸다. 귀를 두 손으로 막았다.

쾅! 쾅쾅! 또 폭음 소리가 천지를 진동하는 것 같았다. 순간 눈에는 아무것도 보이지 않았다. 어머니도, 형제도 보이지 않았다. 홀로 선 기분이었다. 최후의 순간 나의 눈에는 나를 구속하신 주

Ⅳ. 광야의 불 기둥 • 89

님의 형상만이 어른거렸다.

'오 주님! 오늘이 나의 생애의 마지막 날이옵니까? 이대로 죽어 간다면 주께서 주신 사명은 어찌하오리까……. 주님! 주께서 나에게 주신 사명대로 작은 계집종을 쓰시려면 이 불 속에서 살려 주옵소서.'

생사를 가름하는 최후의 기도였다.

그 순간 절박한 기도를 들으신 주님은 위로와 평안을 주셨고 죽음의 공포가 사라졌다. 비 오듯 퍼붓는 포화 속에서 나는 죽지 않고 살아났다. 그러자 전날 꿈속에서 받은 사명이 생각났다.

몇 년 전 초등학교 6학년 때였다. 그 시절에 주님은 나에게 많은 은혜를 내려 주셨다. 공산당의 신앙 박해 속에서도 굳은 믿음의 생활을 다짐하며 매일매일 기도를 드리려고 교회에 참석하였다. 북한의 혹독한 추위에도 아랑곳하지 않으며 새벽이면 기도의 시간을 잊지 않았다. 겨울의 평양의 기후는 영하 20도를 웃돌았다. 하지만 추위를 무릅쓰고 총총걸음으로 교회로 갔다. 새벽기도를 하며 교회 중심의 신앙생활을 했던 나의 믿음은 쑥쑥 성장했다.

나의 신앙에 큰 영향을 준 분은 어머니와 박민서 선생이었다. 평양 기림리교회 어린이 교회학교에는 믿음이 두터운 교사가 있었다. 박민서 선생으로 김일성대학교 의과대학에 재학중이었다. 그의 어머니는 기림리교회 권사였고 단 두 식구가 살았다.

어린이들에게 성경 이야기를 들려 주던 그 교사는 음악에도 조예가 있을 뿐만 아니라 다방면의 재능을 지니었다. 게다가 어린이 교회학교에서 어린이들을 잘 지도하여 인기있는 교사로 알려졌다. 더욱이 나에게는 삶의 비전을 심어 준 훌륭한 교사였다.

"우리 이럴 때가 아니야. 우리 주위에는 우는 사자가 우리를 삼키려고 에워싸고 있는 것을 알아야 해. 그러니 고(高)학년 어린이들은 새벽기도를 하면 어떨까?"

그는 검은 안경태의 안경을 닦으면서 이런 제의를 하며 어린이들의 심정을 살펴보았다.

"선생님, 찬성이에요."

"그럼 다음 주일부터 주일마다 어린이 새벽기도회를 갖기로 한다."

그로부터 주일 새벽이면 본당 어린이 예배실에는 꼬마 기도꾼들이 모여들었다. 북한 공산당의 기독교 박해 속에서도 어린이 새벽기도회가 시작되었다. 그 교사는 의학도로서 시간에 몹시 쫓겼으나 예배시간이 되면 어김없이 먼저 와서 기다렸다. 그는 어린이들이 즐겨 부르는 찬송 몇 곡을 부른 후에 짧은 기도를 드렸다.

"자 어린이들 성경 갖고 왔어요? 성경 가지고 온 어린이들은 한번 손 들어 봐요."

그러면 우리는 오른손을 번쩍 들었다.

"하나, 둘, 셋, 넷. 너무 수가 적군. 성경은 하나님의 말씀으로 이를테면 생명의 말씀이랍니다. 그러니 언제나 지니고 다녀요."

그는 이런 말로 충고를 하다가 양복 호주머니를 뒤적거렸다.

"이것 봐요. 나는 포켓 성경을 항상 몸에 지니고 다녀요."

어린이들은 감격해서 이야기를 경청해 들었다. 이때부터 어린이들은 박 선생을 '바울'이라는 별명을 붙여 즐겨 부르게 되었다. 어린이들 눈에 그가 바울처럼 믿음이 좋게 보였기 때문이다.

"그럼, 창세기 1장을 찾아요. 이 시간부터 창세기 성경 공부를 하겠어요."

그날부터 시작한 창세기 성경 공부는 새벽기도회에 참석한 어린이들에게 큰 감명을 주었다. 우주의 기원, 인류의 기원, 인간의 타락 등의 이야기를 들었지만 그 중 아브라함의 신앙사적은 나에게 실로 놀라운 은혜가 되었다. 믿음의 족장 아브라함은 곤경 중에서도 하나님 중심의 신앙 위주의 생활을 했다. 이를 본받아 실천하겠다고 결심한 것이 새벽기도였다.

나는 주일을 제외하고는 본당 위 3층에서 기도했다. 경건하게 무릎을 꿇고 고요히 눈을 감으면 주님의 십자가의 사랑이 떠올랐다.

"오 주님! 주님의 사랑을 어이 형언하리까. 그 사랑 은혜 고마워 흐느껴 웁니다."

"오오, 사랑의 주님……. 주님은 나 위해 몸 바쳐 십자가에 달려 피 흘렸는데 저는 무엇을 주님께 드리오리까……."

매일 나의 기도는 주님 십자가에 대한 사랑의 절정에서 끝을 맺었고 예수님을 한번 뵙는 것이 간절한 소원이었다. 그랬던 소원이 이루어졌다. 대지에 먹구름이 덮인 밤이었다. 잠을 자야겠다 싶어 방으로 갔다. 방에는 아무도 없었다. 밤이 깊어갔다. 벌레소리도 들리지 않던 적막 중에 밖에서 문이 열리는 소리에 깜짝 놀라 반사적으로 몸을 반쯤 일으켰다. 누가 문을 여는 것일까? 공포에 싸여 사시나무처럼 떨고 있는데, 주님은 이때 방 가운데 서 계셨다.

"주님이시다!"

주님을 보는 순간 두려움은 가시고 기쁨이 솟았다. 순간 침대에서 내려와 무릎을 꿇었다.

"주님, 제가 주님을 사랑합니다. 주님, 한평생을 섬기며 따르렵니다. 죽도록 충성하게 하옵소서……."

"예수께서 나 위하여 몸 바쳐 피 흘리셨는데 저는 무엇을 드리겠나이까……."

두 손을 모두어 예수님을 우러러보며 말하다가 다시 무릎을 꿇고 앉았다.

"주님! 주님! 주님 위해 이 몸 드리겠나이다. 이 몸 받아 주옵소서."

이 말과 함께 나는 떨며 일어나 예수께로 가까이 가려고 다가갔다. 그러나 주님은 다가오는 나를 물끄러미 바라보시며 손짓을 하여 만류하셨다. 하지만 주님의 얼굴을 다시 뵈려고 시선을 그분에게 응시했을 때 주님은 헐벗은 몸으로 변하셨다. 그 모습을 보니 가슴이 아팠다. 순간 주님은 섬광의 빛나는 눈매로 나를 유심히 보시다가 밖으로 슬며시 나가셨다.

밖으로 나가시는 주님을 보고 나는 외마디로 "주님!" 하고 외치다가 깨어나니, 생시 아닌 꿈이었다. 주님은 나의 기도의 소원을 꿈 속에 나타나 보이시며 응답해 주셨다.

폭음 소리가 연쇄적으로 들려왔다. 하지만 지난날 꿈 속에 나타나 보이신 주님을 생각하며 불안한 마음을 달래었다. 주님은 사랑하는 자의 서원기도를 들으셨을 뿐만 아니라 사역자는 사역을 다하기까지 생명을 거두어 가시지 않기 때문이었다.

제트기가 멀리 사라진 뒤 폐허 위에서 구사일생으로 살아난 나는 옷을 털고 일어났다.

— 2 —

평양시를 벗어났을 때, 어느덧 저녁 땅거미가 지고 있었다. 여기서 우리는 또 피난민들과 합류했다. 앞뒤 끝이 보이지 않는 피난민 대열은 한없이 길었다.

그러나 전쟁에 쫓겨 피난 가는 난민을 보호하거나 인도할 지도자가 없었다. 여기서 깨달은 것은, 전쟁의 피해는 전쟁터에서 싸우는 군인보다 어떤 경우에는 피난민에게 그 피해가 더 막급하다는 사실이다. 나라를 방위하기 위해서 전쟁하는 병사들에게는 나라에서 식량을 공급해 주거나 의류나 의약품을 대주고 적과 싸울 수 있는 무기도 주며, 만약의 경우 불행하게 전사하거나 부상을 입을 경우 국가에서 이를 전적으로 보상해 준다.

그렇지만 피난민에게는 이러한 국가적 혜택이란 어림도 없는 것이다. 그러기에 피난민은 처절하고 고독하며 의탁할 데 없는 고아나 다름이 없다. 더욱이 한국전쟁을 겪은 북한 피난민들이야 더 말할 나위가 없을 것이다.

어디에도 이 딱한 사정을 호소할 길이 없었다.

옛날 출애굽 당시의 이스라엘 민족에게는 애굽의 화를 피하여 가나안으로 갈 때에 하나님께서 이들을 인도할 지도자를 예비해 두셨다. 모세라는 인물이었다. 그러나 북한 피난민들에게는 인도할 영도자가 없다. 그저 피난민 행렬을 따라 묵묵히 따라 가는 것이 최선의 길이었다.

날이 어두워지자 우리는 쉬어 갈 곳을 찾아 헤매었다. 집집마다 이 잡듯이 샅샅이 뒤졌으나 빈 집은커녕 피난민들로 꽉 차 있어 머물 곳이 없었다. 인도에서 떨어진 깊숙한 마을에도 가 보았으나 거기에도 역시 피난민들로 으레 만원이었다.

"이러다간 오도가도 못하고 길에서 얼어 죽겠다. 할 수 없지. 이럴 땐 안간힘을 써서 비비고 방으로 들어가는 길밖에 없다."

어머니의 기지는 그럴 듯했다.

"내가 하라는 대로 하면 되는 거야. 네가 먼저 힘을 써서 사람들 틈을 비비고 들어가면 나와 네 동생들이 비비고 들어갈 것이야."

내가 머뭇거리자 어머니는 다시 말을 이었다.

"사람에게는 비상시에 발휘하는 힘이 축적되어 있는 거란다. 글쎄 재미있는 옛날 이야기가 있어. 옛날에 어느 동네에서 원인 불명의 큰 불이 났지. '불이야!' 소리를 듣고 사람들은 잠자다가 밖으로 뛰어나왔단다. 그런데 어느 부잣집 마누라는 밖으로 나왔으나 장독대에 두고 온 쌀독이 생각이 났어. 그 속에 금덩어리를 감춰 두었다는 거야. 그 뚱뚱한 마누라는 쏜살같이 불길을 헤치고 들어가서 그 쌀독을 들고 나왔겠다. 이처럼 사람에게는 비상시에 축적한 에너지가 있는 법이란다."

그날 밤, 나는 비상의 힘을 알뜰하게 실천하기로 했다. 내가 선두자였기 때문에 이리저리 상황을 판단하다가 비좁은 방을 힘껏 헤치고 들어갔다.

"아이고, 이 처녀가 미쳤나? 가만히 있디 못하고 와 이렇게 성가시게 구니?"

"도루 떼밀어 내시라구요."

여기저기서 이런 말이 들렸으나 못 들은 체하고 더 깊이 쑤시고 들어가자 어머니와 동생들이 합세하여 우르르 떠밀며 방에 들어와 주저앉았다.

얼굴과 등골에는 흥건히 땀에 젖어 있었다. 그날 밤 사람들 틈에 끼어 앉은 채로 잠을 잤다. 이른 아침 동이 트자 우리는 아침을 거른 채 밖으로 빠져 나왔다. 피난민의 대열은 앞과 뒤가 보이지 않았다.

피난민의 모습은 가지각색이었다. 어떤 이는 달구지에 짐을 가득 실었는가 하면, 어떤 이는 등과 머리에 커다란 짐을 지거나 이고, 혹은 어떤 이는 아이를 업거나 안고 가는 등 다양했다. 이에 비하면 우리 행색은 남루하기 짝이 없었다. 하룻밤 사이에 옷이 더러워졌으나 갈아입을 옷이 없었다. 꾀죄죄한 모습이다.

해가 중천에 떠서야 우리는 몹시 허기가 져서 주머니에서 냄비와 쌀 몇 줌을 꺼내어 밥을 지었다. 반찬이라야 소금에 절인

짠무가 고작이었지만 피난길에서 먹는 밥맛이란 정말 천하일품이었다. 숟가락 놓기가 몹시 아쉬웠으나 떠온 물로 배를 채우고 다시 행군을 계속했다. 몇십 킬로미터를 강행군했더니 벌서 신발이 떨어지고 발이 뻐근해졌다. 간신히 뒤따라 오던 셋째는 힘이 겨웠던지 오만상을 찌푸린다.

"좀 쉬었다 가자. 나는 다리가 아파서 계속 걷기가 힘들어."

어머니가 셋째 딸 혜선이를 힐끔 쳐다보며 말했으나 그럴 겨를이 없었다. 행여 뒤떨어졌다가 중공군이나 인민군에게 포위될까봐 두려웠다.

피난민 행렬 속에는 별별 사람도 많았다. 그들은 걷다가 신이 나면 거침없이 이야기를 늘어놓았다. 신사인 듯한 젊은 남자가 달구지를 끌고 가는 사람에게 넌지시 물었다.

"저 양반, 어디서 피난 나오셨습니까?"

그 사나이는 평안도 사람처럼 보였으나 일부러 유식한 척 표준어를 사용했다.

"내래 평안도 선천에서 나왔디요. 선천은 살기 좋은 데디요. 그러나 그 빨갱이 등쌀에 살 수 있어야디요."

그 농부는 향수에 젖어 있었으나 공산당에게 환멸을 느낄 정도로 반공 투사같이 보여졌다.

"나는 고향이 평북 정주(定州)이다가래. 그 유명한 시인 김소월(金素月)의 출생지디요. 참 5년간 공산당 치하에서 큰 곤욕을 치렀디요."

그는 이렇게 말하며 깊은 한숨을 몰아쉰다. 피난민 중에는 젊은 남자들이 많았다. 유엔군이나 국군이 넉넉히 잡아서 일주일이나 열흘이면 다시 북한 땅을 수복할 것을 믿었기 때문에 많은 사람들이 홀몸으로 피난민들과 합세한 것이었다.
"정말이지요. 유엔군이 진군할 것을 믿고 말고요."
비교적 피난민들은 솔직하고 순진해 보였다. 우리는 피난길에서 이렇게 고백하는 사람들을 수없이 만났다.

날씨가 쌀쌀하여 일찍이 민가를 찾아서 빈 방을 겨우 차지했다. 시골 농가치고는 꽤 잘 살던 집 같은데 가구 일체를 그냥 두고 피난을 간 집이었다. 대문을 열고 들어서면 'ㄱ'자 집에 사랑방이 있고, 안방과 마루 그리고 마루 건넌방이 있고 마당도 훤하게 넓었다. 그런가 하면 헛간에는 올해 추수한 곡식들이 차곡차곡 쌓여 있었다.
"엄마, 꽤 잘 살았는가봐. 또 저것 봐요."
미선이가 눈이 휘둥그레지며 탄성을 연발한다. 미선이는 나보다 다섯 살 아래 여동생이다.
"엄마, 우리 먹어도 괜찮겠지?"
미선이는 곡식을 보고 군침이 동해서 불쑥 한마디 했다.
"너는 어떻게 생각하니? 옛날 이스라엘 사람들은 농사를 지어서 추수할 때면 가난한 사람을 위해서 이삭 한 고랑은 남겨 놓았단다. 그렇다면 피난민이 배가 고파서 쌀을 좀 먹었다고 하여 죄랄 것 없겠지."
나는 가마솥을 휑하니 씻어 씻은 쌀을 붓고, 어머니는 짚단을 풀어서 불을 지폈다. 그런데 밖에서 인기척이 들리더니 피난민들이 들이닥쳤다.

"용케 이 구석도 찾아오는군. 밥이 다 된 모양이다. 어서 퍼서 먹어요."

그 사이 피난민 한 가정이 냉큼 마루로 올라섰다가 건넌방으로 갔다.

"어디서 피난 나왔시오?"

"털산(鐵山)에서 왔시오"

"그럼 집 떠난 지 여러 날이 됐잤시다구래."

"그렇디요. 우리 발 보시라구요."

남자가 발을 들어 보이는데, 갈색 양말은 떨어져 다섯 발가락이 보이고 굳은살이 박혔다.

"어머나! 어쩌나?"

우리가 놀라자 그는 이번에는 자기 아내의 발을 보였다.

"당신도 징그러진 발을 보이라니까. 자, 이만하면 알겠시요? 이것이 피난 덕이디요."

그 여자는 망가진 발을 보이며 끙끙 신음했다. 살아 보겠다고 남편을 따라 나와 열흘 이상을 걷다 보니 발가락에 물집이 생기고 터져서 더 이상 걸을 수가 없게 되었다는 말이었다.

그녀는 아기에게 젖을 먹이면서 계속 신음소리를 냈다.

"여보! 좀 참아 보라구. 좀 가다 보면 유엔군 차라도 만나면 사정해서 타면 되지 않겠나. 궁하면 통하는 길이라도 있게 마련이거든."

남편은 밤새 칭얼거리는 아기를 안고 부인을 간호했다. 그러나 다음날 아침 부인은 자리에서 일어나지 못했다. 애써 일어섰다가 풀썩 주저앉았다.

"여보, 아무래도 안 되겠시다. 당신 먼저 떠나시라구요. 설마 오랑캐가 아녀자를 해치겠어요? 난 다리가 나으면 곧 당신 뒤를 따르리다."

"공연히 애기 업고 무리하게 걷다 보니 발병이 났군."

이런 말을 하며 그는 머리를 아래로 떨구었다. 그리고 어깨가 들먹거렸다.

"당신에게 눈물을 보이지 않으려고 했으나 어쩔 수 없구먼. 부부의 정은 이런 것이요. 잠시 이별은 서러운 것이요."

부인은 울고 있었다.

"여보! 우리 다시 만나요."

아침 햇살이 헤어지는 이들의 등을 안타깝게 비춰 주고 있었다.

— 3 —

겨울 잿빛 하늘이 구름에 서려 있다. 날씨를 보니 아무래도 금방이라도 눈송이가 내릴 것 같다. 삭풍에 앙상한 나무가 가련하게 흔들거렸다.

"저 보소. 저 앙상한 나무가 우리 피난민 신세가 아니오. 어서 빨리 앞으로 갑시다요. 우물쭈물하다가 큰코 다치겠수다."

어느 짓궂은 사나이가 이 말을 해서 폭소가 터졌다.

"보소, 풍진 세월 사는데 아득바득할 게 뭡니까? 호박처럼 모가 없게 둥글게 살아야지요. 그게 세상 사는 묘미랍네다그려"

그러자 누가 그의 말을 이어받았다.

"옳아요. 선생님 말이 참입니다."

그는 더욱 신이 났다. 이번에는 제스처까지 동원하여 손짓발짓하며 이야기를 하여 또 웃음이 터졌다. 그 즈음 우리는 길가에 버려진 아이를 보았다.

"저런, 참 불쌍한 아이로구나. 길에 팽개쳤군."

그 아이를 보며 주위가 숙연해졌다.

사람들이 버려진 아이 앞으로 몰려들었다.

"아이 가엾어라. 저런! 부모가 버리고 간 어린아이로군. 무슨 곡절이라도 있었겠지……."

"고약한 세상이로군. 자기 살겠다고 자기 몸에서 난 자식까지 버리다니……."

한 노인이 버려진 아이 앞으로 바싹 다가앉더니 아이의 두 손을 덥썩 잡았다.

"얘야! 전쟁의 희생물이 되었구나. 아이고 불쌍해라. 죄도 없는 어린것이……."

그 노인은 탄식을 하다가 목놓아 흐느껴 울었다. 그리고 그는 눈물을 닦고 아이에게로 다시 가까이 갔다가 아이 앞에 써 놓은 글을 보았다.

> 저는 세 아이를 데리고 평북에서 피난길에 나섰습니다. 큰 아이가 세 살, 둘째가 두 살, 그리고 맨 아래 아이가 두 달 되었는데, 저로서는 너무 힘겨운 일이었습니다. 애들 아빠는 상황이 위급하여서 먼저 피난길에 나섰지요.
>
> 그 지경에 여러 날을 걷고 또 걷다가 보니 죽을 지경입니

다. 애를 업고 양손에 어린 것들을 데리고 걷는다는 것은 말이 쉽지 큰 고역이 아닐 수 없습니다. 어떤 경우에는 넷이 다 죽어버릴까 했으나 스스로 목숨을 끊는다는 것도 쉬운 일이 아니더군요. 그럴 바에야 차라리 큰애를 다른 이에게 주는 것이 현명한 생각이라고 여겨졌습니다.

    그리하여 오늘의 이 결단을 내리게 되었습니다. 용서하시오. 매정한 어머니라고 나무라거나 채찍을 가한데도 달게 받으려고 합니다.

    그러나 소청만은 들어 주시기 바랍니다. 이 아이를 데려다가 친자식으로 삼고 양육해 주신다면 이보다 더 큰 고마움이 없겠습니다. 우리 아이는 머리도 좋은 편이고, 또 남아답게 씩씩하고 건강합니다. 부디 친자식처럼 여기시고 길러 주시기를 앙망합니다.

1950년 12월 초순
곤궁에 처한 한 여인으로부터

    이런 편지와 함께 어린애 옆에는 이불과 요가 나란히 놓여 있었다.

    "참, 딱하기도 해라……."

    노파는 그 정경을 보고 다시 울음을 터뜨렸다. 나도 눈시울이 뜨거워져서 그저 서 있기가 민망했다.

    "엄마! 엄마!" 아이는 엄마를 찾으며 울부짖었으나 이 아이를 거두겠다고 나서는 사람은 아무도 없었다.

    먹구름 진 하늘에서 함박눈이 송이송이 내리기 시작했다. 우

는 아이의 머리 위에도 내렸다. 우리는 말이 없었다.

— 4 —

"여호와께서 그들 앞에서 가시며 낮에는 구름 기둥으로 그들의 길을 인도하시고 밤에는 불 기둥을 그들에게 비추사 낮이나 밤이나 진행하게 하시니 낮에는 구름 기둥, 밤에는 불 기둥이 백성 앞에서 떠나지 아니하니라"(출 13:21~22).

성경 출애굽기를 저술한 기자는 이스라엘의 하나님은 구름 기둥, 불 기둥의 하나님이라고 기술하며 이를 상징적으로 보여주었다. 여기에는 성서적 큰 의미가 담겨 있다.

출애굽 당시 선민 이스라엘 민족이 하나님의 특별하신 은혜로 애굽을 탈출하여 젖과 꿀이 흐르는 가나안 땅으로 가게 된 것은 하나님께서 그 나라와 민족에게 베푸신 구원의 역사였다. 그러나 그들이 약속의 땅 '가나안'에 입성하기 위해서는 아직 먼 길이 남아 있었다. 즉, 홍해를 건너야 하며 광야를 통과해야만 가나안 땅에 들어가게 되는 것이다. 그것이 큰 문제요, 난제 중의 난제였다. 그러나 하나님은 가능케 하시는 분이다. 택하신 이스라엘 민족을 사랑하사 하나님은 보호하심과 인도하심의 표시로 구름 기둥, 불 기둥의 표징을 직접 그들에게 보여주셨다.

구름 기둥과 불 기둥, 그것은 사랑의 하나님, 전지전능하신 하나님, 무소부재하신 하나님의 은혜로운 표시였다. 구름 기둥은 그들을 위하여 낮의 뜨거운 태양을 막아 주었다. 또 갈 길을 보여주시는 하나님의 보호 방법이었다. 불 기둥은 밤에 길을 비추었다. 그들이 가야 할 길은 멀고도 멀었다. 그렇게 그들이 통과한 땅은 광야요 사막이었다. 출애굽기 기자는 광야 사막과 건조하고 음침한 사망의 땅, 사람이 다니지 아니하고 거주하지 아니하는 땅을 통과하게 하셨다고 기술하였다.

사막과 광야에는 길이 없다. 심한 바람으로 인한 모래의 이동으로 말미암아 일정한 길이 없으므로 여행자들이 방황하다가 길을 잃게 되기 쉽다. 목적지에 이르지 못하고 헤매다가 죽기도 한다. 그리고 광야는 위험하다. 때로는 도둑의 무리를 만날 수도 있다. 오래 전 프랑스의 플래터스(Paul Flatters)는 사하라 사막에 깊이 들어갔다가 도둑에게 급습을 당해 그 자리에서 피살되고 말았다. 이처럼 사람이 살 수 없는 곳, 위험한 곳, 건조하고 사망의 음침한 땅이 광야와 사막이다. 그렇기 때문에 이스라엘 민족이 이 길을 통과하기 위해서는 절대적인 하나님의 보호하심과 인도하심이 필요하였다.

낮에는 구름 기둥, 밤에는 불 기둥으로 그들의 길을 인도하신 하나님…….

하나님의 인도하심과 보호하심은 구름 기둥과 불 기둥으로 실행되었다. 그러기에 광야와 사막의 길을 걷던 이스라엘 민족은 역경이나 위험에서 구름 기둥과 불 기둥을 보며 힘을 얻었고, 소망을 품었다. 또한 안위를 받으며 만사 해결을 받았다. 그 하나님이 오늘에도 우리 사이에 친히 역사하신다.

어머니가 입을 뗐다.

"옛날 이스라엘 민족에게 구름 기둥, 불 기둥으로 함께하신 하나님께서 지금 우리와도 함께하신다."

"저도 그럴 것을 확신있게 믿는걸요."

"옳아, 그것이 믿음이야. 하나님께서는 믿는 만큼 역사하신단다. 그러니 믿는 바를 꼭 이루어 주실 것을 믿고 나아가면 되는 거야."

우리 말을 들으며 옆에서 걷던 사람이 말을 걸었다.

"보아하니 예수 믿는 분이군요. 저도 예수 믿지만 피난길에서 더욱 주님을 의지하게 되는가 보죠."

그녀는 스무 살이 될까말까 한데, 고급스런 털외투를 몸에 걸친 것을 보니 유족한 집안의 딸인가 싶었다.

"고향에 부모 형제가 살지요. 급하게 피난을 서두르다 보니 우리 남매만 나왔답니다."

이렇게 말을 하자 고등학교 더벅머리 총각이 꾸벅 인사를 한다. 그 학생은 큰 배낭 주머니를 메고 있었으나 전혀 힘들어 보이지 않았다.

"원 힘도 세지. 저런 힘이면 서울 가는 것도 문제 없겠네."

"그렇지요. 아닌 게 아니라 힘이 장사래요. 학교에서 역도 선수로 이름을 떨치며 공부를 했지요. 아무튼 피난길에 믿는 사람을 만나서 기뻐요. 아버지는 교회 장로님이시고 어머니는 권사님이에요. 저는 모태신자랍니다. 하지만 믿음이 대단한 것은 아니었지요. 그러다가 피난길에서 살아 계신 하나님을 몸소 체험하게 되었답니다."

그녀에게는 실감나는 이야기가 많은 것 같았다. 그 사이 우리는 중화(中和) 가까이에 왔다. 중화는 평안남도 중화군의 군청

소재지로서 군(郡)의 중앙에 위치하고 있다. 평양 남쪽에서 40리 길에 있는데, 읍내에 들어가니 상가는 철시하고 텅 빈 집들이 많았다. 아직 피난을 가지 못한 사람들은 피난 행렬을 보고 서둘러 우리와 합류했다.

유엔군 국군의 진격 소식을 기대했으나 그 전황의 소식은 막연했다. 오히려 불리한 소식이 들렸고 민심은 어지러웠다. 그런 중에 우리는 또 전진을 시작했다. 지휘관의 호령이 없어도 앞서가는 사람만 보며 따라가면 되는 것이다. 그때 제트기 한 대가 상공에 날아왔다. 그리고 곡예하듯 곡선을 그리면서 집중 사격을 퍼붓기 시작했다.

따따따…… 꽝! 따따따…… 꽝!

계속 퍼붓는 그 소리는 흡사 지상에서 쏘는 기관총 소리와 비슷했다.

이어서 비명 소리들이 귓전을 쳤다. 우리는 혼비백산하여 그 자리에 엎드렸다. 그리고 정신을 잃었다. 간신히 정신을 차렸을 때에는 제트기가 멀리 사라지고 없었다. 주변에는 폭격으로 죽은 시체가 여기저기 널려 있다.

능청을 떨며 말 잘하던 재담가도, 또 길에 버려진 아이를 보고 눈물짓던 노파도, 그리고 길에서 만났던 크리스천 남매도 다시 볼 수 없었다.

살아남은 사람들은 이구동성으로 무차별 사격을 가한 것은 평화와 인간의 생명을 존중한다는 유엔군으로서의 영역을 벗어난 행위라고 개탄했다. 전시에 작전을 수행하는 유엔군측 입장으로는 인산인해(人山人海)를 이루어 남하하는 큰 행렬을 보고 그 속에 혹시 피난민을 가장한 공비나 인민군이 있지 않을까 해서 가한 행위인 것 같았다.

피난민 행렬. 한껏 챙겨낸 가재도구를 지고, 이고, 끌며 남쪽을 향하는 피난민들. 12월 25일 서울시민에게 소개령이 내려졌다. 적치(敵治) 90일간의 쓰라린 경험이 아직도 생생한 시민들은 너나없이 피난길에 올랐다.

그날 모두가 밥맛을 잃고 멍청히 앉아 사태를 주시하는 것 같았다. 누구를 원망하고 탓할 수 없는 전쟁의 참혹함이었다.

다음날 우리는 또 피난민 대열에 합류하여 열심히 걸었다. 무슨 일이 일어난 것인지 예측할 수 없지만 그렇다고 뒤로 물러가거나 제자리에 주저앉을 수 없는 처지에 막연한 피난길이라도 걷는 것이 상책인가 싶었다.

겨울의 잿빛 하늘에 점점이 흰구름이 피었다. 다시 무슨 일이 나지나 않는지 불길한 생각으로 하늘을 쳐다보다가 별안간 우리를 겨냥해 오는 제트기를 보았다.

"제트기가 나타났다. 제트기가……."

순간 제트기의 굉음이 고막을 때린다. 이어 아우성치는 비명이 들렸다. 나는 엉겁결에 어머니를 부축하고 동생들을 앞으로 떠밀어 밭이랑 쪽으로 몸을 감췄다. 그 사이 제트기가 우리 머리 위를 몇 바퀴 돌다가 사라졌다.

그 사이 우리는 간이 콩알만해져 숨도 크게 쉬지 못했다.

더욱이 그 제트기가 우리 머리 위로 맴돌며 사격을 가할 때에는 꼭 죽는 줄로 알았다. "으악!" 하고 사람이 쓰러지는가 하면 소가 '쿵' 하고 쓰러졌다. 전방의 격전장에서는 병정이 죽는가 하면 후방에서는 비행기에서 퍼붓는 사격으로 죄 없는 사람들이 가련하게 죽어갔다. 피난민들의 두려움과 고통은 그 어디에도 어디다 호소할 곳이 없었다.

전선을 걷고 있는 피난민들은 현주소가 없는 유랑민이나 다를 바 없었다. 그날 밤 겨우 살아남은 사람들은 또 빈 집에 모여 회의를 열었다.

"이럴 수가 있소?"

누군가가 원통해서 핏대를 올리며 고함을 쳤다.

"그렇소. 하지만 우리는 전략상의 조건을 이해해야 합니다. 이를테면 전시에 가라지를 뽑으려다가 알곡을 상하게 되는 셈이지요. 그러니 전쟁터에는 백성의 피해가 적지 않은 것입니다. 피난민 속에 불순분자를 섬멸하자니 그럴 것 아니겠소?"

"지당한 말이오. 전쟁터에선 우리 피난민들이야 일이 있어도 어디다 호소할 수 없지요."

이야기를 하는 이나 듣는 이가 모두 풀이 죽어 있었다. 그 사이 한 여인이 입을 뗐다.

"내가 기발한 아이디어를 내겠어요"

그녀는 생긋이 웃다가 목에 맨 머플러를 풀었다. 그리고 그것을 흔들었다. 그 머플러는 눈을 크게 뜨고 보니 태극기였다.

"나는 오늘 이 태극기 덕을 많이 봤어요. 그 쌕세기가 내 머리 위로 선회할 때 단창에다 태극기를 꽂고 비행기를 향해 흔들었지요. 그랬더니 그 제트기가 다른 데로 가버리더군요."

"거참 좋은 아이디얼세. 그럼 그렇게 해 보도록 합시다."

성미가 급한 사람은 이런 제의를 하며 태극기를 그린다고 부산을 떨었다.

"우리도 태극기를 그리면 좋겠어요."

나는 어머니께 제의를 했다.

"그것도 좋지만……. 한데, 우리에게는 더 좋은 게 있으니 말이다."

나는 눈이 휘둥그레졌다.

"그것도 몰라? 하나님의 임재를 표시하는 불 기둥, 구름 기둥 말이다."

어머니 말이 옳았다. 나는 계면쩍게 웃었다.

— 5 —

아침에 동이 틀 무렵 우리는 전날보다 더 빨리 남쪽을 향하여 행군하기 시작했다. 자욱하던 안개가 어느덧 아침 햇살에 사라졌다. 연일 비행기 폭격으로 적지 않은 사람들이 죽었으나 그래도 피난민 행렬은 전과 다름이 없었다. 오히려 날이 갈수록 기하급수적으로 느는 것처럼 보였다. 미처 피난 가지 못했던 사람들이 뒤늦게 우리와 합류하여 그런 것 같았다.

"집에서 국군이 다시 진격할 때까지 기다려 보려고 했으나 불안하여 있을 수가 있어야지요. 그래 이처럼 준비 없이 뛰쳐 나왔답니다."

육십을 헤아려 보이는 여인이 말했다.

"그래. 무슨 일이 있었나 보죠?"

"말 마세요. 어젯밤 패잔병이 출몰해서 혼났어요."

그 여인은 외투 속을 헤치더니 옷고름으로 땀을 닦았다. 아직 공포가 가시지 않은 모양이다.

"먹을 것을 달라고 해서 있던 음식을 다 줬어요. 그랬더니 먹고는 어물쩡 나가버렸어요."

이야기를 듣고 보니 집에 있는 사람이나 피난 길을 가는 사람이나 그 운명은 피장파장인 것 같았다. 정오가 될 무렵, 몹시 지쳤고 또한 불길한 예감이 들어서 인가를 찾아가 좀 쉬어 가기로 했다.

밭이랑 사이의 오솔길을 보고 우리는 빈 집에 들어가 쉬려고 할 즈음, 우리 쪽을 향해 오는 제트기를 보았다. 나는 외마디 비명을 질렀다. 그리고 몸을 숨겼다. 순간 그 제트기들은 피난민 행렬을 겨냥하여 집중 사격을 퍼부었다. 사람들의 비명 소리와 함께 검은 연기가 하늘에 치솟았다. 나는 다시 머리를 땅에 멸구었다가 마음이 착잡해졌다. 눈을 지긋이 감았다가 하늘을 올려다 보았다. 그 현장에서 다시 살아났다는 것을 의식할 때 시편 기자의 노래가 떠올랐다.

"내가 산을 향하여 눈을 들리라 나의 도움이 어디서 올까 나의 도움은 천지를 지으신 여호와에게서로다 여호와께서 너를 실족하지 아니하게 하시며 너를 지키시는 이가 졸지 아니하시리로다 이스라엘을 지키시는 이는 졸지도 아니하시고 주무시지도 아니하시리로다 여호와는 너를 지키시는 이시라 여호와께서 네 오른편에서 네 그늘이 되시나니 낮의 해가 너를 상하게 하지 아니하며 밤의 달도 너를 해치지 아니하리로다"(시 121:1~6).

이윽고 제트기가 사라지자 대피했던 피난민들이 민가로 우르르 모여들었다. 그 중에 힘센 사나이와 몇 사람이 폭격에 쓰러진 소를 질질 끌고 왔다. 그들은 죽은 소를 넓은 마당에 벌려놓고 히히덕거렸다.

"막걸리가 있으면 이 쇠고기를 구워 먹으며 한잔 했으면 좋겠는데……."

"이럴 땐 흥겹게 마실 수 있는 독주가 어울리지. 독주는 고뇌를 털어버릴 수 있으니 좋단 말일세."

억센 사나이들이 과도로 죽은 소를 도려내서 쇠고기 살점을 벌건 숯불에 올려놓았다. 그리고 그들은 술 대신 김치국을 들이키며 흥겹게 놀았다.

풍진 세상 술로 내 마음 달래 보리.
막연한 피난길 술로 착잡한 마음 달래 보자.

－6－

　사람은 자기 멋에 산다는 말이 있다. 사람의 마음속에는 자기 우상이 있다는 학설이 이 말을 뒷받침해 준다. 흔히 사람들은 자기 의견 내세우기를 좋아하며, 자기를 앞세우고 또 자기를 변호하여 보호한다는 것이다. 그러나 자기를 과신하는 것이 때로는 오발탄이 되기도 한다.

　이와 반대로 남을 너무 믿기도 한다. 그런데 타인을 신뢰하는 것도 어느 정도이지, 잘못 판단하여 분수를 넘으면 이로 말미암은 상처가 적지 않다.

　한민족은 정(情)이 많은 민족이다. 처음 만난 사람에게도 기분이 나면 속의 것을 다 털어놓는다. 심지어 잠깐 몸을 기대고 가는 시내버스 안에서도 종종 경험을 하게 된다. 이런 심리적인 발로가 타인을 지나치게 의존하게 하고 신뢰하게 하여 손해를 보게 되는 경우가 있는 것이다.

　북한 동포는 유엔군이나 국군을 얼마나 신뢰했던가…….

　중공 오랑캐가 압록강을 건너 밀물처럼 밀려오더라도 유엔군의 전법에는 어림도 없을 것으로 믿었다. '일주일 혹은 열흘 후 북진설'이 파다하게 퍼져 있었다. 하지만 그것은 근거 없는 맹신에 불과했다. 우리는 10여 일을 유엔군과 국군이 후퇴한 전선 지역을 걸었으나 유엔군이나 국군의 모습은 볼 수 없었다. 이렇게도 많은 땅을 팽개치고 후퇴한 유엔군의 작전이 괘씸하면서 한편 의구심을 금할 수가 없었다.

　북한 피난민은 누구인가? 전선에 발이 묶여 있는 피난민들에게는 현주소가 없다. 난리통에 고향을 등진 피난민들에게는 따뜻한 보금자리가 없었다. 날이 저물면 쉬어가는 것이 더할 나위 없는 기쁨이었다.

그럴 때 다행히 빈 방을 발견하면 불을 지피고 피곤을 풀 수 있었다. 여기에는 격식이 없다. 이불이나 요, 베개 같은 침구가 없어도 좋았다. 입은 옷 그대로 그냥 누워 자면 그만이다. 그리고 누군가가 버리고 간 음식을 찾아 먹으면 된다. 누가 버린 음식을 잘 찾느냐? 이럴 때면 사냥개만큼 냄새를 잘 맡아 탐색을 잘 하는 자가 음식을 배불리 먹을 수 있다.

옛날 이스라엘 민족이 젖과 꿀이 흐르는 가나안 땅을 향하여 광야 40년 길을 걸었을 때, 그들에게는 하나님께서 친히 준비하신 '만나'가 있었다. 이 만나는 이스라엘 백성이 광야 생활에서 먹었던 양식이었다.

> "그때에 여호와께서 모세에게 이르시되 보라 내가 너희를 위하여 하늘에서 양식을 비같이 내리리니 백성이 나가서 일용할 것을 날마다 거둘 것이라"(출 16:4).

만나는 하나님께서 친히 하늘에서 내려주신 양식이었다. 이른 아침이면 진(陳) 사면에 이슬이 맺혀 있었다. 그러다가 그 이슬이 마른 후 광야 지면에 작고 둥글며 서리같이 세미한 것이 있었는데 이것이 '만나'였다. 만나의 모양은 둥글납작하며 흰빛이 있었고 그것은 휴야 코엔드로(coridadrum satirum)의 열매와 같았다. 이것을 이스라엘 민족은 다투어서 맷돌에 빻아서 죽처럼 끓여 먹거나 빵처럼 구워 먹었는데, 그 맛이 꿀 섞은 과자와 비슷하였다.

이 양식을 그들은 매일 새벽마다 거두었다. 이 특수한 양식은 볕에 쪼이면 없어졌고 한밤 자고 나면 썩어버렸다. 그리고 욕심을 내어 미리 많이 거두어도 안 되었으며, 한 사람이 거두는 만나의 분량은 한 호멜로 정해져 있었다. 이렇게 하나님께서는 이스라엘 백성들에게 가나안에 입국하기까지 만나를 내려 주심으로써 하나님의 사랑을 표시하였다.

"얘들아! 오늘은 하나님께서 어떤 음식을 주실까? 벌써부터 궁금하구나."

"나도 그런걸요."

"엄마, 난 벌써부터 기도했어. 좋은 것 많이 달라고 졸랐어……."

꼬마가 내 등에서 불쑥 던지는 말에 우리는 폭소가 터졌다. 아닌 게 아니라 그날 우리는 하나님께서 마련해 주신 식탁 메뉴를 보고 깜짝 놀랐다.

산길을 타고 마을을 찾던 우리는 야산 뒤의 아담한 집을 발견했다.

"저기 집이 보인다. 이런 외딴 데 기와집이 있네."

깡마른 혜선이 기뻐서 소리쳤다. 혜선이는 금년 일곱 살이지만 어려서 제대로 먹지 못했기 때문인지 꼬챙이처럼 말랐으나 머리가 영리하고 움직임이 민첩했다. 이 마을에는 기껏해야 열 집도 못 되는데 모두가 피난을 갔고 아직 피난민이 다녀간 흔적이 없어 보였다.

"이 집이 좋겠어. 앞이 훤히 트였으니 말이다."

뒤에는 야산이 있고 앞에는 질펀한 논밭이 사방으로 널려 있었다. 나는 등에 업은 셋째를 땅에 내려놓고 얼른 부엌으로 내려갔다.

우선 버리고 간 나무를 주워서 아궁이에 불을 지폈다. 마른 나무는 불똥을 튀기며 탔다. 그런 사이 우리는 사냥개가 되어 주변을 부지런히 탐색하기 시작했다.

"잘사는 집이면 분명 무엇인가 있을 텐데……"

어머니는 혼자 중얼거리며 이곳 저곳 뒤지다가 환성을 올렸다.

"여기 봐, 찾았다. 너희들은 우물거리기만 했지, 나보다 못하구나. 곧 와서 보렴."

"어머나!"

우리는 깊이 묻어 놓은 김칫독을 보고 놀랐다. 땅 속 깊숙이 묻은 몇 개의 김칫독에는 보쌈김치, 호박김치, 깍두기, 배추김치, 무김치 등 김치만 하더라도 너댓 가지가 있었다. 그날 저녁 우리는 맛있는 김치를 밥상에 올리고 즐겁게 식사를 했다. 오랜만에 맛보는 쌀밥, 그리고 새콤하고 얼큰한 김치의 맛은 그야말로 천하일품이었다.

다음날 우리는 공습을 피하여 야간 보행을 하기로 하였다. 비상시에 태극기를 흔드는 것이 피난민들에게 위기를 모면하게 해주기도 하지만, 그것도 안전한 방법이 되지 못했다. 가령 태극기를 몸에 지녔다고 하더라도 제트기가 별안간 출몰하는 경우 언제 그 태극기를 망대에 달아 흔드느냐가 문제였다. 차라리 그럴 바에야 가장 최선의 방법이 밤길을 가는 것이었다.

"자, 또 걸어 보세."

그 중 힘센 남자가 걸음을 재촉하면 피난민들은 줄을 이어 그의 뒤를 따랐다. 시계를 팔목에 찼으나 시계를 볼 수 없을 뿐더러 더욱이 애연가들은 담배도 피울 수 없으니 그 고충이 적지 않을 성싶었다.

누군가가 담배 생각이 간절해서 금계율을 범하여 슬며시 담배 꼬치에 성냥을 그어댔다. 그는 담배를 몇 모금 쌔금쌔금 빨다가 드디어 발각이 되었다.

"이 얌체야, 어서 담뱃불을 꺼! 모두를 죽일 테야?"

이 말에 그는 얼굴이 홍당무가 되어 금세 담배 꽁초를 발로 짓이겼다. 겨울밤은 길고 깊었다. 먹물을 뿌린 듯 캄캄한 하늘에는 벌레 소리조차 들리지 않는다. 앙상한 나뭇가지가 삭풍에 흔들리는 소리가 옷깃을 여미게 할 뿐이다. 아침 하늘의 별만을 보고 무심코 걷던 어떤 젊은이가 아뿔싸 돌부리에 발이 부딪쳐서 신음소리를 냈다.

"에크, 내 발이야······."

그는 걷다 말고 그 자리에 풀썩 주저앉았다.

"자네 젊었지만 밤눈이 어두운가 보군."

동행인이 부축해 주어서 그는 간신히 일어났다.

"아무래도 조금 다친 것이 아닌가 봐요."

그는 다리를 약간 절며 걸었으나 앞사람을 놓치지 않으려고 안간힘을 썼다.

스무 날이 가깝도록 밤길을 걸었다. 피난민 거의가 밤길에 익숙해져 있었다. 야간 보행 시초에는 돌부리에 발을 다치는 사람이 적지 않았으나 이제는 눈을 감고도 앞의 장애물쯤이야 피해 갈 수 있게 되었다.

"여보게, 그래서 소경이 사는가 봅니다. 안 그렇소? 밤길을 걷는 우리가 소경이나 다름이 없지 않죠?"

밤길을 걸으면서 이런 말을 하며 웃기도 했다. 그러나 38선 접경 지대가 가까워질수록 길은 좁아지고 험난해졌다. 우리나라가 원래 산이 많기로 유명하지만, 황해도와 맞붙은 경계선 부근에는 유달리 산과 계곡이 많았다.

"어떨까요? 밤길을 더구나 산길을 무작정 걸을 수 없겠습니다. 민가에 가서 지도나 펴 보고 길을 살펴서 걸어가도록 합시다."

"그 방법이 좋겠습니다. 그렇게 합시다."

군중 속에서 한 사람이 이런 제안을 하자 거의가 이를 찬성했다. 그날 밤 피난민들은 더 이상 행군을 하지 못하고 어느 마을에서 묵기로 하였다. 그러면서 안전한 진로를 모색하려고 했다.

장정 몇 사람이 모여 머리를 맞대며 구수회의를 하였다. 그 사이 피난민들이 모여들어 방안은 초만원을 이루다시피 했다. 방에는 악취가 가득했다. 입 냄새, 겨드랑이 냄새, 발 냄새, 김치, 된장 냄새 등이 범벅이 되어 숨을 쉴 수 없을 정도였다. 하지만 감각이 둔한 사람들은 그러한 가운데서도 코를 골며 잠을 잤다.

우리는 뜬눈으로 밤을 새우다시피 하다가 한밤중에 밖에서 웅성거리는 소리를 듣고 방문을 열었다.

선발대가 밖에서 대기하고 있다.

"여기서 신막(新幕)이 얼마 남지 않았나 봅니다. 신막에서부터 두 길이 나오게 되지요. 그러니 각자가 알아서 선택을 잘 하시기 바랍니다."

듬직한 사나이가 지도를 펴 보이면서 길을 안내한다.

"자, 준비가 되었으면 길을 떠납시다."

피난민들은 선발대 뒤를 따랐다. 그 사이 우리는 말째 녀석이 내 등에서 몸을 뒤척이기에 출발이 좀 지연이 되었다. 말째는 어제도 몸을 뒤척이며 얼굴을 찌푸렸다.

"말째, 어디가 아프냐?"

이 말에 말째는 고개를 좌우로 흔들었다. 그러다가 또 얼굴을 찌푸린다.

"저 녀석이 말은 없지만 불편한 데가 있는 모양이다."

어머니는 아들의 아픔을 쉽게 알아차렸다. 어머니는 아들의 옷을 홀랑 벗기고 밖으로 데리고 나갔다.

"참, 이럴 수가 있을까?"

달빛에 아들 옷을 훑어 보던 어머니는 혀를 찼다.

"글쎄, 이투성이구나 가엾어. 얼마나 물었을까. 그 녀석이 참 을성이 있어서 가만히 있었겠지……"

"너희들이라고 이가 없겠니? 옷을 벗어 훨훨 털어서 입도록 하여라."

과연 어머니는 매사에 용이주도하였다. 피난민은 전쟁의 난을 피하는 것만이 아니라 슬며시 사람의 살 속을 헤치고 들어와 살점을 뜯어먹는 이를 피해야 하는 것이었다. 이의 공세를 훌훌 털어버린 우리는 뒤늦게 밖을 나왔다. 또 삭풍이 나무를 타고 불어왔다. 그 삭풍에 소나무 가지가 휘청 흔들거렸다.

동이 틀 무렵 신막(新幕)에 닿았다. 처음 밟아 보는 땅, 사방을 휘돌아 보니 적막 속에 산과 나무로 둘러싸여 있다. 황해도 서흥군 신막면은 석회암의 카르스트 지형으로 유명했다. 우리는 교차로에 섰다. 여기서부터 남하(南下)하는 데는 두 길이 있다. 즉 신막을 경유하여 가는 길과 해주(海州)로 가는 길이 있다는 것이다.
"어느 길이 수월하고 안전한 길일까요?"
"글쎄요. 생소한 길이니 알 턱이 있습니까……."
궁금해서 여러 사람에게 물었지만 신통한 대답이 없었다. 많은 사람이 막연한 길을 놓고 선택하지 못한 채 안절부절못했다. 우리는 시간이 좀 지연되더라도 끈기를 갖고 여기에 대한 많은 정보를 입수하는 것이 바람직한 자세라고 여겨졌다. 나 뿐만 아니라 많은 사람이 신중한 자세로 정세를 관망해 보는 것 같았다.
"좀 기다리고 있노라면 길을 잘 아는 사람이 나타날 것입니다. 그러니 지켜보는 것이 어떻겠소?"
군중 속에 검은 안경테를 얼굴에 두른 한 노파가 넌지시 의견을 털어놓았다. 그럴 즈음 길 안내자가 나타났다. 30세가 아직 될까 말까하는 혈기왕성한 청년이다. 이 청년은 피난통인데도 시간적 여유가 있는지 제법 넥타이를 목에 어울리게 매었다.

"여기가 두 갈래 길의 교차로입니다. 이쪽 길로 가면 해주가 나옵니다. 이 길은 넓고 평탄한 길입니다. 그리고 저쪽은 신막으로 가는 길입니다. 보시다시피 여기도 그러하지만 산이 많아 길이 험악하나 좀 질러갈 수 있는 길입니다. 그러나 유의할 것이 있습니다. 산간 길을 타고 가다가 공비나 패잔병을 만날 우려가 있을지 모르겠습니다."

그는 대략 이런 말을 했다. 숙연하게 듣던 피난민들은 다시 웅성거리기 시작했다. 교차로에 해주와 신막으로 표시된 두 개의 표시판이 아침 햇살에 더 뚜렷하고 선명하게 드러났다.

두 갈래 길의 선택, 그것은 생사를 가름하는 길이나 다름이 없었다.

해주의 길은 황해도의 도청 소재지로 사람들에게 많이 알려진 곳이라 그쪽으로 쏠리는 사람들이 대부분이었다. 그러나 우리는 군중심리에 휩쓸리지 않았다. 오히려 기도하면서 하나님의 인도하심을 기다렸다.

구름 기둥, 불 기둥 되시는 하나님! 친히 인도해 주시옵소서. 주께서 우리로 어떤 길로 인도하시렵니까…….

이런 기도가 입에서 흘러나왔다.

"애야! 우리도 간절히 기도하고 있지만 하나님께서는 네 기도를 들어 주시는 것 같구나. 지난번 대동강에 핀 기적을 생각해 보렴."

이번에도 어머니는 일의 모든 결정권을 나에게 일임하였다.

나는 하나님께 간절히 기도를 드리려고 무릎을 꿇었다. 순간 나의 뇌리에 번개같이 스치는 하나님의 말씀이 떠올랐다. 그 말씀이 마음을 감동시키고 사로잡았다.

"좁은 문으로 들어가라 멸망으로 인도하는 문은 크고 그 길이 넓어 그리고 들어가는 자가 많고 생명으로 인도하는 문은 좁고 길이 협착하여 찾는 자가 적음이라"(마 7:13~14).

이 말씀을 통해 하나님께서 우리 가정을 선한 손길로 인도하시는 그 길이 어디인가를 깨닫게 되었다.
우리의 입에서 감사와 찬송이 터졌다.

― 8 ―

신막(新幕)으로 가는 길은 좁고 험악하였다. 산과 나무로 둘러싸인 이 길은 금방이라도 산속에서 무서운 짐승이 튀어나올 것 같았다. 이따금 들리는 것은 삭풍에 흔들리는 바람 소리뿐이었다. 으스스한 기분이 들었다. 험악한 길이기에 피난민들의 모습이 극히 드물었다.
예측할 수 없는 불길한 마음에 사로잡혔을 때 "으악" 하는 비명 소리가 들렸다. 바로 우리 앞에서 몇 미터 앞서 가던 사람이 시체를 보고 외마디 소리를 질렀다.
"왜 그렇게 비명을 지르시지요?"
"이것 보십시오. 길에 뒹구는 시체 말입니다."

그는 겁을 삼키면서 손가락으로 시신을 가리킨다. 거기에는 언제 죽었는지 알 수 없는 젊은이의 시체가 길 가운데 반듯하게 누워 있다. 길에 방치된 시체는 석고처럼 굳어 있었다.

"발길에 채일 뻔했으니 놀랄 만도 했겠지요."

이야기를 듣고 있던 중년신사가 점잖게 말했다. 주위는 삭막하다. 산길을 타고 구릉 지대를 걷다가 또 시체를 보았다. 역시 젊은이로, 그는 얼굴을 땅에 대고 궁둥이를 치켜든 채 엎드려 있는 상태였다.

"어쩌면 공습을 피하다가 죽었는지 모르겠구나. 살기 위해 애쓴 흔적이 보이는구먼."

이 말을 하는 어머니는 몹시 심란한 표정을 짓는다. 그런 중에 우리의 행군은 더 빨라졌다. 말없이 어머니의 여윈 얼굴이 핼쑥해 보인다. 오직 주님만 의지하고 바라보는 믿음으로 사시는 그 어른의 끈기 있는 그 믿음이 오늘을 버티게 하고 있었다.

"난 낫 놓고 기역[ㄱ] 자도 모르는 일자무식이지만 예수 믿고 훌륭해졌어. 언젠가 기차 여행을 하게 되었는데 그때 바로 옆에 숙녀가 앉아 있었지. 우리는 이야기를 주고받았는데, 글쎄 그 숙녀 아가씨가 나더러 대학 공부를 했느냐고 물어 한바탕 웃었구나."

이처럼 어머니는 예수 믿고 유식해지고 승리의 삶을 영위하게 되었다고 했다. 어머니의 삶에 '믿음' 이라는 두 글자를 뺀다면 무엇이 남아 있을지……. 그러기에 어머니는 자녀들에게 믿음을 심어 주었고 피난길에서도 그 신앙심만은 잊지 않았다.

"피난길에서는 하나님의 살아 계심을 체험하는 것이란다."

이런 말을 들으면 피난길에 힘이 솟구쳤다. 산길을 걸어 보지 못했던 우리에게 산길은 더듬거려지고 빨리 걸을 수가 없는 길이었다. 간신히 민가를 발견하여 거기서 쉬기로 하였다.

몇 채의 초라한 초가집에는 가을에 추수한 강냉이가 방문 좌우 벽에 주렁주렁 달려 있다. 방이라고 하지만 뚫어진 창구멍 사이로 바람이 스며들었고, 몇 년이나 케케묵은 듯한 돗자리는 흙냄새와 범벅이 되어 고약한 냄새를 풍겼다. 뚫어진 창호지 구멍 사이로 밤 하늘의 별이 선명하게 보였다.

밤은 적막 속에 깊어갔다. 그런 중에 밖에서 요란한 소리가 들렸다.

"무슨 일이 또 생겼는가보다."

반사적으로 몸을 일으킨 나는 방문을 열었다.

"어서 떠날 준비를 하시오. 공비가 나타났다가 사라졌어요."

피해를 본 사람은 사람들이 모인 사이에서 떨며 말했다.

"몇 사람이 왔던가요?"

"한 사람이었어요. 그런데 그 자가 피난민임을 확인하고 나가버렸어요. 뒷산으로 올라가는 구둣발 소리가 들렸는데 다시 행동을 할 것 같아요."

"그럼 이 자리도 속히 피해야겠군요."

"물론이죠. 그들과 덤벼 싸울 수도 없잖습니까? 어서 피하는 게 상책이라니까요."

공비를 보았다는 그는 자신이 앞장을 섰다. 길을 걸으면서도 공비의 습격이 있지 않을까 하여 지레 겁이 났다. 공비를 피하는 피난민들은 총총걸음이었다. 어머니는 다리를 약간 절룩거렸으나 식은땀을 닦으면서 용케도 걸었고, 두 어린 동생은 반쯤 뛰면서 따라갔다. 하지만 나는 말째를 업고 힘에 겨워 끙끙거리면서 신음했다. 그렇다고 그 자리에 주저앉을 수도 없었다. 사력을 다하여 위험 지구를 벗어나야만 했다.

산길을 타고 오르내리며 무리하게 걸었던 우리는 발이 부르트고 붓기도 하여 심히 아팠다.

— 9 —

우리가 박쥐는 아니련만 밤이면 활동하며 계속 걸었다. 우수수 나뭇가지가 흔들리는 소리만 나도 혹시 패잔병이나 공비가 나타나지 않을까 하여 머리칼이 곤두서곤 했다.

한 걸음, 한 걸음의 발걸음으로 숙연히 길을 걸었다. 두고 온 고향은 아득한 곳에 있다. 우리가 걸어온 것은 우리 자신의 힘이 아니었다. 그것은 보이지 않는 하나님의 손길, 하나님의 능력이었다.

이러한 도우심과 능력으로 역사하시는 하나님은 출애굽 당시에는 이스라엘 민족에게 불 기둥으로 나타나 역사하셨다. 불 기둥을 자신의 임재의 상징으로 보이신 하나님은 이스라엘 민족과 함께하셨다. 또한 그것은 하나님의 사랑과 은혜의 표시였다.

광야는 불모지(不毛地)이며, 전갈이 있고, 사망의 위험이 도사리고 있었다. 이러한 지대를 40년간 무사히 통과할 수 있었던 것은 하나님의 보호하심과 인도하심 때문이었다. 그러한 사랑을 불 기둥으로 보이셨다. 이스라엘 민족은 믿음을 갖고 불 기둥만 바라보며 걸으면 그만이었다.

　불 기둥은 가나안을 향하여 광야를 지나는 이스라엘 백성의 유일한 길잡이요, 이스라엘 백성을 인도하시는 하나님의 사랑의 표시였다. 그 하나님께서 불 기둥으로 우리의 피난길을 찬란하게 인도해 주셨다.

　새벽에 동이 틀 무렵, 천신만고 끝에 비탈진 길을 거의 내려왔다. 우리 앞에 시원스런 평야가 보였다. 계곡의 물이 얼음장 밑에서 졸졸 소리를 내며 흘러간다. 그럴 즈음 앞에 가던 더벅머리 총각이 갑자기 비명을 지른다.

　"또 무슨 일이 일어났나봐."

　뒤따라가던 사람들이 일제히 달려가 보았다.

　"사람이 얼어서 죽었구먼. 저런! 여기까지 와서 죽다니……. 참 가엾어라."

　죽은 사람은 우리보다 훨씬 앞질러 걷던 중년 여인이었다. 간밤에 갑자기 휩쓴 동장군의 피습으로 얼어죽은 것 같았다. 그 여인의 옆에는 피난 보따리가 뒹굴고 있었다. 여인의 시체를 보고 피난민들은 숙연히 머리를 숙였다. 피난민들은 폭격에 죽고, 얼어서 죽었다.

　평상시에 사람은 천하를 쥐고 흔들 것처럼 강해 보이지만 죽음 앞에는 허무로 무력한 것이었다. 이 같은 생각을 하니 마음이 만갈래 심정으로 갈라지고 착잡해졌다.

　사람들은 안타까운 마음을 삼키며 슬며시 그 자리를 떴다. 하늘에서 눈이 내렸다. 함박눈이다. 송이송이 내리는 그 함박눈이 피난길에 애석하게 죽은 그 여인의 시체를 덮어 주었다.

드디어 임진강(臨津江)이 눈앞에 어른거렸다.

"임진강이 보여요. 임진강!"

누가 소리치자 피난민들은 환성을 질렀다. 발돋움하여 임진강의 흐르는 물을 물끄러미 보았다. 임진강은 한국 중부에 있는 일곱 번째로 큰 강이다. 함경남도 덕원군 북경인 마식령에서 발원하여 남쪽으로 흘러 강원도 이천군에 이른다. 이렇게 하여 흐르는 물은 경기도에 들어서 남으로 흘러 파주(坡州), 장단(長端) 등 두 군의 경계를 이루게 된다. 이어 그 물은 한강과 합류하여 강화만으로 흐른다. 그 강의 길이가 254킬로미터 남짓이나 된다.

임진강 유역에서 우리는 국군을 보았다. 피난길에서 처음으로 만난 국군은 피난민들에게는 구세군과 같았다. 감격하여 눈시울이 뜨거워지며 콧등이 시큰거렸다. 국군들은 겨울 군복을 입고 총을 어깨에 메고 서 있다가 피난민을 보자 따뜻한 손길로 맞았다.

"피난길에 수고가 너무 많으십니다. 대한민국 국군은 이제 남하하는 여러분들을 기쁘게 환영하며 잘 인도할 것입니다."

그 중 상관인 듯한 군인이 친절하게 말했다. 주위를 살핀 그는 또 말을 이었다.

"그런데 여러분은 이 앞에 넘실거리는 임진강을 건너야만 비로소 대한민국 영역에 들어서게 되는 것입니다. 그러니 조심하여 강을 무사히 건너시기를 바랍니다."

그가 이 말을 하자 부하가 말을 받아 다음 말을 이었다.

"물 속을 걷는 것이 아니라 얼음 위를 걸어 강을 건너가야 합니다. 그러기에 더 조심하여야 합니다. 왜냐하면 강의 얼음의 두

께가 일정하지 않기 때문입니다. 즉, 여러분은 얼음이 단단하게 언 데로 걸어야 안전합니다. 제가 손짓으로 가리키는 저쪽이 가장 안전한 곳입니다."

그러면서 그 병사는 불안했던지 친히 피난민들 앞에서 안내의 역할을 했다.

"좌우로 치우치지 말고 이쪽으로만 가십시오."

그는 피난민을 향하여 웃으며 경례를 붙였다. 임진강 유역에는 황해도에서 몰린 피난민과 합류하여 그 수가 적지 않았다. 자신있는 사람들이 먼저 강으로 들어섰다.

"조심해야 합니다. 매우 미끄럽습니다."

먼저 들어간 사람들이 빙판에서 엉거주춤하는 모습이 보였다. 어머니는 말째를 업었다. 나는 두 동생의 짐을 배낭 주머니에 모조리 넣고 등에 짊어졌다. 그리고 동생들이 어머니의 좌우를 부축했다.

"자 이제부터 강을 걷는 거야."

어머니가 먼저 발을 디디기에 나도 뒤를 따랐다. 강판은 미끄러웠다. 말째는 어머니 등에서 떨어질까 안간힘을 쓰며 어머니 목을 두 손으로 꽉 붙들었다. 이때다. 뒤에서 "쿵" 하는 소리에 걸핏 뒤를 돌아보았다.

"앗 어쩌나? 소가 물에 빠졌어."

소 임자가 도움을 호소한다. 그 소는 물 속에 풍덩 빠져서 뿔만 보였으나 소 임자는 고삐를 힘껏 쥔 채 안간힘을 썼다.

"어서 이 고삐를 잡아 주게."

힘센 청년들이 우르르 모여 들어 힘껏 고삐를 잡아당겼다. 그리고 상체가 보이자 앞발을 손으로 끌어올렸다. 하지만 그 소는 이미 죽어 있었다. 소 임자는 졸지에 소를 잃고 풀이 죽어 있었다. 그러나 죽은 소를 끌어올린 청년들은 만만치 않았다. 죽은 소를 육지로 끌어 옮기었다.

그날 밤 피난민들은 물에 빠진 소를 놓고 대연을 베풀었다. 장정들은 저마다 식칼을 들고 가서 소의 살점을 도려냈다. 그러면 아낙네들은 분주히 그것을 가지고 요리를 만들었다.

어머니는 무슨 생각이 났던지 냄비를 들고 가서 쇠고기 두 근쯤을 가지고 왔다.

"피난민 인심이 무섭군. 큰 황소 한 마리를 자기네 몫까지만 분배하기에 막무가내로 떼를 썼지."

어머니는 쾌씸한 표정을 지었다.

"그래도 반응이 없기에 또 화살을 던졌지. '여보세요, 당신들만 잔치하기요? 오늘같이 경사스런 날에는 그 기쁨을 같이 나누는 것이라오. 우리 덕분에 여기까지 왔지요. 하나님이 주시는 선한 마음을 가져야 하지 않소?' 이 말에 장정들 중 한 사람이 고기를 선뜻 베어서 주더구나."

그날 우리는 그 쇠고기로 요리를 했다. 양념이란 어림도 없었다. 소금이 우리는 유일한 조미료였다. 배낭 주머니에 준비한 소금을 꺼내서 소금을 뿌려가며 적당히 물을 붓고 서서히 볶았다. 아무 양념도 가미하지 않았지만 그 고기 맛은 그야말로 최고였다.

"과연 천하일품의 요리야!"

말째가 더듬거리며 하는 말에 우리는 배꼽을 쥐고 웃었다. 그러나 그날 밤 우리는 갑자기 밀어닥친 피난민들로 밖에서 떨게 되었다.

우리가 부엌에서 저녁을 먹는 사이에 어느새 방에는 피난민으로 만원을 이루었다. 방에 들어가 좀 비비려 해도 용신할 틈이 없었다. 어머니는 또 기발한 아이디어를 내었다. 밖에 잠깐 나갔던 어머니는 우리를 볏가리가 있는 곳으로 데리고 갔다.

"하나님이 주신 두뇌를 잘 활용하면 우선 불어닥친 난관을 막을 수 있단다. 성경을 보면 예수님은 지혜로운 청지기를 칭찬하셨거든."

어머니는 결사적으로 힘을 다하여 볏가리 중간 부위에서 볏집 열 개쯤을 뺐다.

"자, 이만하면 우리 다섯 식구는 충분히 잘 수 있을 거야."

"어머니, 둥우리처럼 둥글게 파졌네요."

동생들이 조잘대며 먼저 허리를 굽히고 들어갔다.

"이 속에서 가만히 있기만 하면 돼. 움직이면 볏가리가 무너질지 모른다."

볏집 속은 방 안보다 훈훈하고 아늑해서 좋았다. 그러나 아침에 일어났을 때에는 전신에 지푸라기가 묻어 있었다.

"원 참, 볏가리 속에서 자고 일어났구려……."

우리 다섯 식구의 몰골을 보고 사람들은 호기심으로 물었다. 다시 앞쪽을 향하여 행군이 시작되었다.

이윽고 남한 영역에 발을 밟았다.

아침 아홉시께 대한민국 영내에 들어간 피난민은 국군의 인도를 받으며 서울을 바라보고 행군했다.

임진강 유역은 전방이라서 그런지 경비가 삼엄하다. 얼마간을 걸은 후에 첫 검문소에서 피난민들은 검문을 받기 시작했다. 국군 몇 사람과 사복 차림의 몇 사람이 있는데 그들은 형사들로 보였다. 피난민들은 질서정연하게 검문소를 향하여 일렬로 섰다.

"우리는 여러분을 안전한 데로 잘 인도할 것입니다. 여기까지 오시느라고 수고가 많았습니다. 그런데 여기는 검문소이오니 우리가 요구하는 증거를 보여주시기 바랍니다. 여러분의 신분을 보장할 만한 신분증서를 원합니다. 준비하였다가 보여주었으면 좋겠습니다."

국군 한 사람이 경례를 붙이고 나서 용건을 늘어 놓았다. 그러자 피난민들은 웅성거리기 시작했다.

"신분을 보장할 만한 것이 있어야지. 그럴 줄 알았으면 진작부터 준비를 했을 것인데."

"신분을 보장할 만한 증서가 없으니 어떻게 한담……. 내 조카가 국군이긴 한데 소속 부대나 군번호를 알아야지?"

자기 신분에 대한 준비 없이 무턱대고 집을 나선 사람들은 이 일로 염려가 되었다. 이윽고 내 차례가 되었다. 나는 인솔한 가족을 소개하고 호주머니에 고이 간직했던 신분증서를 펴서 내보였다.

"으흠, 교인 증명인걸. 그럼 언제부터 교회 나갔소?"

"모태교인이니까, 모태에서 예수 믿었지요."

검문관은 교인증을 보고 안심한 표정을 지으면서도 유심히 우리 일행을 살폈다.

"그럼, 잘 가시오."

그는 히죽 웃으면서 우리 등을 밀었다.

— 10 —

우리 일행이 서울에 닿은 것은 그 해 12월 25일이었다. 날도 시간도 잊고 살던 우리는 교회에서 울려퍼지는 종소리를 듣고서야 그날이 성탄절이라는 사실을 비로소 알았다. 기쁘고 복된 크리스마스…….

그러나 집 없이 떠돌아다니는 피난민에게는 그림의 떡처럼 생각되었다. 하늘에서 함박눈이 내린다. 지붕도 길도 질주하는 차에도 눈이 내려 하얀 은세계를 이루었다. 예배당 종소리를 따라 교회로 가고 싶은 마음이 굴뚝 같았지만 우리의 남루한 꼬락서니로 인해 망설였다. 스무 날 동안 제대로 씻지도 못하고 옷을 빨아 입지도 못했다. 우리의 행색은 상거지나 다를 바 없었다.

"이런 꼴로 교회를 간다면 교인들이 깜짝 놀랄 거야. 그리고 준비 없이 예배드릴 수 없지. 동방 박사를 보렴. 만왕의 왕 예수께 경배하러 갈 때 황금과 유향과 몰약을 예물로 갖고 가지 않았니……."

"그렇다고 교회를 안 갈 수는 없잖아요. 이런 피난통에 체면 따위가 무엇이 중요한가요? 우리 중심을 주께서 더 잘 아실 것입니다."

"그래도 예배드리는 사람에게 피해를 줘서는 안 되는 거야."

어머니는 연거푸 한숨을 내뿜었다.

과연 어머니의 말이 옳았다. 지나가는 행인들은 우리의 남루한 꼴을 보고 의식적으로 피했다. 거리의 사람들은 거의가 쫓기는 모습이었다.

서울이 좋다는 말을 들었으나 서울의 첫인상은 황량해 보였다. 사람도 붐비지 않았다. 시골뜨기처럼 서성거리다가 뜻밖에 박씨 아주머니를 만났다.

"살아 있으니 이렇게 만나는군요."

그녀는 신막에서 길이 갈릴 때 헤어진 사람이다.

"언제 서울에 왔지요?"

"지금 막 들어오는 길이랍니다."

"우리도 그래요. 서울에 왔으나 시골뜨기가 무엇을 알아야지요."

"피장파장이군요. 그래, 난 신막에서 아주머니가 괜찮을까 염려했는데 용케도 왔군요."

그 아주머니 역시 피난민 냄새가 물씬 났다. 지식깨나 있고 돈깨나 있다고 피난길에서 큰소리를 쳤으나 서울에서 만나고 보니 상거지나 다름이 없어 보였다.

"도중에 오다가 짐을 버리고 털털이 거지가 되었지요. 글쎄 해주로 가는 길을 택했는데 많은 사람들이 공비에게 붙들리고 억류가 되었다는 거예요."

"원, 그럴 수가 있어요?"

어머니는 혀를 찼다.

"그 소식을 듣고 사잇길로 빠져서 오느라고 이 꼴이 되었구려."

그녀의 몰골이 말이 아니었다.

"하지만 서울은 위험한 모양이니 우리 헤어졌다 또 만납시다."

이런 말을 하며 식솔들을 데리고 가족이 살고 있는 곳으로 간다고 하며 헤어졌다. 그러나 우리는 갈 곳이 없었다. 정부에서는 피난민에 대한 아무런 대책이 없다. 눈은 계속 내리고 있다. 눈이 쌓인 행길에는 행인의 걸음도 뜸해졌다. 순진한 우리는 서울의 긴박한 사정도 모르고 계속 내리는 눈을 피하려 처마 밑에 쭈그리고 앉아 있다가 고마운 분을 만났다.

"보아하니 피난민 같군요. 어데서 왔습니까?"

초로의 노인이 안타까운 표정을 지으며 말을 걸었다.

"북쪽 평양에서 왔지요."

"그런 것 같소. 그런데 우선 아이들과 자고 갈 집부터 찾으시오. 서울은 피난 간 사람이 많아 빈 집이 있을 것이오."

"아니, 서울 사람들이 피난을 갔어요?"

그 노인의 말에 어머니는 놀라며 다그쳐 물었다.

"그렇소이다. 나도 내일이면 서울을 떠나려고 합니다."

그는 이런 말을 하며 발을 떼었다가 다시 되돌아왔다.

"그냥 가기가 괴로웠어요. 그리고 보니 생각난 집이 있어서 다시 왔습죠. 이 줄의 끝집이 피난 간 집이랍니다. 혹시 누가 집을 지킬지 모르지만 피난민이라고 사정하면 쉬고 가라고 할 것입니다."

그 노인의 친절에 우리는 절로 머리가 수그러졌다. 그 집을 찾아갔다. 붉은 벽돌로 지은 반 양옥집이다. 2층 건물인 큰 창문은 옥색 커튼으로 가려져 있다. 초인종을 눌렀다. 그러나 반응이 없다. 다시 초인종을 눌렀을 때 안에서 여자의 목소리가 들렸다.

"거 누구세요? 주인이 없습니다."

"그런 줄 압니다. 피난민인데 잠깐 쉬고 갈까 합니다."

그러자 신발 끄는 소리가 났다. 육십을 헤아려 보이는 여인은 우리의 행색을 보고 안심이 되었는지 철문을 열어 주었다.

"어서 푹 쉬었다 가세요. 나도 피난민이랍니다. 황주(黃州)에서 왔지요. 이 집은 친척집인데 부산으로 피난 가고 내가 남아서 집을 지키고 있어요. 내 자녀들도 같이 따라 부산으로 갔지요."

그 여인은 깊은 사연이 있는지 하던 말을 중지하고 한숨을 몰아쉰다.

"나더러 같이 피난을 가자고 했지만 난 더 이상 지쳐서 못 간다고 버티었지요. 여기서 부산이 어딘데 또 가겠어요. 설령 기차를 타고 간다고 해도 몸을 가눌 수가 없다고 생각했어요."

그녀는 상한 다리를 들어 보였다. 오른쪽 발가락이 뭉개져 있다.

"어디 다쳤는가요?"

"그렇죠. 밤길을 수없이 걷다가 돌부리에 몇 번 채이었지요. 게다가 산의 비탈진 길을 걸을 때 돌에 채인 다리로 너무 무리했던가 봐요."

그녀의 말을 들으니 우리의 일처럼 마음이 아팠다. 잠을 자려고 했으나 그 여인의 신음소리가 건넌방까지 가냘프게 들렸다.

겨울 밤, 서울의 밤은 깊어 갔다. 어머니가 또다시 입을 뗐다.

"사람은 불행한 사람을 보면 더 감사하는 마음이 생기는 법이다. 우리가 여기까지 무사히 온 것은 오직 하나님의 은혜임을 알아야 하느니라. 우리의 걸어온 길을 생각해 보렴."

어머니는 누운 자리에서 감격하여 말했다. 이윽고 어머니는 눈물을 삼키고 있었다. 나에게도 감사하는 마음이 샘솟듯 했고 눈시울이 뜨거워졌다.

장차 가나안 땅에 들어가서 살 때 하나님의 은혜를 잊지 않도록 모세가 이스라엘 백성에게 특별히 당부한 말씀이 있다.

"네 하나님 여호와께서 이 사십 년 동안에 네게 광야 길을 걷게 하신 것을 기억하라 이는 너를 낮추시며 너를 시험하사 네 마음이 어떠한지 그 명령을 지키는지 지키지 않는지 알려 하심이라 너를 낮추시며 너를 주리게 하시며 또 너도 알지 못하며 네 조상들도 알지 못하던 만나를 네게 먹이신 것은 사람이 떡으로만 사는 것이 아니요 여호와의 입에서 나오는 모든 말씀으로 사는 줄을 네가 알게 하려 하심이니라 이 사십 년 동안에 네 의복이 해어지지 아니하였고 네 발이 부르트지 아니하였느니라"(신 8:2~4).

이 말씀을 상기할 때 왠지 목이 메었다. 평양에서 서울까지의 거리는 5백 리 길인데 우리는 걸어서 20일 만에 서울에 닿았다. 그런데 그 과정은 험악하고 험난한 길로 흡사 '사망의 음침한 골짜기'와도 같았다. 그 길에서 생명을 잃은 피난민도 부지기수였다. 폭격으로 죽고 얼어서 죽었다. 그리고 힘에 겹고 벅차서 도

중에 주저앉은 사람도 적지 않았다. 그뿐인가. 공비의 위험, 패잔병의 위험, 강의 위험도 있었다. 그랬지만 우리는 그 속에서 건재했다. 그것은 하나님의 보호하심과 인도하시는 사랑으로 인함이었다.

불 기둥! 그것은 피난민의 유일한 길잡이요, 우리를 사랑하시는 하나님의 임재의 표시였다.

V. 홍성(洪城) 피난민 수용소

— 1 —

해가 바뀌었다. 우리는 좀 위험하지만 서울에서 아군의 진격을 기다렸다가 유엔군이나 국군이 진격할 때 그 뒤를 따라서 고향으로 되돌아가고 싶었다. 하지만 우리의 생각은 한낱 잠꼬대에 불과했다.

이승만(李承晩) 대통령은 구랍 12월 24일 서울 시민들의 피난을 공식 지시했다. 이어 새해 1월 3일에 정부는 부산으로 떠났다.

그 해 겨울은 혹독한 강추위가 몰아쳤다. 그 강추위는 마음까지도 얼게 했다. 한강은 꽁꽁 얼었다. 인도교 부근이 가장 두텁게 얼었다. 그 얼음 위로 피난민의 남은 행렬이 이어져 나갔다.

군부대는 부교를 건너고 있었다. 미 공병대가 긴급 가설한 것이었다.

여하간 두 번이나 서울을 버린 후퇴 작전은 모진 고난과 슬픔 속에서 진행되었다. 그것은 엄청난 민족의 비애로 마치 부모를 잃은 고아와 흡사하였다. 정녕 인고(忍苦)의 피난길이었다.

그 무렵 38선 주변의 적은 두 갈래로 포진해 있었다. 동해안을 포함하여 인제, 양구 지역에는 북한군 5개 군단이 집결했다. 또한 화천(華川), 금화(金化), 평강(平康), 철원(鐵原), 연천(蓮川), 개성(開城) 지역에는 중공군 7개군이 몰려들었다. 이러한 상황에서 당시의 육군본부는 적정을 분석하여 중공군이 주공(主攻)을 맡아 서울을 겨냥할 것이고, 북괴군은 조공(助攻)을 맡아 춘천과 원주 쪽으로 공격할 가능성이 크다고 내다보았다.

그러던 중 12월 31일 섣달 그믐날, 전 전선의 정적은 드디어 깨어지고 말았다. 중공군은 대공세로 압박해 왔다. 국군 제1사단은 중공군 3개 사단에 밀렸다. 중공군은 북한산을 끼고 서울로 향했다. 중공군 6개 사단이 북한강과 남한강의 합류점으로 몰려들어서 각각 연천, 동두천, 의정부로 그리고 철원, 포천, 의정부를 통해 서울의 배후를 압박해 왔다.

서울 시민은 불안한 표정을 지으며 공포에 떨고 있었다. 피난으로 신물이 나도록 지친 우리는 더 버티어 보려 했으나 사태는 여의치 않았다. 우리는 또 막차의 손님처럼 피난민의 꽁무니를 따랐다. 한강을 건넌 피난민들은 제각기 편리한 길을 택했으나 우리는 저들처럼 택시나 화물차로 이동할 수가 없었다. 우리처럼 가난하여 몰린 사람들과 어울려서 걷고 또 걸었다.

서울을 벗어난 남쪽에는 비교적 평야가 많았다. 알 수도 없는 생소한 마을 여러 곳을 지나서 수원(水原)으로 갔고, 거기서 잠시 묵은 뒤 계속 행군했다. 길가에는 피난민들이 가다가 버린 장롱이나 휴지, 낡은 옷들이 지저분하게 널려 있다.

오랜 피난길에 담력을 키운 우리는 전처럼 불안해 하거나 초조해 하지 않았다. 하나님은 사람이 할 수 없는 막다른 길에서 역사하신다는 신앙의 확신을 갖고 있을 때 세상에 두려운 것이 하나도 없었다.

"예수 믿소?"

"네. 예수 믿지요."

"그렇군요. 아무튼 예수 믿는 사람은 우리와 달라요. 그 얼굴 표정부터가 다른 걸요. 우리도 예수 믿으면 기쁘고 평안해질까요?"

소달구지를 끌고 가는 농군이 말을 걸어왔다. 그는 달구지에 피난 짐을 가득 실었는데 가진 것이 많아서 염려하는 것처럼 보였다. 평택(平澤)에 닿은 것은 땅거미가 질 무렵이었다. 군인들의 떼가 보였다.

보초병이 총을 걸머멘 자세로 서 있다가 피난민들을 보자 제지했다.

"여기서부터는 사람들의 통행이 금지되어 있습니다. 출입 금지 지역입니다."

"아니 그러면 우리는 오도가도 못하고 어떻게 하라는 것이죠?"

피난민 중 한 사람이 분통을 터뜨렸다.

"낸들 어쩔 도리가 없습니다. 상부의 명령입니다. 제 갈 길을 찾아가는 것이 바람직한 일이겠지요."

그 보초병은 순진하고 친절했다. 때이른 찬바람이 벌판에 먼지를 뽀얗게 일으키며 사람들의 뺨을 때린다. 저녁은 찬바람과 어울려서 더 싸늘했다. 병정들은 동장군이 엄습했는데도 쉬지 않고 무기를 다루거나 총기를 만지는 등 전쟁 준비에 여념이 없었다. 언제 불시의 무서운 전쟁의 화약고가 '쾅' 하고 터질지 모른다. 피난민들은 이런 위험을 예견했는지 저마다 뿔뿔이 흩어졌다. 우리는 믿음으로 보이지 않는 불 기둥을 바라보며 그 불 기둥을 따라 발을 내디디었다.

평택에 채 못 가서 그 부근에 서정리(西井里)라는 마을이 보였다. 경기도의 시골치고는 제법 큰 동네였다. 여기저기 집들이 널려 있는 마을 중앙에 큰 창고가 눈에 띄었다. 다행히 우리는 이 마을에서 방 하나를 빌릴 수 있었다.

가난한 집이었으나 인심이 좋았다.

"피난길에 고생이 막급하군요. 우리집 건넌방을 빌려드리지요."

주인 아주머니는 선뜻 방을 내어 주었다. 어머니는 방을 빌린 대가로 미선이가 입으려고 준비했던 옷 한 벌을 건네주었다.

"내 둘째 딸년의 옷인데 입을 만합니다. 방 빌린 대가로 알고 받아 주구려."

안주인은 우리의 딱한 사정을 이해했는지 두말 않고 흔쾌히 받았다. 이어 어머니는 서울에서 준비한 담요 한 장을 들고 동네의 이 집, 저 집 다니다가 벼 한 가마니와 맞바꾸었다. 이렇게 하여 우선 거처와 급식 일체를 해결했다. 작은 동네, 그리고 피난도 가지 않는 빈촌에서 동정이나 구제를 받는다는 것은 어림도 없는 일일 뿐더러 감히 바랄 수도 없었다.

주인댁 내외분은 인심이 후했다. 넉넉지 않은 김장김치도 나누어 먹었으며 간장, 된장, 고추장도 나누어 먹는 등 선심을 베풀었다. 그 집은 아들 둘, 딸 둘로 자녀가 네 명이었다. 큰딸은 시집을 갔고, 큰아들 녀석은 태만이라고 불렀는데, 나이가 열네다섯 살쯤 되어 보였다.

"우리 이만큼 사는 것도 하늘이 주시는 복이지요. 찢어지도록 가난하게 살았어요. 조그마한 논밭을 가지고 글쎄 여섯 식구가 살자니 힘겨웠지요."

어느 날 밤, 호롱불 밑에서 태만이 어머니는 눈물겨운 사연을 털어놓았다.

그 지경에 생활이 막연하여 태만이 어머니는 고구마 장사를 했다. 가가호호 다니며 삶은 고구마를 팔다가 시어머니 생각이 불현듯 떠올라서 시어머니가 사는 동네로 갔다.

착한 며느리는 시어머니에게 고구마 몇 개를 전하고 싶었다. 그래서 고구마 광주리를 머리가 아프도록 이고 시어머니 댁으로 갔다. 며느리는 사립문이 열린 사이로 시어머니를 보고 기뻐서 안방에 들어가 공손히 인사를 드렸다.

"어머님, 이 고구마 좀 잡수어 보시지요."

그러나 시어머니의 반응은 냉랭했다. 인사도 받지 않았으며 고구마도 먹지 않겠다고 거절했다. 찢어지도록 가난하여 시어머니에게 박대를 당한 것이다. 그 뒤 그는 더 부지런히 일터에 전념했더니 가세가 불어났다. 겨우 가난을 면한 며느리는 여섯 식구가 옷을 말끔히 차려 입고 시가를 방문했다. 며느리가 사립문을 열고 앞장서자 시어머니가 냉큼 반색하며 뛰어나왔다.

"우리 며느리가 왔구나!"

시어머니는 며느리의 목을 끌어안았다.

"이것이 세상 인심이더군요. 사람의 마음이 칠면조 같다기에 설마 했는데, 그 말을 체험 속에서 깨달았지요."

태만이 어머니는 눈시울을 붉혔다가 급히 손수건으로 눈물을 닦았다. 긴긴 겨울밤에 두 여인의 이야기는 쉽게 끝나지 않았다.

— 2 —

한밤중에 여인의 앙칼진 목소리에 옷을 주워 입고 밖으로 뛰쳐 나갔다.

"무슨 변괴라도 생겼습니까?"

"미군들이 여자를 잡아간대요."

신발도 신지 못한 여인들은 머리칼이 풀어진 채 헐떡거리며 피신을 하는 것이었다. 사태가 심상치 않았다. 얼마 뒤에 여인의 비명 소리가 고요한 대지를 흔들었다. 다음날 아침 들은 이야기이지만 어제 비명을 지른 그 여인은 흑인 병사에게 붙들렸다는 것이다.

"말 마세요. 글쎄 그 여인은 곤욕을 치렀지요. 한 병정도 아니고 여섯 병정에게 욕을 당했다는 거예요."

"그래, 남편은 현장을 보고도 속수무책이었군요."

"어떡하겠어요. 붙들려 끌려가는 아내를 보고 남편인들 오죽했겠어요? 정욕이 발광해서 이렇듯 덤비는 병정에게 대항할 방법이 없었겠지요."

"아무렴 그렇고말고요."

우물가에 모인 아낙네들은 어젯밤에 있었던 이야기를 떠들어 댔다. 시골의 우물가는 시집살이를 하는 아낙네들에게는 유일한 휴게소였고, 대화의 장이기도 했다. 그날의 비참한 이야기는 겨울의 삭풍을 타고 멀리 확산되어 갔다. 전쟁은 이처럼 여인들을 사정없이 짓누르며 속박했다.

남자는 전쟁 시에 군에 징발되어 전쟁터에서 적과 싸우다 죽고, 여자는 전쟁 시에 성욕에 굶주린 몹쓸 군인에 의해 착취를 받거나 수치를 당하는 것이다. 순수한 여자가 남자에게 욕을 당했다는 것은 어떤 경우에는 생명을 잃은 것이나 다름이 없다. 이처럼 한국의 여성은 정조를 생명처럼 소중히 여긴다.

이러한 맥락에서 나의 경우에도 예외는 아니었다. 전시엔 일부 군인들로 말미암아 수난을 당하게 되는 것이다. 성욕에 굶주려 발광하며 여자의 꽁무니를 추격하는 미친 군인들을 피하는 길이란 그 동네에서는 방공호뿐이었다. 누가 나서서 고자질을 하지 않는 한 미군이 알 턱이 없다. 그 마을에는 10여 명이 들어갈 만한 방공호가 있었다.

처녀들이 어떻게 알았는지 그곳에 모여들었다. 나는 주인댁 딸과 같이 먼저 방공호에 들어가 숨었었다. 방공호 밑에 지푸라기를 깔고 그 위에 가마니를 깔았음에도 불구하고 밑에서 냉기가 슬슬 올라왔다. 게다가 10여 명이 한 곳에 빽빽이 앉다 보니 흙냄새와 더불어 공기가 탁하여 머리가 개운치 않았다. 과년한 처녀들은 방공호 속에서 가만히 있지 않았다. 남자 이야기를 신나게 떠들어대며 지껄였다.

"보이소. 놀라지 마이소. 미군은 한국 남자보다 그것이 더 크다면서……."

"뭣이 크다는 거죠?"

"이 처녀는 순진해. 결혼하면 알게 될 거예요."

"그러니 여러분은 조심하라는 것입니다."

이 말에 폭소가 터졌다. 나이가 과년하고 비대한 체구의 노처녀는 호들갑스럽게 수다를 떨었다. 그러나 날이 갈수록 방공호의 안전도가 믿을 수 없게 되었다. 그러자 호 속에 은신했던 처녀들이 뿔뿔이 흩어졌다. 궁여지책 끝에 주인집 딸과 나는 뒤주 뒤에 숨기로 했다. 기발한 착상은 역시 어머니의 머리에서 창출되었다.

"아주머니, 보통이 아닙니다. 무식해 뵈도 가끔 기발한 생각을 해요."

주인댁 아주머니가 이렇게 이야기를 해서 웃음이 터졌다. 낮에 한 번쯤 미리 연습해보는 것이 더 안전할 것 같아 실제로 그렇게 연습해보기도 했다. 뒤주 뒤에 사람이 들어갈 만큼 공간을 두고 사람이 그 사이에 들어가면 침구를 올려 놓도록 했다.

"자 이제부터 실습을 해보기로 하지요. 모두 조용히 하시고 주변 사람들은 잘하나 구경만 해주세요." 태만이가 어른스럽게 말했다.

"어서 행동을 개시합시다."

나는 태만이 누나의 등을 밀었다. 다음 나는 뒤따라 들어가 뒤주 사이에 다리를 뻗고 앉았다가 서로 반대 방향으로 누워 버렸다. 그러자 뒤주 뒤에 몇 겹의 이불과 요가 쌓여졌다.

"됐어. 완벽한 은신처야."

두 가족이 모여 테스트를 해보았는데 그 장소는 합격이었다. 그날부터 우리 둘은 뒤주 뒤에 갇혀 살았다. 우리는 뒤주 뒤에서 잡담을 하거나 그렇지 않으면 낮잠을 자거나 지루한 시간을 보냈다. 수인(囚人)의 생활과 다를 바 없었다. 이런 곤혹 속에서 깨닫게 된 것이 많았다. 그중 하나가 노동의 축복이었다. 사람이 별일도 없이 빈둥빈둥 놀고먹는다는 것이 얼마나 철면피 같고 지루한 짓인가를 알았다.

한때 젊은이들 사이에서 유행했던 말이 있었다. "살기 위해서 먹느냐? 먹기 위해서 사느냐?"는 명제가 젊은이들을 고뇌에 싸이게 했던 것이었다. 이 두 가지 명제를 놓고 젊은이들은 두 손으로 고뇌의 머리를 아프도록 긁었다. 그렇다면 나의 경우는 어떠한가? 나는 왜 사는가에 대한 의구심으로 뒤주 뒤에서 고민하며 몸부림쳤다. 차라리 남자라면 전쟁터에서 적과 겨루어 멋지게 싸우련만 여자는 전쟁 시에 이러지도 저러지도 못하는 모호한 존재라는 사실을 알았다.

"자, 어서 밥을 먹으렴. 뒤주 뒤에서도 궁리냐?"

어머니가 딸에게 날라다 주는 밥을 계면쩍게 받아 먹으면 고민이 더 쌓였다. 그 많은 시간을 지루하게 어떻게 보내느냐가 문제였다.

지루한 하루 해가 떨어지면 밤에는 긴장과 초조의 시간이었다. 겨울 바람에 떨어진 창호지가 팔랑거려도 미군이 아닌가 하여 지레 겁을 먹었다. 하루는 자다가 내가 잠꼬대를 하는 통에 두 집에서 일어나 소동을 벌인 일이 있었다.

"웬일이냐. 미군이 왔소?"

문을 '쾅' 여는 소리에 놀라서 잠을 깼다. 순간 꿈을 꾸었다는 것을 알았다. 꿈에 미군이 느닷없이 우리집에 침입하는 것을 보았다. 그 군인은 사방으로 전등을 비추면서 여자를 찾았다. 그런데 그 전등 빛이 뒤주 뒤를 비췄다. 다음 그 검은 그림자가 나의 목덜미를 억세게 잡았다. "사람 살려요. 사람 살려요……" 이 비명소리에 자던 사람이 모두 놀라서 일어났다.

그 후의 일이었다. 한밤중에 노크도 없이 느닷없이 방문이 열렸다. 흑인 병사였다. 키가 장대 같은 그는 까만 눈알을 굴리면서 전지 불을 비췄다.

"색시 있소? 색시 나와!"

서툰 한국말이지만 말은 정확했다. 자던 사람들은 엉겁결에 일어나서 없다고 고개를 저었으나 막무가내였다. 아이, 어른 없이 전지 불로 확인한 그 병사는 옆방으로 가서 색시를 내놓으라고 호통쳤다.

"색시 없소."

그러나 믿어지지 않았던지 그 무례한 병사는 이불을 걷어찼다. 멀리 개 짖는 소리를 듣고서야 나는 뒤주 뒤에서 나와서 안도의 숨을 쉬었다. 태만이 누나는 한참이 지나도 공포가 가시지 않았던지 사시나무처럼 떨고 있었다.

− 3 −

 지루하던 날이 흘렀다. 1951년 1월 24일, 아군은 반격의 발판을 마련했다. 중공군의 보급선은 늘어질 대로 늘어져 있었다. 흡사 고무줄처럼 늘어진 보급선에 칼날만 대면 반격은 훨씬 쉬워질 수 있었다.
 국군 제3사단이 남대리(南大里)에서 북한군 2개 사단을 격파했다는 승보의 소식이 들렸다. 한편 미 제1군단과 국군 제3군단이 홍천 북쪽으로 밀고 나갔다. 그랬던 것이 2월 11일 밤부터 전세는 반전했다. 중공군의 2월 공세가 시작된 것이다. 중동부 전선으로 중공군의 주공이 밀려들기 시작했다. 중공군의 주공병력은 북괴군 1개 군단을 포함하여 13개 사단, 10만을 웃도는 병력이다. 동시에 북한군 2개 군단이 정선과 평창으로 조공(助攻)해 왔고 중공군 3개 사단이 원주 서쪽 지평리로 쐐기를 박았다. 원주 서쪽 지평리는 절대로 뚫려서는 안 될 요충지였다.
 이 지대의 전투는 거의 백병전이었다. 아니 사격전이 아닌 육박전이라고 해야 옳을 것이다. 이런 혈전에서 미군 장병들은 잘 싸워 이겨낸 것이다. 이 승보의 소식과 더불어 평택 부근에 주둔했던 미군 병사들도 자리를 떴다. 지루했던 겨울이 지나자 뒤주 뒤에 갇혔던 나는 자유의 몸이 되었다. 그 자유 속에 푸른 무지개의 꿈을 뭉실뭉실 피웠다.

 그 해 3월 우리는 서정리를 떠났다. 그동안의 정을 잊지 못하는 태만이 어머니는 가족을 앞세우고 나와서 석별을 서러워하며 연신 눈물을 닦았다. 정이 많은 어머니도 많은 눈물을 흘렸다.

"너무 신세를 졌어요. 친척도 아닌데 아낌없이 우리를 도와주었지. 성공하거든 꼭 찾아 뵈어야 한다."

"그래야지요."

우리도 눈시울을 붉혔다. 우리는 그 가족이 보이지 않을 때가지 손을 흔들었다. 그날 우리는 더 잘살 수 있는 안전한 곳을 향하여 막연히 걸었다. 가다가 다리가 아프면 노상에서 쉬고 날이 저물면 동네에 들어가 사랑방이라도 빌려서 잤다. 전시에 인심이 고약하다고 하나 피난민이라면 동정을 하며 선심을 베풀었다.

"그 발 갖고 어디를 가시우?"

"이렇게 가노라면 살 길이 있겠지요."

"우리 하나님께서 다 마련했으니까요."

"보아하니 예수꾼이시군요."

이런 말이 오고가면서 우리는 전도하는 기회를 삼았다.

길은 있다. 어디에도 길은 있었다. 사방팔방 방향이 있고 마을과 마을이 손을 잡고 있어 닿는 곳이 마을이요, 떠나면 길이 있었다. 국도가 있고 지방도로도 있다. 후방에서 사는 이곳 주민들은 전시 같지 않고 평화스러운 모습이었다. 물을 좀 달라고 요청하면 선뜻 줄 뿐만 아니라 심지어 밥까지 주었다.

"있는 것 서로 나누어 먹어야지요. 어서 자시우."

여염집의 그 여자는 인정이 많았다.

"젊은이, 너무 고마워요."

뚝배기의 보리밥과 흰 사발에 담은 열무김치가 군침을 돌게 했다. 보리밥은 구수하고 열무김치는 새콤하고 맵고 찡한 맛이 있다. 우리가 금세 비우는 것을 보고 그네는 흡족한 표정을 지었다.

"이래뵈두 충청도의 명물이란 열무김치래유……."

그녀는 말소리도 엿가락처럼 느슨하게 뽑았다. 고마운 분을 만나 허기진 배를 채운 우리는 행인에게 물어 교회로 찾아갔다. 그 교회는 '온양감리교회'라고 했다. 즐비한 가옥들을 따라서 언덕바지를 오르면 교회가 보였다. 아담한 단층 건물인데 우뚝 솟은 종각이 이채로웠다. 마당에는 몇 그루의 나무가 있었다.

주택가보다 높은 언덕에 교회가 있기 때문에 교회 마당에서 아래를 굽어보면 확 뚫리고 조망이 좋았다. 목사관을 찾았다. 이윽고 목사님을 만났을 때 그는 퍽 난색한 표정을 지었다.

"참 딱하구먼유. 그런데 낸들 무슨 힘이 있슈……."

그는 우리의 초라한 행색을 보고 무엇인가 생각하는 모양이었다. 수수한 양복 차림에 날씬하고 키가 큰 목사는 성직자로서의 거룩한 품위보다는 오히려 지성미가 짙게 풍겼다.

"오, 이제 생각이 났수……."

그는 기쁜 표정으로 무릎을 쳤다.

"여기서 잘 보이지 않지만 저 야산을 넘어가면 초등학교가 나옵니다. 거기 초등학교를 임시 피난민 수용소로 사용하고 있다는 말을 들었슈. 그러니 어서 가 보슈."

교회 층층대를 내려올 때에는 땅거미가 질 무렵이었다. 우리는 다시 읍내로 내려왔다. 온양은 우리나라에서 온천지대로 유명하지만 전쟁을 심하게 겪은 탓인지 전쟁의 상흔이 역력해 보였다. 식품가게에 진열된 상품이 희귀하게 보였다. 유난히 온천 목욕탕이 눈에 많이 띄었다. 말째가 내 등 뒤에서 소리쳤다.

"여기 온천이야. 저 그림 보이지 않아."

"네 눈이 족집게로구나. 그래 맞았어."

미선이가 동생의 말을 받았다. 하지만 우리는 그림의 떡처럼 그곳을 힐끗 보며 지나갔다. 호주머니 사정도 그러하지만 몇 달째 목욕을 못한 주제에 타인에게 혹시나 누를 끼칠까 우려가 되었기 때문이었다.

그 학교는 온양 읍내에서 남쪽으로 약 20리 길에 있었다. 학교 건물은 꽤 노후해 보였지만 운동장은 엄청나게 넓었다. 단층이며 교장실, 교무실 등 10여 개의 교실이 있었다. 학교 건물의 교장실, 교무실 외에는 피난민들로 만원이었다. 피난민은 거의가 서울이나 경기도 지방에서 내려온 피난민들이었다.

각 교실마다 네모 꼴의 식탁에 식구들이 앉은 것처럼 이를 방불케 했다. 가관스러운 것은 어린애가 소꿉장난을 하는 것처럼 자기 구역을 침입하지 못하도록 짐으로 막아 놓은 것이다.

"미안하지만 좀 자리를 좁혀서 같이 살 수 없을까요?"

입구에서 망설이던 나는 바로 입구 앞에 자리잡은 여인에게 애원을 했다. 하지만 그녀는 막무가내였다.

"우리가 어떻게 자리잡았는데 뻔뻔스럽게 당치 않는 소리를 하는 거야."

40세쯤 되어 보이는 이 아주머니는 보통내기가 아니다.

"어서 썩 비켜요. 건방진 처녀 같으니……."

그러다가 이 아주머니는 옆 사람과 싸움이 붙었다.

"뭣이 어째? 화냥년 같으니……."

"넌 부모 없는 고아로 자랐지? 배우지 못한 것, 화냥년이 뭐야? 파난 와서도 정신을 못 차리는구나."

분쟁의 도화선은 사소한 일이다. 그러나 피난민들은 날카로워져 있어서 그런지 공연한 일로 짜증을 내고 심통을 부리다가 급기야는 싸움으로 번지는 것이다. 교실 안에는 몸 냄새와 반찬 냄새와 탁한 공기로 숨을 쉴 수가 없을 정도였다.

우리가 서성거리는 것을 보고 피난민을 관리하는 직원인 듯한 중년 남자가 사람들을 제치고 나왔다.

"어쩔 수 없군요. 사람들로 꽉 차 있지 않습니까. 자리가 나올 때까지 차례를 기다릴 수밖에 없습니다."

그는 안타까운 표정을 지으며 말했다. 우리는 밖으로 밀려 나왔다.

"날이 저물었는데, 우린 어데로 가지?"

동생들은 그만 울음을 터뜨리고 말았다. 그날 밤 우리는 발이 묶인 채 어느 마구간에서 잤다.

"설마 길에서 자라는 법은 없겠지. 우리 하나님께서 우리 있을 곳을 미리 마련해 놓았어."

어머니가 말했다. 우리는 마구간에 널려 있는 지푸라기를 모아서 다섯이 잘 수 있도록 푹신한 침대를 만들었다. 처음에는 몸이 지푸라기에 따끔거렸으나 얼마 후 훈훈한 기운이 밑에서 솟았다. 구멍 뚫린 천장으로 보이는 하늘에 별이 찬란하게 빛났다.

그 별빛을 보았을 때 문득 아기 예수님 생각이 머리에 떠올랐다. 어머니나 동생들도 나와 같은 느낌을 받는 것 같았다.

"거기 있을 그때에 해산할 날이 차서 첫 아들을 낳아 강보로 싸서 구유에 뉘었으니 이는 여관에 있을 곳이 없음이러라"(눅 2:6~7).

이 성경 말씀이 우리가 누워 있는 자리를 더욱 훈훈하게 하였다.
"감사해야지. 범사에 감사해야지. 2천 년 전 예수께서 세상에 사는 만민을 구원하려고 이 땅에 오셨을 때 방이 없어 말구유에서 탄생하셨단다. 이 밤에 우리에게 주신 마사(馬舍)도 하나님의 특별한 은혜란다."
어머니의 설교조로 하는 진지한 이야기는 우리에게 감흥이 컸다. 그러자 우리 입에서 절로 찬송이 터졌다.

그 어린 주 예수 눌 자리 없어
그 귀하신 몸이 구유에 있네
저 하늘의 별들 반짝이는데
그 어린 주 예수 꼴 위에 자네

― 4 ―

임시 수용소에 입소하던 날 어머니는 호구지책으로 성냥 장사를 시작했다.

"어머니 몸도 성치 않으신데 어떻게 성냥 장사를 하지요? 제가 대신 할게요."

나는 한사코 만류했다.

"산 입에 어찌 거미줄을 치겠느냐?"

이런 말을 하며 어머니는 행상을 시작했다. 아침이 되면 어머니는 서둘러서 학교를 빠져나갔다.

"성냥 사시오. 성냥이요……."

이 동네, 저 동네로 누비며 소리치다 보면 저녁에는 목이 쉬어서 돌아왔다. 어머니는 성냥을 팔아 그 값 대신 쌀을 받았다. 임시 수용소는 거처 문제만 해결해 줄 뿐, 먹는 문제는 각자가 해결해야만 했다. 그러기에 끼니를 염려하는 사람들이 많았다.

그런 중에도 피난민들에 대한 신분 관리가 철저했다. 혹시나 피난민을 가장한 불순분자가 있지 않나 해서 이를 관장하는 기관에서는 신경을 곤두세웠다. 어느 날인가 피난민들이 들끓고 있는 수용소에 묘령의 여인이 들어왔다. 그녀는 아래위로 국방색 군복을 입었으나 계급장은 없었다. 그리고 머리는 두 갈래로 예쁘게 내렸다. 어느 모로 보나 지성미가 풍기는 여성이기에 자주 수용소에 출입하는 그녀에게 호감이 갔다.

"어데서 피난 왔지요?"

그녀가 먼저 말을 걸었다.

"네, 평양에서 왔어요."

"어머, 그러면 이북이 고향이시군요."

"그렇죠. 여기보다 훨씬 춥지요."

다음 그녀는 더 이상 묻지 않았다.

"그런데 댁은 군복을 입었지요? 군복을 입으니 비행기가 그냥 놔두지 않아요."

그녀는 이 말을 듣고 슬그머니 자리를 떴다. 그후에 그녀는 부지런히 수용소에 출입을 하면서도 나에게 접근하지 않았다. 그러면서 수용소에서 이 사람, 저 사람을 빈번히 만나면서 이야기의 꽃을 피웠다. 아무튼 그녀의 신분을 아는 사람이 없었다. 피난민에게 관심을 가진 처녀가 피난민들에게 위로의 말을 주는 것으로 알았다.

그러나 그녀에 대한 그런 생각은 잘못된 것임을 후에야 깨닫고 분통을 터뜨렸다. 며칠 후 누가 호출한다고 하기에 나를 포함한 몇 사람이 빈 방으로 끌려갔다. 그 장소에는 중앙에 긴 책상이 있고 의자 몇 개가 있고 한 남자가 거만스럽게 앉아 있었다. 그는 사복 차림이었으나 눈동자를 유심히 보았을 때 형사임에 틀림이 없었다. 예감이 불길했다. 대여섯 사람이 왜 호출을 당했는지 모르고 불안하게 서 있었다.

그러나 거만을 피우며 험상궂게 생긴 그 남자가 나를 불러 의자에 앉힌 후 아무 말도 없이 뺨을 후려갈겼다. "악!" 하고 나는 비명과 함께 신음 소리를 냈다. 그러나 그는 사정없이 연거푸 뺨을 쳤다. 뺨을 칠 때마다 얼굴에서 불이 튀었다.

"뭣이 어째? 군복을 입으면 비행기에 혼난다고……."

그 형사는 눈에 쌈지를 켜며 또 뺨을 쳤다. 얼굴이 퉁퉁 붓고 활활 타오르는 것만 같았다. 이 광경을 보고 끌려온 피난민들은 공포에 질렸다.

그 형사는 어른들에게는 더 가혹한 린치를 가했다. "무슨 일로 때리죠?" 하고 반항하면 그는 더욱 세게 구타당했다. 자기 신원도 밝히지 않고 피난민을 깔보며 권리 남용을 하던 그 형사는 한참 뒤에야 끌려간 사람들에게 퉁명스럽게 한마디를 뱉었다.

"말 조심해!"

그는 명령조로 말하고 문을 닫고 나가버렸다. 그날 피해를 당한 피난민들은 억울함을 어디에 호소할지 모르고 가슴을 치고 흥분했다. 임시 수용소에서는 별별 사람이 많았다.

봄이 길어지자 어머니는 성냥 장사를 그만두고 대신 나물 장사를 하기로 했다. 나와 미선이는 전적으로 이 일을 돕기로 하고 발벗고 나섰다. 미선이는 나보다 다섯 살이나 어렸다. 우리 셋은 동업자가 되어 나물을 뜯어서 팔았다. 이른 아침, 우리는 각기 바구니와 끝이 뾰족한 꼬챙이를 들고 수용소를 빠져 나온다.

나물이 많은 곳은 밭고랑이나 들판이었다. 어느 때에는 야산에도 가서 나물을 뜯었다. 동이 터오르는 들녘에 앉으면 봄의 아지랑이가 아른거리고 잡초의 풀내음이 싱그러웠다. 우리는 정오까지 부지런히 나물을 뜯어야만 그날의 수입을 올릴 수 있었다.

나물을 뜯는 것만으로 작업이 끝나는 것이 아니라 두 번째 과정으로 캔 나물을 깨끗하게 다듬어 씻어 삶아야 하는 것이다. 이어 삶은 나물을 상품성 있게 만들어 시장에 가져다가 파는 것이었다. 그런데 그 과정이 수월한 것은 아니었다. 나물이 노다지로 많다면 문제가 없으련만 나물이 보이지 않는 날이면 수십 리 길을 걸어야 했다. 나물뜯기 내기를 하면 어머니나 동생보다 항상 내가 우위를 차지했다.

언젠가 우리는 나물을 캐러 야산으로 갔다. 야산에는 진달래가 붉게 타고 있었다.

"산에 오르니 옛날 생각이 떠오르는구나."

어머니는 꼬챙이로 씀바귀 몇 개를 캐서 바구니에 담은 후 옛이야기를 늘어 놓았다.

"내가 아홉 살이 되었을 때였지. 너희 외할머님이 장티푸스로 자리에 누워 계셨어. 그런데 그 병이 심해서 누워서 일어나지를 못했구나."

"그래 할머니 간호를 누가 했지요?"

"그것 몰라 묻니? 내가 간호를 했지. 그러다가 돌아가시면 어쩌나 염려를 했는데 하루는 어머니가 나더러 꿩알을 먹고 싶다는 거야."

어머니의 이야기는 진지하고 흥미가 있었다.

"어머니의 소원을 풀어 드리기 위해서 나는 동네 애들을 불러 모으고는 말했지. '얘들아, 우리 꿩알 주으러 가자'라고 그랬더니 '너 미쳤구나. 어제 밀밭에서 승냥이가 나타나서 염소를 물고 갔대. 그런데 거기 꿩알 주으러 가자고? 우린 못 간다'라고 하더구나."

"그래서 어찌 되었는가요?"

"할 수 없이 혼자라도 가기로 결심했었지. 꿩알은 밀밭 속에 들어가야만 줍게 되는데 허허 벌판을 걸었더니 마침 밀밭이 보였어. 그러자 무서움을 무릅쓰고 밀밭으로 접근했구나. 그때 나는 그리스도인이 아니었지만 하늘을 쳐다보고 '하늘님, 제발 날 보호해 주시고 인도해 주셔서 꿩알을 찾도록 해주세요' 하고 기도하며 밀밭 사이를 샅샅이 찾았단다. 그런 중에 혹시나 승냥이가 나타나지 않을까 하여 겁을 집어먹었지. 바람이 우스스 불어도 온몸이 오싹했지."

어머니는 이야기를 하다 말고 야산 밑에 들녘을 물끄러미 바라보았다.

"지성이면 감천이라는 말이 있듯이 그날 위험을 무릅쓰고 밀밭 속에 들어갔다가 푸드득 소리가 들렸어. 순간 꿩이 날아가는 것을 보고 그 자리에 가 보았더니 암꿩이 알 여덟 개를 낳았더구나. 어찌나 기뻤던지, 그것을 둥우리에 담아 가지고 집에 갖고 왔지. 모두가 어떻게 죽지 않고 살아서 왔냐고 깜짝 놀라는 거야. 그런데 쌀이 있어야지. 이웃집에 가서 사정 사정해서 쌀 한 줌 얻어 가지고 와서 죽을 쑤었고 꿩알 세 개를 죽 속에 넣어서 어머니께 먹여드렸지. 이렇게 두 번을 잡수신 후 글쎄 어머님이 그 자리에서 일어나신 거야……."

이 말을 하며 어머니는 눈시울을 붉혔다. 그 사이 우리는 바구니에 많은 나물을 뜯었다.

정오쯤 수용소로 돌아온 우리는 나물을 깨끗하게 다듬고 삶아서 다발을 만들어 온양 장터로 가지고 갔다. 그날은 운이 좋았다. 싱싱한 봄나물을 보고 우르르 장꾼들이 몰려와 불티나게 팔렸다. 이런 날을 만나면 우리는 보리쌀을 더 많이 살 수가 있어서 좋았다. 하지만 나물 장사도 시들해져 갔다. 시장에 싱싱한 채소가 마구 쏟아져 나왔다.

생활이 막연한 우리는 또 피난 짐을 꾸리기 시작했다. 우리가 앉아야 할 안전한 둥우리도 아직 마련하지 못한 우리는 철새처럼 또 어디론가 날아가야만 했다.

— 5 —

초여름의 하늘에는 흰구름이 뭉게뭉게 피었다. 초행길이지만 우리는 어렵지 않게 홍성(洪城) 읍을 찾았다. 조그마한 읍이다. 일본식 적산가옥이 눈에 띄었고 상가도 한산해 보였다. 하지만 읍내에 남녀 중고등학교가 있어 교육의 열기가 느껴졌다. 이 읍내에 피난민 수용소가 있으며 정부에서 식량을 공급해 준다는 것이었다. 수용소 건물은 일제시대에 큰 누에 공장이었다고 하는데 그 크기가 엄청나게 컸다. 3천 명은 족히 수용할 수 있는 크기였다.

공장 건물인 만큼 그 건물은 퇴색하고 허술했다. 수용소에 입소한 인원은 사방에서 피난민들이 모여들어 수백 명을 헤아리고 있다는 것이다.

수용소 출입문에 선 남자는 무뚝뚝했다. 우리의 초라한 모습을 보자 그는 얼굴을 잔뜩 찌푸렸다.

"어데서 왔소?"

"이북 평양에서 왔지요."

"꽤 먼 데서 왔구려. 행색을 보니 그런 것 같소이다."

그는 거드름을 피운다.

"가족이 몇 명이오?"

"어머니, 그리고 동생이 셋 해서 모두 다섯이지요."

그는 서류에다 펜으로 긁적거린 후 앉은 자리에서 일어섰다.

"나를 따라 오시오. 자리를 정해 주겠소이다."

그가 정해 준 자리는 입구에서 쑥 들어가서 벽에 닿은 모서리로 가마니를 뜯어서 펴면 겨우 두 장 정도를 깔 수 있는 공간이다. 수백 명이 한데 모여 사는 수용소 내부는 공기가 탁하여 목이 메었고 머리가 띵했다.

"이것도 하나님께 감사해야지……. 우리에겐 너무나 과분한 은혜다."

먼저 가마니 위에 앉은 어머니는 경건되이 무릎을 꿇었다. 어머니를 따라 우리도 하나님께 감사의 기도를 드렸다.

하나님의 사랑에 감사드립니다. 불 기둥으로 이곳까지 친히 인도해 주심을 감사합니다. 우리는 피난길에 잘 곳이 없어서 마구간에서 잤고 밖에서도 잤습니다. 그런데 이제는 이곳 수용소로 인도해 주셔서 살게 됨을 감사합니다.

어머니는 기도하며 어깨를 들먹였다.

수용소의 생활이 시작되었다. 여기서는 자율적인 생활이 금지되어 있고 수용소 생활 규칙에 의해서 생활해야만 했다. 식사 시간이 정해져 있으며, 이 시간에는 수용소에 입소한 사람들이 열을 서서 자기 분량의 밥과 반찬을 공급받는 것이다.

밥은 보리밥, 반찬은 소금을 넣고 끓인 국에다 짠무 몇 개가 고작이다. 하지만 그 밥맛은 별미였으며 양이 많지 않아서 숟가락을 놓기가 아쉬웠다.

식사 후에 별일도 없이 빈둥빈둥 종일을 지낸다는 것은 정말 큰 고역이나 다를 바 없었다. 사람은 빈궁할 때 더해지는 것이 식욕이다. 기다려지는 것이 아침과 저녁에 주는 식사 시간이다. 식사 시간이 임박하면 수용소 내에는 여러 가지 현상이 벌어진다. 입술을 쩝쩝거리는 사람들, 그런가 하면 어린애들은 밥을 달라고 조르거나 그렇지 않으면 심통을 부렸고, 심지어 우는 아이들도 많았다.

"도대체 이 사람들이 밥은 주지 않고 졸고 있나?"

성깔이 급한 사람은 기다리다 지쳐서 벌떡 일어나 주방으로 가는 이도 있었다. 사람은 고상한 것 같으면서도 음식 앞에는 양반이 없었다. 우리말 속담에 "수염이 석 자라도 먹어야 양반"이라는 말이 있듯이 이 말이 옳았다.

어쨌거나 식사 때 자기 몫으로 한정된 밥을 먹으면 빈 그릇이 서러워질 정도였다. 이런 날이 쌓이면 마침내 영양실조가 되고 잠도 오지 않았다.

김옥분이라는 여인이 있었다. 고향이 서울이라고 하는데, 파마를 하지 않으며 한복을 입은 모습이 흡사 시골 여인 같았다. 아이 이름을 따서 보경이 엄마라고 불렀다. 남편은 먼저 피난을 떠났고 후발대로 피난을 왔다고 했는데 슬하에 어린 두 딸이 있었다. 수용소에서 지내는 동안 어머니를 "형님"이라고 부르면서 따랐다. 생각이 느긋하고 소박해 보이는 그녀는 어머니를 만나면 입을 쉬지 않았다.

"형님, 내 동생이 국군이래요. 국군 창설 시에 자진 군에 입대했는데 38선에서 가끔 괴뢰군과 접전해서 싸웠다는군요. 어쩌다 휴가를 받아 우리집에 오면 글쎄 사람 죽인 독이 있나봐요. 그 눈이 무서웠어요. 그 동생이 하나뿐인데 전쟁 후 아직 소식을 모르고 있어요."

그녀는 동생을 그리워하며 가느다란 한숨을 몰아 쉬었다.

"동생, 심란해 하지 말고 나하고 나물이나 캐러 가자고……."

어느 날 어머니는 보경이 엄마를 데리고 들녘으로 나갔다가 식사 시간이 임박해서 돌아왔다. 두 사람의 바구니가 무겁게 보였다.

"애들아 이것 역시 하나님께서 주셨단다. 이것을 가지고 허기진 너희들 배를 채우게 됐다. 감사해야지……."

어머니는 히죽 웃으면서 바구니 속을 쏟았다.

"이것이 도대체 뭔가요?"

내가 궁금해서 물었다.

"넌 모를 거야. 영양가가 담뿍 들어 있는 배추 뿌리란다."

다음날 정오에 어머니는 수용소 직원의 눈을 피하여 밖에서 배추 뿌리를 갖고 점심을 만들었다. 그것은 배추 뿌리와 쌀을 혼합한 죽이다. 냄비에 배추 뿌리를 씻어 썰어 넣고 된장을 풀어 넣는다. 다음 불을 지피고 끓이다가 쌀 한 줌을 넣어서 배합한다. 그러면 약 30분 이내에 맛있는 요리가 되는 것이다. 어머니는 우리를 슬며시 밖으로 데리고 나갔다.

"남몰래 먹는 음식이 더 맛이 있는 거야. 보신탕인 줄 알고 양껏 먹어라."

금세 우리는 냄비를 비웠다.

"형님, 참 고마워요. 우리 애들도 잘 먹는구면요."

보경이 엄마는 기뻐서 말했다. 어머니의 이야기를 귀담아 듣더니 며칠을 잠을 설치며 궁리를 하다가 생각한 것이 '배추뿌리 죽' 이라는 것이다.

"그럼 내일 또 밭에 가서 배추 뿌리를 뽑아 봅시다."

"그렇게 해요. 이번에는 가족을 총동원합시다. 가족 야유회 겸, 얼마나 좋겠어요? 그리고 자녀들의 교육에도 좋을 것 같고……. 지금도 이스라엘에서는 유월절날 무교병을 먹으면서 자녀 교육을 하지 않아요."

이 말을 듣고 보경 엄마가 흔쾌히 말을 이었다.

"그렇죠. 우리 자녀들에게 배추 뿌리를 시범으로 보여줌으로써 교훈을 주는 것도 의미가 있지요."

"암 있다마다요. 하나님의 은혜가 어떠하다는 것을 전하는 기회가 될 것입니다."

그날 날씨는 쾌청했다. 티없는 맑은 하늘을 보니 답답하던 마음이 뚫리고 시원했다. 우리는 기뻤다.

두 가족을 총동원하여 밭에 가서 배추 뿌리 뽑기 내기를 하며 배추 뿌리를 뽑았다. 김장철에 뽑지 않은 그 뿌리는 겨울과 봄에 땅 속에 묻혀 시들지 않았다. 해질 무렵에는 각자의 바구니가 수북하도록 배추 뿌리를 뽑았다. 우리는 그것으로 여러 날 보신 요리를 하여 먹었다. 그 맛은 달기도 하며 덤덤했다.

나는 그것을 먹을 때마다 성경에서 말씀하신 예수님의 비유가 문득 머리에 떠올랐다.

한 부자가 두 아들을 데리고 살았다. 아버지 슬하에서 호강하며 생활하던 둘째 아들은 그 생활에 싫증이 났다.

"아버지! 제 몫의 재산을 주십시오. 독립하여 멋있게 살고 싶습니다."

"그럴 수 없어. 여기 있는 것이 네 것인데, 그리고 아버지와 산다는 것이 얼마나 행복한 것인 줄 아느냐?"

그러나 그 아들은 아버지에게 집요하게 간청하여 마침내 재산의 분깃을 분배받았다. 그리고 미련없이 집을 떠났다. 그는 먼 타국에 가서 재산을 탕진하며 허랑방탕한 생활을 보내다가 결국 재산을 다 날려버렸다.

거기에다 그곳에 큰 흉년이 들었다. 궁지에 빠진 그 아들은 결국 타인의 집에서 종살이를 하게 된다. 그가 할 일은 돼지를 치는 것이었는데, 돼지가 먹는 쥐엄 열매조차 먹지 못하는 비참한 데로 굴러 떨어졌다. 그 지경에 그 아들이 회개하고 다시 아버지 품으로 돌아오는 것이 예수님의 탕자의 비유이다.

나는 어렸을 때 교회에서 성경 공부를 하면서 그 탕자가 어떻게 쥐엄 열매를 먹었을까 하는 의구심을 품었다. 그런데 그 맛을 피난 생활을 통해서 실감했다.

농부가 버린 배추 뿌리가 우리에게는 극상품 보약이나 다름이 없었다. 한번은 이런 날이 있었다. 보경이 엄마와 귀에 대고 소곤거리던 어머니는 자리를 떴다.

"또 보약을 캐러 갔을까?"

우리는 두 분의 행선지를 두루 찾아가 보았다. 꼬마 동생은 울상이 되었다가 그만 울음을 터뜨렸다. 어머니는 말째의 머리를 쓰다듬다가 들고 온 작은 보따리를 조심스럽게 풀었다. 그릇에 담긴 흰 물체를 자세히 보니 쌀밥이었다. 오랜만에 구경하는 쌀밥이었다. 숟가락을 들기 전부터 구미가 당겼다.

"나는 보경 엄마와 미리 잔뜩 먹었다. 이 쌀밥은 하나님이 주셨어. 감사해라. 여기 반찬도 있다. 김치와 돼지고기 볶음이다."

오랜만에 쌀밥을 시식하는 우리는 그 쌀밥이 입에 닿자 입속에서 사르르 녹는 것 같았다. 나중에서야 그 음식이 장례식 행렬에 따라가서 동냥한 젯밥이라는 것을 알았다. 그 쌀밥의 출처를 알고 우리는 씁쓰레하게 웃었다.

— 6 —

그 해 여름은 장티푸스가 창궐했다. 수용소를 관장하는 관계 부처에서는 신경을 곤두세웠다. 사전 예방을 위해 구내 소독을 하며 온갖 성의를 다하는 듯했으나 창궐하는 전염병에는 어쩔 수가 없었다.

전쟁 시에 특별한 약이 없는 한 뾰족한 수가 없었다. 전염병의 경우 어른보다 어린이에게 감염의 우려가 더욱 농후했다. 일제 시대에는 전염병이 유행하면 우선 급하게 조치하는 것이 환자와 격리시키어 예방주사를 놓거나 각별한 주의를 하는 것이다. 하지만 피난민 수용소의 경우 그 많은 사람들을 어디에 격리시키느냐가 문제였다. 읍내에 피난민 환자를 수용할 만한 병실도 없겠거니와, 있다고 하더라도 그러한 예산이 있는 것이 아닌 이상 절로 피해를 입는 것은 피난민일 수밖에 없었다.

수용소 자체 내에서 환경 위생에 관심을 기울였으나 그 수고는 아무런 효험도 얻지 못한 채 전염병이 기승을 부렸다. 한 어린이가 시름시름 시들어지며 열이 나고 두통을 앓더니 장티푸스라는 의사의 진단을 받았다. 그러자 수용소 내에는 돌풍이 일기 시작했다.

"저런 어쩌나? 장티푸스는 무서운 전염병인데……."

갑자기 수용소 분위기가 침울해지고 모두가 공포에 떨었다. 더구나 노부모나 어린이를 둔 가정은 염려가 적지 않았다. 장티푸스는 장티푸스균이 장에 들어감으로써 생기는 전염병으로, 한 달에서 20일 사이의 잠복기 뒤에 온몸에 권태감을 느끼게 된다. 그런가 하면 처음 1주일 동안은 차차 체온이 올라가고, 다음 1주일 동안 높은 열이 계속되며, 이 시기를 지나면 열이 점점 내리는 것이다. 그 사이에 두통, 식욕 부진, 비종 따위가 일어난다. 어떤 경우에는 설사, 장출혈, 뇌증 따위를 일으킨다.

피난민 수용소에는 병균의 온상지라고 해도 과언이 아니었다. 그 요인들을 총집해서 말한다면 우선 '비위생적인 환경'이라고 말하지 않을 수 없다. 수용소는 전에 누에 공장을 하던 장소였기 때문에 창문 시설이 되어 있지 않아 통풍이나 환기가 어려웠다. 또 많은 사람이 살고 있으니 공기의 혼탁함은 이루 말할 나위가 없었다. 게다가 한 가지를 더 지적한다면 제대로 영양 섭취를 못하는, 이를테면 영양 실조라는 것이다.

공기의 혼탁과 영양실조로 인한 허약한 체질로는 전염병균을 막을 수 없다는 것은 명약관화한 것이었다.

한 어린애부터 발병한 장티푸스는 날이 갈수록 기하급수적으로 확산되었다. 환자의 거의가 어린이가 아니면 노약자였다. 이들은 별 약도 써보지 못하고 고열과 두통, 부종으로 끙끙 신음하다가 병석에서 일어나지 못하고 죽었다.

"아무 집 애가 앓다가 죽었대……."

이런 말을 들으면 살 맛이 떨어지고 공포에 휩싸이며 떨렸다. 언젠가 아침 식사를 하는 중에 대성통곡하는 울음소리가 들렸다.

"아이구. 우리 만길이가 죽었어. 그 몹쓸병이 내 아들을 죽였구나."

아들을 잃고 곡하는 탄식 소리를 듣고 순간 수용소는 숙연해졌다. 이윽고 건장한 남자가 가마니를 갖고 와서 죽은 아이의 시신을 가마니로 옮기고 싸서 둘둘 말아 가지고 갔다.

수용소 입구 가까이에 약 70세가 되어 보이는 노인이 살았다. 그 노인은 키가 크고 체질이 약간 마른 편이었으나 용케도 수용소 생활을 잘해 나갔다. 그가 장티푸스에 감염되어 여러 날을 끙끙 신음하며 심하게 앓았다. 그는 투병생활에서 살아 보겠다고 안간힘을 썼으나 끝내 소생하지 못했다. 그가 죽었다는 소식을 듣자 수용소 관리 직원은 장정 두 사람을 보내 가마니에 시체를 싸서 처리토록 했다. 잠깐 사이에 그 노인의 시신은 공동묘지로 옮겨졌다.

그 뒤에도 수용소는 염병으로 죽는 사람이 늘어났다. 심지어 많이 죽는 날에는 30명이나 죽었다. 북한 피난민들은 폭격으로 죽고 혹은 동상으로 죽었는가 하면, 남한의 피난민들은 무서운 전염병으로 죽어갔다. 살았다고 하지만 언제 감염되어 죽을 줄 모르는 공포와 불안 속에서 수용소에 갇힌 피난민들은 하늘을 우러러 보며 한탄하여 눈물을 삼켰다.

— 7 —

말째와 혜선이가 아침밥을 먹다가 기운을 잃고 그 자리에서 쓰러졌다.

"안 되겠어. 이러다가 여기서 다 죽겠다."

어머니는 서둘렀다. 우리는 그 수용소를 빠져나왔다. 그날 어머니는 홍성(洪城)읍을 두루 다니면서 살 만한 곳을 찾다가 간신히 방 한 칸을 세로 얻었다. 셋방을 얻기 위해 어머니는 나물 장사, 성냥 장사를 하며 푼푼이 모아둔 비상금을 털었다. 셋방이라야 다 쓰러져 가는 초가집이었다. 그런데 그 초가집 방은 제대로 손질을 하지 않아서 엉망이었다. 창문은 창호지가 빠끔빠끔 떨어져서 꼴불견이었다.

"이것도 하나님께 감사해야지! 사람은 공기를 마셔야 사는데 그런 공기 탁한 곳에서 건강한 사람인들 배겨날 수 있겠니? 이래 뵈두 공기가 좋지 않으냐……."

어머니는 흡족한 표정을 지으며 무릎을 꿇은 것을 보고 우리도 경건하게 옷깃을 여미고 무릎을 꿇었다.

예배 인도는 내가 했다.

만입이 내게 있으면 그 입 다 가지고
내 구주 주신 은총을 늘 찬송하겠네.

이 찬송을 부를 때 우리는 하나님의 은혜에 감격하여 눈시울이 뜨거워졌다. 위험한 피난길에서 또 위험한 수용소 생활에서도 보호하시고 지켜 주시며 인도하신 그 놀라운 하나님의 은혜는 우리의 입으로 형언할 수 없었다. 이어 나는 성경을 폈다.

"또 여호와를 기뻐하라 그가 네 마음의 소원을 네게 이루어 주시리로다 네 길을 여호와께 맡기라 그를 의지하면 그가 이루시고 네 의를 빛같이 나타내시며 네 공의를 정오의 빛같이 하시리로다"(시 37:4~6).

그 후의 일이다. 수용소에서 시들어져서 줄기만 하던 말째와 혜선이가 그 집으로 이사한 후로는 생기가 돌며 건강이 회복된 것이었다. 하지만 우리 가족의 생계는 막연했다. 생활의 방편이 없는 한 우리의 손으로 자급자족을 해야만 했다. 비상금도 거의 바닥이 드러난 상태에서 무턱대고 가만히 있을 수 없게 되었다. 가족회의를 열어 진지하게 생활 방법을 모색해 보았다.

그러나 별로 신통한 묘안이 없었다. 그렇다고 빈 밥그릇을 놓고 무료하게 앉아 있을 수만은 없었다. 궁리 끝에 생각한 것이 식모살이였다. 결국 미선이와 내가 식모살이로 집을 떠났다.

미선이는 초등학교 교사의 집으로 갔고, 나는 홍성읍의 경찰서에서 근무하는 어느 공무원 집으로 갔다. 내가 식모살이로 갔던 그 집은 경찰 고위 간부의 집으로 보였다. 집도 컸고 음식도 풍부했다. 개구쟁이 사내아이 여럿이 있었고 안주인은 산기가 있어 몸이 몹시 불편했다.

그 집에서 하는 일이란 가사 전반에 걸쳐서 하는 일인 만큼 부엌에서 음식 만드는 일, 방 청소, 아이들 시중에 안주인의 수발 등 자질구레한 일들이 많았다. 첫날 나는 부엌에서 일하다가 노란 작은 냄비에 담은 볶은 돼지고기를 보고 눈이 휘둥그레졌다. 갖가지 양념으로 가미된 돼지고기를 보자 군침이 넘어갔다.

"주인댁에서 먹다 남은 고기를 부엌데기가 먹어도 괜찮겠지?"

이렇게 중얼거리다 그 고기 몇 점을 입에 넣으려 했으나 모두 도로 그릇에 넣었다. 주인의 허락이 없이는 먹기가 꺼림칙했다. 풍족한 음식을 볼 때마다 집에서 허기진 배를 거머쥐고 있는 어머니와 말째의 모습이 떠올랐다.

그 집에서 열과 성을 다하여 열심히 일을 했다. 그러나 무리한 탓인지 몸에 이상이 왔다. 피난 생활에 제대로 먹지 못한 이유인지 영양 실조의 증상이 현장에서 나타났다. 그 지경에 더 이상 버티고 있을 수 없게 되자 안주인에게 이런 사정을 말하고 그 집을 미련없이 나와버렸다.

그날 밤은 둥근달이 떴다. 집으로 가던 중 그 달을 보고 선 자리에서 나는 만가지 심정으로 착잡했다. 이윽고 다 쓰러진 초라한 집이 보였다. 그 초라한 집의 모습이 어쩌면 나의 상한 심정과도 같았다.

— 8 —

유엔군과 국군이 북상한다는 소식이 들렸다. 하지만 우리는 홍성을 떠나지 않고 머뭇거렸다.

"북상을 하든, 남하를 하든 양단간에 결정을 하여야겠는데 막연히 이러고만 있을 수 없겠지."

어머니의 말이 옳았다.

"그러니 너 좀 기도를 깊이 해 보렴. 하나님께서 네 기도엔 꼭 응답해 주신단다."

이런 말을 들으니 절로 머리가 숙여졌다.

늦가을의 가랑잎이 살랑살랑 떨어져 행길을 덮었다. 읍내를 빠져나온 우리는 남쪽을 향하여 걸었다. 열차나 버스를 타고 싶었지만 호주머니 사정이 여의치 않았다. 또 걸어야 하는 것이 마땅치 않은지 동생들은 얼굴을 찌푸렸다. 말째는 한 살을 더 먹었지만 떼를 쓰면서 나의 등에 애절하게 매달렸다.

남쪽으로 가는 길은 사방으로 길이 뚫려 있었다. 장항(長項)을 경유하여 전라북도 군산(群山)으로 갔다. 군산은 도시라고 하지만 별로 크지 않은 중소도시 같았다. 우리는 부둣가의 어선을 보고 깜짝 놀랐다. 나란히 즐비한 그 거대한 어선은 군산시의 한 면을 장하게 보여주는 것만 같았다.

바다를 보니 마음이 후련해졌다. 전라북도 서북단의 금강(錦江)에 자리하여 충남 장항읍과 경계를 이루고 있는 군산은 첫눈에 항구도시로서 낭만이 깃든 것처럼 부각되었다. 그런가 하면 남쪽에는 만경평야가 있고 서쪽에는 서해 어장이 있어 활력이 넘치는 도시로 보여졌다. 부두에는 '붕' 하고 선박이 닿는 고동소리가 들렸다. 그 소리를 들으며 한복판을 걷던 중 누군가 부르는 소리를 듣고 뒤를 돌아보았다.

순간 나는 나의 눈을 의심했다. 뜻밖에도 고향 친구였다.

"애야! 우리 살았으면 이렇게 만나는 것을……."

그 친구는 나의 몸을 얼싸안았다. 효숙이는 나와 함께 평양 기림리교회를 다녔던 같은 또래의 막역한 친구였다.

"그래 여기서 만나다니……. 우리는 아직 피난민이야."

그 애는 이 말을 듣고 짐짓 놀라운 표정을 짓는다.

"그럼 아직 생활이 정착되지 못했구나."

"우리는 여기 군산에서 자리를 잡고 아버지가 사업을 하고 있어. 그리고 난 학교에 다니고 있지 뭐야."

그녀는 호들갑스럽게 떠들어댔다.

"그럼, 우리 저녁 수요예배 때 다시 만나서 이야기 나누자. 난 좀 바쁜 일이 있어. 그 교회 가면 서 장로님도 만날 수 있거든."

그 친구는 말쑥한 옷차림을 하고 총총히 걸어갔다. 그날 저녁을 부둣가의 싼 음식으로 때운 나는 그와 약속한 대로 군산장로교회로 갔다. 붉은 벽돌로 견고하게 세워진 교회당 건물은 2층이었고 그 규모는 컸다.

맨 뒤 구석진 자리에서 수요예배를 드리던 나는 서 장로를 대뜸 알아보았다. 온화하게 생기고 키가 훤칠한 서 장로는 1년 전에 평양에서 본 그대로의 여전한 모습이었다. 인사를 하자 곧 알아보고 가까이 왔다. 그는 이 교회에서 장로로 섬기고 있었다.

"아직 피난길이군요. 참 너무 고생이 많습니다."

그는 안타까운 표정을 지으며 말하다가 바쁜 일을 핑계대며 밖으로 나가버렸다. 비상시에는 교인들의 인심이 그런가 생각하니 마음이 아팠다. 게다가 교회서 만나자고 약속한 그 친구는 끝내 모습을 나타내지 않았다. 기다림에 지친 우리는 체념한 채 그 교회 목사님을 만나 우리의 딱한 사정을 호소했다.

"으흠, 할 수 없지. 그래 어데에 피난 왔어?"

그 목사는 거만스럽게도 어른 앞에서도 반말을 했다.

"우리는 평양에서 왔지요."

그는 귀찮은 듯 얼굴을 찌푸렸다가 무슨 생각이 났는지, 마루방에 먹다 남은 과일 그릇을 가져갔다.

"저 목사님이 우리를 거지로 취급하고 그러는가봐. 설마 거지라고 해도 목사님이 그럴 수 없을 것인데……."

평시 하나님의 사자라고 하여 목사님을 천사같이 받들었던 어머니의 입에서 깊은 탄식이 흘러나왔다. 그러고 보니 나는 그 날 수요예배 시에 그 목사가 천사의 모습을 하고 열을 내면서 설교하던 장면이 머리에 어렴풋이 떠올랐다.

"사랑하는 자들아 우리가 서로 사랑하자 사랑은 하나님께 속한 것이니 사랑하는 자마다 하나님으로부터 나서 하나님을 알고 사랑하지 아니하는 자는 하나님을 알지 못하나니 이는 하나님은 사랑이심이라"(요일 4:7~8)

성경을 봉독한 목사는 강단에서 거룩한 성직자의 모습을 풍기며 입을 열었다.

우리는 그리스도 안에서 한 형제입니다. 하나님의 사랑을 입은 자녀올시다. 그러므로 우리는 서로 사랑해야 합니다. 오늘 본

문의 말씀에 '하나님은 사랑이심이라' 고 말씀하였습니다. 형제를 미워하는 것은 살인이나 다름이 없습니다. 우리는 하나님의 성품을 닮아야 합니다.

사도 바울의 고린도전서 13장은 사랑의 장이라고 합니다. 또한 '사랑의 찬미' 라고 하는데 과연 하나님의 사랑이 어떠하다는 것을 잘 묘사했습니다. 내가 방언과 천사의 말을 할지라도 사랑이 없으면 소리 나는 구리와 울리는 꽹과리가 되고, 산을 옮길 만한 믿음이 있을지라도 사랑이 없으면 아무것도 아니라고 했습니다.

사랑하는 교우 여러분들이여! 우리는 서로 사랑합시다. 참으로 사랑하는 자만이 주님의 제자가 될 수 있는 것입니다.

그 목사님은 가난한 자를 업신여겼으며, 설교한 만큼의 실천의 생활로 본을 보여주지 않았다. 인간은 행복한 데서가 아니라 역경과 불행에서 비로소 참 마음을 알게 된다는 말이 옳았다.

다음날 나는 상처를 안고 이리와 전주로 향했다. 가는 동안 끙끙 앓았다. 신성한 하나님의 교회의 모습을 기대했던 청소년기에 받은 그 상흔은 쉽사리 사라지지 않았다.

― 9 ―

이른 아침 대구(大邱) 시가지는 학교와 직장으로 가는 사람들로 붐비었다. 우리도 인파에 섞여서 걷고 있었다. 신학교를 향하여 걷던 우리는 여러 사람에게 문의했으나 신학교의 위치를 아는 사람은 한 사람도 없었다. 특수한 학교이니 그런가 싶어 인근 교회로 찾아갔다.

"신학교를 찾는군요. 여기에서 그리 멀지 않지만 생소한 길이라서……. 약도를 잘 그려드릴 테니 잘 참조해서 찾으면 쉽게 찾게 될 것입니다."

교회 사찰인 듯한 사람은 퍽 겸손하고 친절했다. 나는 그가 건네주는 쪽지를 받아 약도를 보며 더듬더듬 길을 찾다가 간신히 신학교를 찾았다. 입구에는 '피난예수교장로회 신학교'라고 쓴 간판이 선명히 보였다. 어느 신학생을 교문에서 만난 우리는 만나고 싶었던 여자 신학생을 기숙사에서 쉽게 만났다.

"오마니, 여기서 만나다니……. 너무 기쁩니다가래."

그녀의 입에서 평안도 사투리가 진하게 튀어 나왔다. 어머니는 왠지 눈물이 글썽거려 잠시 말을 잇지 못했다. 어머니로서는 큰딸의 친구인 만큼 두고 온 딸 생각이 났던 모양이다.

어머니가 부산(釜山)으로 직행하지 않고 대구에 들른 이유도 깊은 사연이 있기 때문이었다.

"대구에 가면 거기 평양신학교 학생들이 있다고 하는데, 그러면 너의 형부도 만나게 될지 모른다."

어머니는 피난길에 주워 들은 소식을 듣고 일말의 희망을 걸었었다.

1950년 12월 4일인가. 형부는 석암(石岩)에서 자전거를 타고 우리집에 들렀다.

"어머님도 어서 서둘러서 피난을 가셔야지요. 그대로 있으면 안 됩니다."

"그래 남 전도사! 애기 엄마는 잘 있나?"

"네. 그러합니다. 하나님의 은혜뿐이지요. 출산한 지 한 달이 되었으니까 아직 조리중이라 애기를 데리고 피난 갈 수 있어야지요."

형부는 시무룩해서 말했다. 가족을 두고 혼자 피난을 가는 자신이 서러웠던 모양이다.

"우리 기다리지 말고 자네 먼저 가게. 남 전도사는 하나님의 종이니까 몸을 조심해서 곧 피난해야 해요."

어머니의 강권에 못 이겨 그는 공손히 인사를 하고 먼저 평양을 떠났다. 그런 일로 형부는 대구에서 신학교의 마지막 학기를 공부하는 것으로 생각했다.

"어서 우리 사위 남 전도사도 만나게 해주게. 우리보다 먼저 평양을 떠나 남하했고 여기 신학교에서 공부하는 것으로 알고 왔어요."

"그런가요……."

그 여신학생은 미심쩍한 한마디를 할 뿐 다음 말은 잊지 못하고 머뭇거렸다. 어머니는 그 표정을 보고서야 어렴풋이 짐작이 간 모양이었고 잠시 후 그녀는 무거운 입을 뗐다.

"해주(海州)로 가다가 패잔병에게 붙들렸어요. 그때 오도가도 못하고 발이 묶였는데, 그 뒤의 일은 모르지요."

이 말에 어머니는 맥이 풀려서 땅에 주저앉았다. 그리고 얼굴에 가느다란 경련을 일으켰다. 그러다가 겨우 일어나서 입속말로 중얼거렸다.

"좁은 길을 택했으면 붙들리지 않았을 것인데……."

그리고 석고처럼 서 있다가 길을 재촉했다. 우리가 신학교 나올 때 그 여신학생은 행길까지 따라나와서 배웅해 주었다.

행길까지 나왔지만 우리는 갈 길이 막연했다. 대구(大邱)에서 부산(釜山)까지의 거리가 2백50리 길인데 그 길을 걸어서 간다는 것은 수월한 일이 아니었다.

"너희들 꼴을 보니 걸을 마음이 없다. 나도 지치고 피곤해서 무슨 요행수라도 있으면 좋으련만……."

이런 말을 하는 어머니는 몹시 지쳐서 걷는 것이 부자연스럽게 보였다. 허청거리는 다리가 땅을 밟을 때마다 마치 사시나무가 바람에 흔들리는 것처럼 보였다.

정오쯤 되어 행길에는 사람의 왕래가 뜸해졌다. 그럴 즈음 우리는 교차로에서 뜻밖에 동향인을 만났다.

"아니 오마니 아니시오?"

마흔 살은 족히 헤아려 보이는 여인이 어머니의 손을 덥석 잡았다. 그제서야 어머니는 인애 엄마를 알아보고 눈물을 글썽거렸다.

"우리 살아서 또 만나다니……."

어머니는 말끝을 채 맺지 못하며 반가움에 어쩔 줄을 몰랐다.

"우린 대구에서 자리를 잡고 생활의 뿌리를 내렸어요. 그런데 오마니 생활이 말이 아니군요."

그녀는 동정을 하다가 헤어질 때 어머니 손에 1만 환을 꼭 쥐어 주었다.

"여기서 부산이 어디라구요. 먼저 무리하지 마시고 여비로 쓰시라구요. 낸들 지난날 피양에서 오마니의 사랑을 많이 받았지요."

어머니는 마지못해 그 돈을 받아 바지 속주머니에 간직했다. 그녀의 따뜻한 마음은 궁지에 몰린 우리에게 큰 위로와 용기를 주었다.

인애 엄마는 평양에서 가난하게 살았다. 남편의 벌이가 신통치 않은 데다가 여러 자녀를 데리고 살자니 끼니를 염려하며 허덕였다.

"자네 젊어 고생은 금 주고도 못 사지. 내 정성이니 자녀들과 같이 먹어요."

어머니는 고생하는 그녀가 애처로워서 좋은 음식이 있을 때마다 나누어 먹었다. 그러면 그녀는 미안한 표정을 지으며 감사히 받았다.

"받아만 먹고 언제 신세를 갚게 될까요?"

그녀는 이런 말을 자주 했다. 그 후에 우리는 6·25 한국전쟁 때문에 서로 헤어져서 살았다. 그랬던 그녀를 대구에서 다시 만난 것이다.

그녀가 건네준 1만 환은 우리에게는 큰 액수였다. 기차를 타려고 역으로 갔다. 그러나 그 돈으로는 다섯 명이 다 탈 수 없었다. 여비가 턱없이 부족했다. 어머니는 하나밖에 없는 광목치마를 가까스로 팔아서 여비에 충당했다. 역 매표소에서 부산행 완행열차표 다섯 장을 끊었다.

개찰구에는 부산 가는 사람들로 밀어닥쳤으며, 역무원은 정신없이 차표를 찍고 있었다. 이윽고 검은 열차가 '칙' 소리를 내며 검은 연기를 하늘로 뿜아 올리며 서서히 움직이다가 속력을 냈다. 그러자 개구쟁이 아이들이 달리는 열차를 보고 선 자리에서 손을 흔들었다. 열차 안은 초만원이었다. 앉은 사람보다 선 사람이 더 많았다. 기차는 종착역이 가까워질수록 더욱 속력을 내며 줄기차게 달렸다.

— 10 —

"여기는 부산(釜山), 부산역입니다. 여러분 불편한 여행을 하느라고 대단히 수고가 많으셨습니다. 내리실 때 혹시 잊으신 물건 없도록 각별히 조심하시기 바랍니다. 그럼 안녕히 가십시오."

확성기에서 흘러 나오는 승무원의 안내 방송을 듣고 승객들은 와르르 입구로 몰려들었다. 열차에서 쏟아지는 사람들로 잠깐 사이에 대합실은 가득 찼다. 그것은 흡사 도떼기시장을 방불케 하였다. 대합실 밖에는 개인 승용차와 영업용 택시가 즐비하게 대기하고 있었다.

"도대체 이 많은 사람들이 어데로 가는 것인가?"

나는 혼자 중얼거렸지만 그것은 한갓 부질없는 기우에 불과했다. 그들에게는 기다리는 사람, 그리고 아늑한 보금자리가 있었다.

"자아, 엄마 이제 내려요. 내사 역에 내려서야 얼마나 기다렸던교……."

대합실 출구에서 기린의 목이 되어 기다리던 중년 여인이 만날 사람을 만나서 흔쾌히 나누는 대화였다. 그리고 그들은 대합실 밖에 대기하고 있는 자가용 승용차를 타고 어디론가 쏜살같이 사라졌다. 우리는 그림의 떡처럼 선망의 눈길로 바라보았다.

어느 할머니는 마중 나온 사람들에 싸여 영접을 받았는데, 그 수가 10여 명이나 되어 보였다. 이어 말쑥하게 신사복 차림을 한 중년 신사가 가방을 들고 출입구로 나오자 환영객들이 우르르 몰려와서 악수를 하는 등 진풍경을 이루었다. 이처럼 모두가 기다리는 사람, 환영하는 사람이며 그리고 갈 곳이 있으련만 우리에게는 행선지가 없었다.

갈 데 없는 우리는 대합실 한모퉁이의 긴 나무의자에 다리를 뻗고 앉았다. 섣불리 밖에 나갔다가 갈 데가 없이 길에서 떨 것이 염려되었기 때문이다. 하지만 우리는 얼마 뒤에 대합실에서 쫓겨났다.

"어서 나가이소. 여기서 잠 못잡니더. 밤에는 한 사람도 얼씬 못 합니다."

역원인가, 그 사나이는 인정이란 손톱만큼도 없었고 막무가내로 우리를 밖으로 떠밀었다. 할 수 없이 힘에 밀린 우리는 역 밖에서 서성거렸다. 동생들이 허기져서 눈이 퀭해 보였다.

얼어붙은 한강 나루터에 피난민들이 몰려 있다(1951년 1월 4일).

"뭘 좀 먹어야 하는데……."

내 호주머니에는 엽전 한 푼도 없다.

말째가 등 뒤에서 배가 고프다고 칭얼거렸다. 그러다가 심통이 났는지 두 주먹으로 내 등을 떠밀어 때리는 것이었다. 이 사정을 모르는 밤 거리의 행인들의 모습은 환한 모습이었다. 전시 분위기를 느낄 수 없었다. 거리의 풍요로움을 보고 우리는 저으기 놀랐다.

다음날 우리는 부산의 번화한 거리를 막연히 걸으면서 불안한 마음을 달래었다. 그리고 주변의 상가를 호기심으로 바라보았다. 식당의 풍요로운 음식들, 그리고 식품가게에 진열된 과일과 식품은 아무리 보아도 전쟁을 치르고 있는 사람들로는 보이지 않았다.

그럴 때 갑자기 바람이 세차게 불었고 우리 앞에 지폐 한 장이 나풀거리며 떨어졌다.

"어머, 여기 돈이 떨어졌어."

미선이는 주운 돈을 어머니 앞에 내밀었다.

"글쎄, 길에서 주운 돈이지만 우리가 써도 괜찮을지 모르겠다."

어머니는 망설이는 표정을 지었다.

> "마음이 청결한 자는 복이 있나니 그들이 하나님을 볼 것임이요"(마 5:8).

당신은 이 말씀을 묵상하며 자녀들을 양육해 왔었다. 내가 초등학교에 다닐 때였다. 우리집은 평양에서 약간 떨어진 변두리인 사흥리에서 살았다. 그때 가세가 기울어진 상태에서 생활에 허덕이고 있었다. 그렇지만 어머니는 그 달 집세 날짜가 되면 어김없이 주인댁에 집세를 지불했다. 주인댁에서는 생활의 어려움을 보고 제때 집세를 지불할 것인가에 대해서 퍽 염려를 했던 모양이었다.

"그 이름대로 진실(眞實)합니다. 고맙소."

주인은 꼬박꼬박 제때에 집세를 지불하는 것을 보고 감격해서 말했다.

언젠가는 이런 일도 있었다. 그 주인댁은 농사를 짓고 살았는데, 부업으로 돼지와 닭 몇 마리를 사육했었다. 그런데 안주인은 며칠 동안 안색이 좋지 않았고 일말의 의구심을 표출했다.

"원 별일도 있네. 암탉이 알을 낳을 때가 되었는데 왜 알이 없을까?"

안주인은 닭 둥우리를 보고 알이 없는 것을 이상하게 생각했다. 그러던 중에 어머니는 화장실에 갔다가 그 옆 볏가리 속에서 닭이 홰를 치며 푸드덕거리는 것을 보았다. 예감이 이상했다. 혹시라도 그놈의 닭이 알을 낳지나 않았는가 싶어 부리나케 그 자리를 가 보았다. 어머니가 예상했던 생각이 적중했다. 암탉이 알을 낳은 것이다.

볏짚 속에 파고들어가 그 암탉은 진통을 하여 아무도 모르게 알을 낳았는데 그 알의 수량은 적지 않았다. 어머니가 기꺼이 그 알들을 소쿠리에 담았더니 수십 알이나 되었다.

"성진이 어머니! 그 걱정하던 달걀들을 찾았어요. 볏가리 속에서 푸드득 소리를 듣고 가 보았더니 글쎄 이렇게나 많은 알들이 있군요."

이 말을 하며 안주인에게 소쿠리에 담은 계란을 건네주었다. 그 후로 안주인의 태도가 확연히 달라졌다.

"과연 진실(眞實)이야! 무엇이든지 믿을 수 있게 됐어……."

이런 말을 하는 안주인은 어머니를 전적으로 신뢰하며 후한 인심을 썼다.

처음으로 밟은 부산 거리는 항구도시로서의 멋이 풍겼다. 길에서 주운 1백 환이지만 어머니는 한참 망설였다. 그러다가 그 지폐를 나에게 슬며시 건네주었다.

"이 돈은 아무래도 우연한 돈이 아닌 것 같구나. 임자를 알면 돌려주면 좋으련만……. 그가 누군지 알아야지? 그렇다고 그대로 놔두면 다른 사람이 주워갈 테고, 그럴 바에야 누구에게 구제받은 셈치고 아이들에게 빵이라도 사주는 것이 좋을 것 같구나."

그러면서 나의 의사를 파악해 보는 것이었다. 그 돈을 건네받은 나는 빵가게로 가서 큼직한 빵 한 개를 샀다. 금방 뜯어서 찐 빵은 김이 무럭무럭 났다. 나는 그 빵을 세 등분으로 나누어서 동생들에게 주었다. 그러자 동생들은 기뻐하며 자기 몫의 빵을 성큼 받아 그 맛을 음미하면서 입에 대고 핥아 먹었다. 그리고 환한 웃음을 지었다.

VI. 전쟁의 상흔(傷痕)

— 1 —

　겨울, 잿빛 하늘에는 흰구름이 여기저기 피었다가 살며시 어디론가 사라진다. 타향에서 맞는 겨울이건만 부산의 겨울은 고향처럼 혹독한 겨울맛이 없었다. 아낙네의 김장하는 모습과 찬 바람 속에 옷깃을 여미는 모습은 거의 볼 수 없었다. 어렸을 때 지리 시간에 어렴풋이 배웠던 것이 머리에 스쳐갔다. 잘생기고 앳된 남자 선생은 분필로 흑판에 열심히 쓰면서 남단의 도시를 설명했다.

　우리나라 남단의 도시인 부산에는 겨울이 없습니다. 수산 자원이 풍부하고 또 거기에는 개폐식 다리도 있습니다.

선생님의 가르침에 열중한 학생들은 호기심에 차 있었다. 그 후 오랜 세월이 흘러 이제는 남단의 도시 부산에 서 있다. 나의 귀는 소라가 아니련만 부산의 출렁거리는 바닷물 소리가 귓전에 들리는 것만 같았다.

부산은 지리적으로는 한반도의 동남편에 위치하면서 4면 중 남쪽 1면이 바다에 접하고 있다. 이 같은 자연적 위치로 부산은 한반도의 관문이며 우리나라에서 제1의 무역항이 된 것이다. 더욱이 한국전쟁으로 말미암아 부산은 비약적인 도시로 발돋움을 했다. 그후 임시 수도가 섰고, 연합군의 한국전쟁 참전으로 인해 세계의 관심과 더불어 더욱 활기를 띄었다.

어느덧 우리 일행은 부산의 중앙인 번화한 대청동 거리에 왔다. 대청동 로터리에는 미공보원이 있고, 몇 집 지나서 광복교회가 있으며, 그 교회 건너편에는 국제시장이 보였다. 국제시장은 그 나름대로 국제시장으로 없는 것이 없었다. 양키 물건, 구호물자, 과일상, 곡물상, 식품상, 전자제품, 생선가게 등 크고 넓은 시장에는 만물상을 방불할 정도로 없는 것이 없었다.

그런데 가관인 것은 특히 상인들의 모습이었다. 이런 장사치들은 대개 부산으로 피난온 사람들이었다. 그들은 달구지 대신 미군 부대에서 버린 전깃줄 또는 철사줄을 감았던 바퀴를 주워서 응용한 것을 사용했다. 어느 정도의 공간을 사이에 두고 바퀴를 고정시킨 다음 손수레로 만든 것으로 퍽 간편하게 사용할 수 있게 만들었다.

상가 좌우에는 간이 음식점이 있어 오고가는 행인들의 식욕을 돋우었다. 삶은 고래고기, 잇가(오징어), 멍게, 해삼이 있는가 하면 미군 부대에서 버린 깡통 속의 소시지, 닭고기 부스러기, 쇠고기, 돼지고기 등을 혼합하여 만든 고기 볶음은 막일을 하는 노동자나 피난민들에게는 격이 맞는 음식이었다. 값도 쌀 뿐더러 저렴한 가격으로 영양 보충을 할 수 있기 때문이었다. 갈색의 구제품 외투를 아무렇게나 걸친 아주머니는 고기를 볶으면서 큰 소리로 외쳐댔다.

"싸구려 막고기 사이소. 영양 보충하시고 가이소."

그러면서 그 여인은 볶은 고기 한 점을 선심을 쓰면서 장꾼들에게 주었다.

"아저씨 맛 괜찮지 않습니꺼."

"그렇소. 나도 조금 주이소."

맛을 본 사람은 그냥 지나가지 않았다. 어머니도 맛을 보았으나 어느새 시장을 빠져 나가고 있었다.

"어머니, 어데 가시죠?"

궁금해서 물었다. 하지만 어머니는 아무 말도 없었다. 순간 어머니의 주름진 얼굴에 검은 먹구름이 피었다. 광복동 네거리에서 어머니가 지나가는 사람들에게 손을 벌리는 것을 보고 나는 한사코 만류했으나 소용이 없었다. 잠깐 사이에 어머니는 몇 백 환의 동정금을 거두었다.

"사람은 궁지에 처하게 되면 머리를 쓰고 살아야 하느니라. 남들에게 동정을 받는다는 것은 수치스러운 일이지만 비상시에는 할 수 있는 일이 아니겠느냐?"

듣고 보니 과연 어머니의 말이 옳았다. 그날 저녁은 어머니가 구걸해서 얻은 동정금으로 좀전에 지나쳤던 싸구려 간이 음식점에서 보리밥과 고기 볶음으로 요기를 했다.

미군 부대에서 버린 고기일망정 배고픈 피난민에게는 진수성찬과 다를 바 없었다.

— 2 —

땅거미 질 무렵, 우리는 보수산(宝水山)을 향하여 걸었다. 피난민 판잣집들로 점철된 보수산을 오른다는 것은 지친 피난민들에게는 정상에 오르는 것처럼 숨이 차고 힘에 겨웠다.

우리는 평양교회(平壤敎會)를 바라보고 보수산을 엉거주춤하게 오르고 있었다. 평양교회는 6·25전쟁 후에 국군을 따라 남하한 피난민들이 고향을 그리워하며 이곳 부산 보수산에 세운 피난민 교회이다. 길에서 주워들은 막연한 소식이었지만 북한 피난민들이 모인 그 교회만 찾아가면 무슨 뾰족한 수가 있을 것 같았다.

여러 사람에게 물어서 가까스로 평양교회를 찾았다. 그 교회는 엉성하게 세운 천막 교회였다. 하지만 그 규모는 의외로 컸다. 기둥 몇 개와 석가래를 놓은 다음 천장과 벽을 엷은 판자로 두르고 그 위에 천막을 씌웠다. 그리고 바닥은 마루로 반듯하게 깔았고, 입구의 문은 천막이 아닌 나무로 만든 것이다. '평양교회'(平壤敎會)라고 먹글로 쓴 간판이 석양빛에 찬란하게 빛났다. 어쩐지 교회 간판만 보아도 향수에 젖고 고향의 냄새가 물씬 풍기는 것 같았다.

'평양' 이 두 글자의 교회명은 깊은 의미가 내포되어 있었다.

1951년 6월 10일, 부산에 처음으로 피난민 교회로 평양교회가 세워졌다. 북한 피난민들은 양지 바른 보수산 중턱을 가로질러 깎아 세우고 널따란 벌판을 만들었다.

넓어야 고작 1백 평 안팎이지만 피난민으로 꽉 들어찬 이 산중턱에 터전을 만든다는 것은 용이한 일이 아니었다. 하지만 피난민들의 신앙의 열(熱)과 성(誠)은 감복할 정도였다. 오직 믿음으로 발기한 평양교회는 초두부터 신앙의 불이 붙기 시작했다. 비록 천막 교회이지만 교인 7백 명은 거뜬히 들어갈 수 있었다.

"어떻게 왔나요? 미안할 것 없디요."

검은 안경테를 얼굴에 두른 김 목사는 목이 쉰 소리로 말했다.

"저어, 다름이 아니라 다른 데 있다가 오늘 부산으로 내려왔어요. 헌데 있을 데가 있어야지요. 교회서 좀 잤으면 합니다."

이렇게 말하며 어머니는 몸둘 바를 몰라했다.

"허허, 참 딱합니다구래. 그럼 그렇게 하시라구요. 사정이 정 그러니 할 수 없지요."

김 목사는 흔쾌히 허락했다. 우리는 성전 안에서 잔다는 것이 너무 송구스러워서 교회당 맨 뒤쪽켠에 자리를 잡고 첫날 밤 새우잠을 잤다.

다음날 어머니는 부산 거리를 누비며 거처할 곳을 찾았으나 무료 숙박소는 어림도 없었다. 어머니는 또 울상이 되어 김 목사님을 만나 거처를 정하기까지 교회 안에서 머물게 해달라고 애원했다.

"정 그러시면 할 수 없지요."

그분은 참 너그러이 받아 주었다.

그 무렵 교회 안에는 우리와 같이 딱한 사람들이 모여 몇 세대가 증가했다. 서 집사라는 분은 고향이 평북인데 지겟벌이를 하여 부인과 자녀 넷을 거느렸고, 박 서방이라는 젊은이는 부인과 남매로, 그리고 은혜 할머니는 딸 하나를 데리고 살았다. 나중에 또 한두 세대가 증가하여 그 수는 20명이 넘었다.

새벽 시간이나 예배 시간이면 미리 짐을 정리하여 외부에 노출되지 않도록 해야 했으며 항상 신경을 쓰고 조심하며 생활을 해야만 했다.

"성전에서 산다는 것이 얼마나 감사한지, 하나님의 특별한 은혜다. 성전에서 살면서 전시 때 기도 많이 하라는 거야……."

이런 말을 하는 어머니는 입에서 감사가 흘러나왔다.

어느 날이다. 불티 한 점 없이 긴 겨울밤에 새우잠을 자고 난 우리는 이불 속에서 오들오들 떨었다. 식량도 없었다. 나는 며칠째 직장을 구하려고 갈 만한 곳은 두루 찾아 보았지만 당장 일할 곳이 눈에 띄지 않았다. 그 지경의 생활이 막막했다. 식량이 바닥을 보인 것이다. 식량을 주었으면 좋으련만 그런 여유 있는 가정이 없었다. 나는 무료하게 교회 천장 안을 쳐다보았다.

그쯤 되자 어머니도 가만히 있지 않았다. 미선이를 데리고 외출한 어머니는 한참 후에야 가쁜 숨을 쉬면서 돌아왔다. 미선이 손에 쥐어진 두툼한 보자기가 궁금했다.

"보자기가 무엇인데요?"

"어디 알아맞혀 보렴."

어머니는 내 물음에 환하게 웃으며 말했다.

"피난 통에 체면이란 있을 수 없는 일이야. 굶어죽었다고 해서 누가 애석해 할 사람도 없잖아……. 그러기에 정신을 바짝 차리고 자기 것은 자기가 알아서 챙겨 먹어야 하느니라."

훈계적으로 타이른 어머니는 보자기에 싼 것을 조심스럽게 풀었다. 구수한 보리 섞인 쌀밥이 미각을 돋우었다. 구걸해서 먹은 밥맛은 홍성에서 먹은 젯밥처럼 맛이 있었다. 풍부한 때보다 없는 때 구걸해서 감사한 마음으로 먹는 그 음식은 절대로 잊을 수 없는 최고의 맛이다.

— 3 —

한국전쟁은 중공군의 개입으로 더욱 확대되어 가는 것 같았다. 전방에서 들려오는 소식은 아군이 적군을 무찌르며 진격하고 있다는 승보의 소식이 있는가 하면, 반면 밀물처럼 밀고 진입해 들어오는 중공군으로 고전을 겪고 있다는 불쾌한 소식도 들렸다. 사람들은 이러다가는 한국전쟁이 승부 없이 오래오래 지지부진하게 계속되어 전쟁에 시달리지나 않을까 걱정했다.

더욱이 북한 피난민의 경우는 그 기우가 매우 심각한 문제로 대두되다시피 했다.

"정 이러다가는 고향도 못 가겠시오. 기다리는 처자식은 언제 보겠시오?"

단신으로 월남한 남자들은 침울한 표정으로 이렇게 말하였다. 어머니는 밤마다 아들을 그리워하다가 꿈 속에서 보고 눈물을 삼켰다.

"꿈에 지순이를 보았구나. 어느 병원에서 다리가 아프다고 신음하는 것을 보았는데, 다리에 붕대가 감겨 있더라."

그런 꿈을 꾼 날이면 어머니는 종일 심란해 했다. 어쨌거나 어머니는 막둥이 아들이 중학교에 입학하기까지 큰아들을 잊지 못하여 눈물을 흘릴 때가 많았다.

"내 아들이 살았을까? 죽었을까?"

어머니는 혼자 중얼거리더니 언젠가는 시장 근처에서 '당책'을 보는 것이었다.

"어머니, 웬일인가요? 당책을 보시다니요……."

나는 심히 못마땅해서 항의조로 말했다.

"내 심정을 모를 거야. 큰아들 생각이 간절해서……."

"하지만 어머니는 예수 믿지 않으세요?"

딸의 말에 어머니는 아무 말도 못했다. 그러다가 당신은 소스라쳐 놀랐다.

"여기가 어딘데? 참. 내 정신 좀 봐라."

순간 어머니는 퍼뜩 정신을 차리는 것 같았다.

"그렇지, 내가 너무 육신의 일을 생각하다 보니 시험에 빠질 뻔했구나."

어머니는 깨닫고 뉘우치며 그 자리에서 일어났다. 매사에 하나님께 감사드리던 어머니의 신앙도 아들에 대한 사랑과 집념으로 육신에 치우치고 신앙이 흔들리는 때가 있는가 싶었다.

나도 가끔 고향 꿈을 꾸었다. 어린 시절의 추억이 꿈의 세계에서 현실로 재현이 될 때, 고향의 그리움으로 견딜 수 없었다. 그럴 때면 두고 온 산하(山下)가 눈에 삼삼히 떠올랐다.

그 해 겨울 다행히 나는 일터를 구했다. 특별한 기술도 없었지만 캐러멜 공장에 취직이 된 것이다. 소규모의 조그마한 이 제과공장은 사장 내외, 기술자 한 명, 그리고 잡일을 하는 여자가 대여섯 명 등 직원이 모두 열 손가락을 꼽을 정도였다.

운동선수처럼 야무진 체격을 가진 공장 주인은 화술이 능란했다. 처음 입사한 공원에게 그는 캐러멜을 포장하는 방법부터 지도했다. 얼핏 보면 하찮은 것같이 보여도 캐러멜 알을 하나하나 포장지에 싼다는 것도 정성이 있어야 하며 기술이 필요했다.

급료는 일당으로 주었으며 작업하는 분량에 따라 급료의 차이가 정해져 있었다. 그렇기 때문에 포장하는 과정에는 눈에 불티가 튀었으며 손이 기계처럼 움직인다. 그러다 보니 작업이 엉망이 되는 수도 있었다. 그렇게 되면 캐러멜 알은 포장지에서 풀어져서 밖으로 노출되는 것이다. 그러면 사장은 불량을 보고 그냥 있지 않았다.

"자, 일손을 잠깐 멈추고 여기 주목해 보시오! 성의가 없으면 이런 불량품이 나오게 마련이오."

사장은 분통이 터졌지만 꾹 참는 모습이 역력히 보였다.

"여러분, 캐러멜 알을 왜 포장하는지 아시오? 미관상 하는 것보다 맛을 돋우기 위해서 하는 것이오. 예를 들어서 밤을 생각해 봅시다. 밤의 그 껍질을 벗겨 먹는 데에서 그 맛을 음미하게 되는 것이지요. 캐러멜도 밤맛과 같은 것이오. 즉 밤껍질을 벗기듯 캐러멜은 그것을 포장한 종이를 벗기어 먹는 맛과 같으오."

그의 말은 구수하고 또한 설득력이 있었다. 공원들은 일하다가 심심하면 캐러멜을 집어먹기도 했다. 그러나 손이 익숙해져서 일단 일에 속도가 붙기 시작하면 주위 사람들을 의식하지 않고 기계처럼 일했다. 이런 속에서 뒤지지 않으며 수입을 올리려면 여간 힘들지 않았다.

내 앞의 마주 앉아 일하는 박씨는 과년한 처녀였지만 그녀의 캐러멜 포장 솜씨는 도가 지나칠 정도였다. 양쪽에 머리를 곱게 땋아 내린 얌전한 그녀가 사람의 손으로 일하는 것처럼 보이지 않았다. "언니, 그 손이 기계처럼 보여요. 흡사 기계가 돌아가는 것 같아요" 하고 내가 말하면 그녀는 생긋 웃기만 했다.

나는 그녀와 마주앉아 작업을 하려면 열등의식에 사로잡혀 과거의 일이 새삼스럽게 떠올랐다. 그것은 심리적 현상에서 발로되는 일종의 강박관념이었다.

피난길에 홍성에서 머무는 동안 품꾼이 되어 일한 적이 있었다. 밭에서 일하는 품삯이란 밥 세 끼를 주는 것 외에는 아무것도 없었다.

"너 밭일을 좀 하며 밥을 실컷 먹어보지 그래."

어머니의 권고에 의하여 밭일을 하러 갔다.

"처녀, 김을 매 보았나?"

"밭일은 말고 논에서 일을 좀 해 보았지요."

나는 전쟁 직후 평남 식암의 언니네 집에 묵으면서 친지집에서 논일을 도와주었던 일이 있다. 그 생각을 하고 농사의 경험이 있다고 했다.

"그럼 오늘부터 밭에서 김을 매게!"

백발이 성성한 노인의 말이었다. 그 노인은 턱수염이 유달리 길었다. 그리고 긴 담뱃대를 입에 물고 밭을 감독하며 지시한다.

그런데 경험이 없는 나는 김을 매다가 아뿔싸 실수를 했다.

"저런 잡초를 뽑지 않고 뭣을 뽑나?"

주인의 엄한 핀잔이 등 뒤에서 요란하게 들렸다. 순간 엉겁결에 뽑은 것을 유심히 살펴보니 잡초가 아닌 채소를 뽑은 것이었다. 도회지에서 자란 나는 풀과 채소를 제대로 분간하지 못하여 밭에서 망신을 당한 것이다. 결국 그날 점심에 보리밥 한 그릇을 얻어 먹고 그 농장에서 쫓겨났다.

그때의 일이 떠올라 '이번에도 실직하면 어떡하나' 하는 조바심이 생겼었는데, 한 달 뒤에는 익숙한 기술자가 되었다.

그 후 캐러멜 공장의 부진으로 다른 일터로 자리를 옮겼다. 양초 공장이었다. 그 공장은 부산 시청 부근에 있었고 경영주는 피난민이었다. 젊은 나이에 기업을 잡은 패기만만한 남자였다. 자녀는 없고 부부가 전적으로 이 사업을 위해 전심을 쏟고 있다.

처음 양초 제조 과정을 보고 흥미가 동했다. 양초 원료를 용해하여 여러 단계를 거쳐 제조되는 양초는 단조로우면서도 그리 용이한 것이 아니었다. 그렇지만 생소한 환경에 부딪치며 새 기술을 익혀 간다는 것이 의욕을 돋게 하였다. 그러면서 푸른 꿈에 부풀었다. 힘써 일하는 만큼 보람을 느꼈다.

그 해 겨울이다. 평양교회는 안식년을 맞아 미국으로 가는 미국인 목사를 모시고 주일 예배를 드리게 되었다. 그날 그 목사는 설교를 맡았고 담임목사인 김 목사가 사회를 맡아 예배 순서를 진행했다. 밖에 바람이 모질게 불어 천막이 펄럭거렸다.

그리고 쌀쌀한 바람이 스며들었으므로 예배당 안은 찬 냉기가 감돌았다. 예배가 시작될 무렵에는 교회당 안이 가득 찼고 그 수는 7백여 명이나 되었다. 이윽고 성가대의 찬양에 이어 미국인 목사가 등장했다. 쉰을 헤아려 보이는 그 목사는 인자해 보이면서 건장했다. 그는 강단에서 찬양하는 신도들에게 미소를 보냈다.

다음 성경을 폈을 때 그는 아래의 성경 구절을 또박또박 한국말로 내려 읽었다.

"스스로 속이지 말라 하나님은 업신여김을 받지 아니하시나니 사람이 무엇으로 심든지 그대로 거두리라 자기의 육체를 위하여 심는 자는 육체로부터 썩어질 것을 거두고 성령을 위하여 심는 자는 성령으로부터 영생을 거두리라"(갈 6:7~8).

성경 낭독 후 그 목사는 매우 고무적이고 감동적인 설교를 했다.

여러분! 무엇을 심고 있습니까?
오늘 이 시간 우리에게 주시는 하나님 말씀대로 사람은 무엇이든지 심는 대로 거두게 되는 것입니다. 즉 자기의 육체를 심는 자는 육체로부터 썩어질 것을 거두게 됩니다. 그러나 한편 성령을 위하여 심는 자는 성령으로부터 영생을 거두게 됩니다.

이렇게 말씀을 전제한 목사는 자신의 간증을 털어 놓았다.

내가 대학에 다닐 때 막역한 두 친구가 있었습니다. 우리 셋은 같은 학교에서 동급생으로 있으면서 신앙과 이상이 맞는 절친한 사이였습니다. 우리는 꿈에 부풀어 있었습니다. 그 꿈은 하늘보다 바다보다 컸습니다.

하학 후 셋이 모이면 우리는 장래 일에 대한 토의를 많이 했습니다. 그러는 중에 졸업 학기를 맞이한 어느 날이었습니다. 여름의 신록이 우거진 계절이었습니다. 학교 뒷산에 오른 우리는 여름의 계절처럼 마음이 뜨거워졌습니다.

"우리, 졸업하면 무엇을 할까?"

이런 이야기로 주로 화제의 꽃을 피웠습니다. 그러다가 우리 셋은 10년 후의 약속을 세우며 굳게 다짐을 했습니다. 그것은 이를테면 10년 동안 자기 이상을 실현해 보자는 것입니다. 참, 우리 셋은 재미있는 친구들이었지요. 각자의 이상과 포부가 전혀 달랐습니다.

"나는 미국에서 큰 갑부가 되어 은행장이 되겠다."

조셉은 이렇게 말하였습니다. 그런가 하면 스미스라는 친구는 "미국에서 영향력 있고 패기있는 정치가가 되고 싶다"고 했습니다. 이에 대하여 나는 한참 동안 말을 않고 있다가 무거운 입을 뗐습니다.

"난 말일세. 하나님의 종 목사가 되겠네."

그후 우리는 헤어졌고 10년의 세월이 흘렀습니다. 그 사이 나는 신학교를 거쳐 몇 년 동안 수련을 받은 뒤에 목사가 되었습니다. 그리고 선교사가 되어 선교회에서 열심히 일을 했습니다. 그러던 중 10년이 되어 약속한 해가 되었는데 공교롭게도 나의 안식년이었습니다.

고향으로 간 나는 두 친구의 소식이 궁금했습니다. 그리하여 수소문하여 두 친구를 찾았습니다.

먼저 만난 친구는 조셉이었지요. 그 친구는 자기 이상과 포부가 실현된 것을 보여주었습니다. 미국의 유수한 은행의 은행장이 되었고 호화주택에서 처자식과 더불어 행복하게 살았습니다.

또 한 친구인 스미스도 마찬가지였습니다. 미국의 관록 있는 정치가로서 권력을 행사하면서 생활하고 있는 것을 보았습니다.

"자네, 참 오래간만이구려. 10년만에 만나니 너무나 반갑구려……"

그가 반색을 하며 자기 집 응접실로 인도했습니다. 그리고 권하는 소파에 기대어 앉았을 때 마음이 착잡했습니다. 두 친구의 집에는 없는 것이 없었습니다. 그가 아내와 자녀를 소개한다고 하며 잠깐 자리를 떴을 때 나는 더 걷잡을 수 없게 마음이 산란하고 이상해졌습니다. 친구가 융숭한 대접을 한다고 했으나 이를 뿌리치고 밖으로 나와버렸습니다.

'나는 무엇을 했는가? 저 친구들은 잘 사는데 나는 무엇을 했는가?' 열등감과 회의로 나의 마음에 파도가 일기 시작했습니다. 밖으로 뛰쳐나왔던 나는 무작정 밤길을 걷다가 어느 교회의 문을 노크하여 들어가 교회 제단 앞에 엎드렸지요. 그리고 목을 놓아 엉엉 울기 시작했습니다.

"오! 주님 상처받은 주의 종을 위로하사 힘을 주옵소서. 나의 성과 열과 몸을 바치어 주님 위해 산 것을 주님만은 아십니다. 그리고 밤낮을 가리지 않고 주의 일을 위하여 함께 분투함을 아시나이다. 그러한데 현실의 대가가 무엇이나이까? 주님! 죄송하오나 친구 조셉과 스미스는 성공하여 부귀영화를 누리며 떵떵거리며 사나이다. 하지만 저의 몰골은 처량하여 가난할 뿐, 무엇이라고 하겠습니까? 결국 하나님의 종의 가는 길이 이 길뿐이오니까?"

나는 두 친구와 나를 비교하며 낙심이 되어 소리내어 오래도록 울었습니다. 그러면서 하나님과 담판을 하고 싶었던 심정이었지요. 그랬는데 바로 그 순간이었지요. 기도하는 중에 하나님의 말씀이 머리에 떠올랐습니다. 나는 눈물을 닦으며 성경을 폈습니다.

"사람이 무엇으로 심든지 그대로 거두리라"(갈 6:7).

이 말씀과 함께 다음 구절에서 큰 은혜와 위안을 받았습니다.

"자기의 육체를 위하여 심는 자는 육체로부터 썩어질 것을 거두고 성령을 위하여 심는 자는 성령으로부터 영생을 거두리라"(갈 6:8).

순간 나에게는 감사와 기쁨이 마치 분수처럼 마음속 깊은 데서 솟았습니다. 하나님의 일이 영생을 거두는 길이라는 사실을 깊이 깨달았습니다.

그러면서 두 친구의 현세의 생활이 추호도 부럽지 않고 오히려 동정하는 마음으로 변해버린 것입니다. 이를테면 세상의 것이 부럽지 않고 영의 눈이 열려서 하나님 나라의 영광을 보게 되었던 것입니다.

바울은 이런 신앙의 정신으로 살았습니다. 나도 하나님 나라의 영광을, "나는 세상을 분뇨와 같이 버리노라"는 그의 신앙관을 받아들일 수 있었지요. 그때 내가 받은 하나님의 은혜를 여러 교우들과 나눕니다.

사랑하는 교우들이여! 여러분은 지금 무엇을 심고 있습니까? 육에 속한 것입니까, 영에 속한 것입니까?

우리 모두 후회 없는 삶을 살도록 합시다. 그것은 성령을 위해 심는 자이며, 마침내 영생을 거두게 됩니다.

그날 그 목사의 설교는 모두에게 은혜가 되었을 뿐만 아니라 나의 장래를 크게 변화시키는 귀중한 말씀이었다. 집 없이 교회당에서 새우잠을 자던 나에게 꿈을 갖게 하고 희망과 위로가 되었다. 예배 후 전 교우들의 얼굴에 생기가 돌았고 환한 얼굴로 교회 문을 나갔다.

그 무렵 나는 고무줄 공장에서 기술을 인정받아 유능한 기술자가 되었다. 양초 공장에 비하면 수입도 훨씬 좋았다. 그 공장은 대청동 부근 판자촌에 자리잡고 있었다. 이 공장 주인도 역시 피난민이었다. 그는 수완이 능하고 통솔력도 뛰어났다. 주인은 작업장의 분위기를 잘 조화하기 위해서 때로는 점심이나 간식 등 월급 이외의 특별 수당을 지급하는 등 선심을 썼다. 그가 사람을 잘 부렸는지 왕년의 권투선수까지 자기 공장으로 끌어오는 등 능란한 솜씨를 발휘했다.

전시에 원자재가 품귀 상태이기 때문에 이에 대하여 공장 주인은 신경을 곤두세워야만 했다. 그때는 군용차에서 쓰다 버린 타이어 속의 튜브를 이용하여 고무줄을 만들었다.

튜브에도 여러 종류가 있었다. 신축성 있는 말랑말랑한 것이 있는가 하면 신축성이 없는 뻣뻣한 것도 있어 재료 선택에 유의해야 했다.

주인은 날마다 타이어상을 두루 다니며 용도에 맞는 튜브를 발견하면 삼륜차로 운반해 왔다.

"여보게 마누라, 일 좀 도와주게."

이런 날이면 주인이 돈을 긁어 모으는 날이다. 요행히 폐물을 잔뜩 잡아올리는 건이 그에게는 돈을 버는 수지맞는 날이기 때문이다. 그런 날이면 아내는 안방에서 나와서 신발도 미처 신지 못한 채 남편의 일을 도우며 동네가 떠들썩하게 수다를 떨었다.

"어머나! 오늘은 당신 참 큰 고기를 많이 잡았구려. 이쯤이면 부산에서 우렁대는 명사장 감이지 뭐예요."

이 말을 들으면 남편은 더 으스대며 좋아했다.

"그럴까? 그래 당신 말이 옳아요."

이쯤 되면 공장의 분위기도 싹 달라진다. 특별간식으로 참외나 삶은 옥수수가 나온다.

키가 작고 뚱뚱한 김 사장은 성격이 유들유들하면서도 세심하고 꼼꼼했다. 그러기에 재료를 구입하는 과정에서나 상품을 처분하는 일에도 용의주도하였다.

이 공장에서 고무줄을 제조하는 과정은 퍽 단조롭게 보이면서도 까다로웠다. 첫 단계에서 튜브를 5센티미터 넓이 정도로 면도날로 원형에 따라 끊을 수 있도록 자른다. 다음 그것을 고정판 틀에 올려 놓는 것이다. 그 틀은 손재봉틀만한 것으로 나무로 만들어졌으며, 면도칼을 세우게 형이 고정되어 있다. 첫 단계에서 도려낸 5센티미터로 고무줄 10개쯤은 뽑을 수 있다. 그리고 그 크기는 상품 여하에 따라 굵게도 뽑고 가늘게도 뽑는다. 이렇게 하여 길게 뽑은 고무줄은 약 70센티미터 정도 길이로 자르며, 한 묶음은 1백 개로 묶는다.

고무줄을 만드는 기술은 고무줄을 규격대로 끊지 않고 연쇄적으로 잘 뽑는 것이다. 만약 기술이 서툴면 고무줄을 뽑다가 끊어지거나, 그렇지 않으면 고무줄이 굵거나 혹은 가늘어져서 못 쓰게 된다. 그러므로 기술을 익히기까지의 숙련이 필요한 것이었다. 그리하여 일단 기술자가 되면 일하는 분량만큼의 보수를 받게 된다.

그러나 기계 없이 손으로 고무줄을 만든다는 것은 여간 고역이 아닐 수 없었다. 온종일 틀에 앉아서 양손으로 고무줄을 뽑아야 하며, 무딘 면도칼을 숫돌에 갈아야 하는 일 등 쉬운 작업이 아니었다.

분주히 정신없이 일하다 보면 엄지와 식지에서 살이 터져 피가 흐르기도 했다. 공장 내에는 작업을 할 때 미리 손가락에 반창고를 감으라고 하지만 설사 그렇게 한다고 해도 일시적인 도움밖에는 되지 못했다. 나에게 이 일은 힘에 겨운 중노동이었으나 이런 중에 수입이 늘어나고 저축도 하게 되어 보람을 느꼈다.

이역 땅에 봄이 왔다. 부산에서 처음 맞는 봄이었다. 산과 들에도 진달래, 개나리꽃이 활짝 피었다. 겨울 내내 예배당에서 몸을 웅크리고 새우잠을 잤던 피난민 영세민들에게는 위안의 계절이 아닐 수 없었다. 나는 봄 태양을 향하여 마음껏 기지개를 켰다. 그리고 이른 봄부터 깊이 계획하는 것은 알뜰히 실천해 보도록 하였다. 그것은 내 집을 마련하는 것이었다. 집이라야 양옥집이나 기와집이 아니라 판잣집이다. 비록 하찮은 판잣집일망정 내 집을 갖고 발이라도 마음껏 펴고 살고 싶었다.

그 꿈이 봄에서야 실현될 기미가 보이기 시작했다. 어머니와 상의하여 교회 앞에 터를 닦고 판잣집을 세우도록 하였다. 온 식구가 동원되어 산허리를 곡괭이와 삽으로 파기 시작했다. 터를 닦는 작업도 여러 날을 했다. 고작 약 4평 남짓한 땅이련만 산허리를 깎아 내리고 평지로 만들자니 며칠이 소요된 것이다. 게다가 판잣집을 세우는 데는 아무래도 기술이 필요하므로 여기에 적합한 인부를 샀다. 하루 인건비를 최저로 계산하여 절충한 것이 5천 환이었다.

그런데 판잣집을 세우려면 당국의 감시망을 피해야겠기에 그 작업은 밤이어야 했다. 야간 작업을 원만히 추진하기 위해 제반 재목들을 준비하였다. 재목이라야 8천 환을 주고 구입한 나무판자와 낡은 천막 등이다. 물은 공동수도에서 스무 통쯤 준비했다. 말이 쉽지 물 스무 통을 드럼 통에 채운다는 것은 심한 고역이 아닐 수 없었다. 보수산(宝水山) 산허리를 꽉 메운 판잣집 사이에는 길이라고는 한 사람이 겨우 다닐 수 있는 꼬부랑길이 전부였다. 게다가 비탈진 길에서 물을 머리에 이거나 물지개로 지고 오른다는 것은 쉬운 일이 아니었다.

그날 밤 작업은 감쪽같이 이루어졌다. 그 인부는 민첩하고 능숙했다. 우리가 사방을 감시하는 사이에 그는 기둥을 세우고 벽에 판자를 붙이고 천장에 천막을 덮고 마루를 깔았다. 그리고 방에 유리 없는 창문 하나와 출입문을 판자로 만들었고 유리 대신에 망을 씌웠다. 이렇게 하여 약 4평짜리 판잣집이 세워졌다. 부엌이나 주방도 없는 방 하나의 간이식 주택이다.

신발은 밖에서 벗고 들어가야 했으며 말이 집이지 그것은 시골집 헛간이나 다름이 없었다. 가만히 누워 있으면 밤에 구멍이 뚫린 천막 사이에서 별빛이 스며들어 왔다. 이 판잣집은 세운 지 며칠 만에 바람으로 천막이 벗겨졌다. 다시 그 인부가 와서 손질을 했다. 우리에게는 판잣집일망정 과분하도록 하나님께 감사하였다. 입주하는 날, 우리는 교회당 안에서 살고 있는 사람들을 청해 놓고 하나님께 감사의 예배를 드렸다.

> 지금까지 지내온 것 주의 크신 은혜라
> 한이 없는 주의 사랑 어찌 이루 말하랴
> 자나깨나 주의 손이 항상 살펴 주시고
> 모든 일을 주 안에서 형통하게 하시네

한 자리에 모인 가족들은 신앙의 한 덩어리가 되어 이 찬송을 몇 번이나 되풀이하여 부르다가 어느새 눈물을 흘리기도 했다.

"오마니, 참 하나님께 복 받았지. 우리 성한 사람도 집이 없는데……."

금희 어머니는 평안도 사투리를 쓰며 부러워했다. 예배 후에는 조촐한 자축회도 마련했다. 둥근 밥상에 둘러앉은 손님들은 삶은 고구마와 시래기국을 먹었다.

"형님! 좋시다가래……. 이래뵈두 여기가 천당이디요."

"암 그렇디요. 찬송가에 궁궐이나 내 주 예수 모신 곳이 하늘나라라 하지 않았시오. 판잣집도 주님 오시면 천국이디요."

우리보다 이웃들이 더 기뻐했다. 그날 밤 늦도록 이야기의 꽃을 피웠던 그들은 자정이 되어서야 자리를 떴다. 밤이 어지간히 깊어진 모양이었다.

하지만 우리는 흥분되어 잠을 이룰 수가 없었다. 인간이란 묘한 것이다. 흥분의 발단은 사람이 충격을 받거나 격할 때 또는 기쁨의 도가 지나칠 때 흥분이 발효되거니와 그것이 인체에 미치는 영향을 깨달았다. 기쁨에 들떠 흥분되면 잠을 설치게 되는 것이었다.

"하나님께 감사해야지……."

또 어머니는 하나님께 감사하는 말을 잊지 않았다.

"왜들 잠을 자지 않지?"

"어머니는 왜 주무시지 않으시지요?"

"나야 너무 감사하고 기뻐서 그래."

"우리도 역시 그래요."

"그러다 보니 너희들에게 꼭 들려 줄 말이 있었는데 차일피일 미루었구나."

어머니의 말에 우리는 더욱 궁금했다.

"그 이야기가 무엇인가요?"

"홍성에서 있었던 일이었지."

옷을 더듬거리며 주워 입은 어머니는 자리에서 일어나 양초에 성냥불을 당겼다. 양초 한 개도 절약하며 벌벌 떨던 어머니가 그날 같은 경사스러운 날, 불이라도 켜서 밝히고 싶었던 것으로 보여졌다. 희미한 불빛 속에 어머니의 주름진 얼굴이 초췌해 보였다.

이윽고 당신은 무거운 입을 뗐다.

홍성 수용소에 있을 때였구나. 수용소에서 주는 식량으로는 어림도 없고 너희들이 영양실조로 파리해지는 꼴은 차마 볼 수 없었다. 이 일로 염려되어 뜬눈으로 밤을 새우는 날도 여러 번 있었던 거야. 그러다가 하나님께 이 딱한 사정을 아뢰며 부르짖어 보려고 한적한 곳을 찾아갔구나. 수용소에서 떨어진 산이었다. 아무도 없는 것을 확인하고 바위에 머리를 대고 하나님께 부르짖기로 했다.

"오! 하나님 나에게 자비와 긍휼을 베푸시옵소서. 하나님께서 우리의 피난길을 불 기둥으로 인도하여서 여기까지 왔나이다. 하지만 현재 수용소의 생활이 어렵고 막급하나이다. 네 자녀는 영양실조로 파리해 죽어가나이다. 어쩌면 좋사오리까? 하나님! 막다른 길에서 역사하옵시고 은총을 내려 주옵소서. 아멘."

너무나 다급한 상황에서 이런 기도를 드렸구나. 그날 얼마나 바위에 엎드렸는지 모른다. 헌데 바로 그 순간이었지. 마음이 답답한 것이 싹 가시면서 주님이 주시는 위로와 기쁨으로 충만하게 되었다. 그러면서 어디서 음성이 들려 왔어.

"너와 함께하리라. 지체 말고 나가 보라!"

그 음성을 들은 후 새 힘이 솟았구나. 그 힘으로 무엇이든지 이겨낼 것 같았어. 다음날 나는 호주머니를 털어서 고무줄 한 다발을 사가지고 무작정 밖을 나왔다. 성령님의 인도하심을 따라 걷다가 민가를 발견하면 고무줄을 팔았지. 그 값은 보리쌀로 받아 주었어. 이렇게 하여 그날 40리 길을 오고갔구나. 아무튼 여러 날을 이런 장사를 해서 우리는 다행히 건강을 유지할 수 있었던 거야. 글쎄 수용소 안에 공기가 탁한 데다가 영양실조로 각종 질환이 창궐하여 픽픽 쓰러져 죽는 사람이 많았는데 우리 사랑의 하나님은 이런 화를 피하게 하신 것이다. 그것을 '유월의 은혜'라고 표현하고 싶어.

애굽에서 고민하던 이스라엘 민족이 바로의 손에서 벗어나 해방이 된 것이 하나님께서 역사하신 유월절의 은혜이듯이, 우리에게 내리신 은혜가 그와 유사한 거야. 우리는 이처럼 좋으신 하나님을 모시고 사는 영광스런 하나님의 자녀란다.

그날 밤 어머니의 간증은 나에게 깊은 감명을 주었고 은혜가 되었다. 나는 양초의 불을 껐다. 별빛이 구멍 안 천장에서 찬란하게 빛났다. 우리는 새 집에 대해 감사하는 마음으로 뜨거워져서 찬송을 목이 아프도록 불렀다.

> 내 영혼아 여호와를 송축하라
> 내 속에 있는 것들아 다 그의 거룩한 이름을 송축하라
> 내 영혼아 여호와를 송축하며
> 그의 모든 은택을 잊지 말지어다
> 그가 네 모든 죄악을 사하시며
> 네 모든 병을 고치시며
> 네 생명을 파멸에서 속량하시고
> 인자와 긍휼로 관을 씌우시며
> 좋은 것으로 네 소원을 만족하게 하사
> 네 청춘을 독수리같이 새롭게 하시는도다.(시 103:1~5)

― 5 ―

한국전쟁은 지지부진했다. 중공군은 5월 공세를 마지막으로 잠잠해졌다. 그 가운데 심상치 않은 조짐이 일어났다. 1951년 6월 24일 이른 아침이었다. 유엔 주재 소련 대표인 야코프 말리크의 이야기가 전달되었다. 그것은 정전을 하자는 제안이었다.

소련은 한반도에서의 더 이상 피를 보고만 있을 수 없다.
교전 중간에 평화적 해결 방안을 모색하자.

이런 후에 휴전 회담을 제의했다. 이 뉴스는 전파를 타고 두루 퍼졌다. 이승만 대통령은 심히 못마땅한 표정을 지으며 격노를 금치 못했다.

"무슨 소리인가!"

대통령은 주먹을 쥐고 몸을 부르르 떨었다. 국무회의가 긴급 소집되었다. 회의장에도 각료들이 매우 침통한 표정으로 앉아 있었다.

"무슨 수단을 써서라도 휴전 회담을 반대해야 합니다."

이 대통령은 강한 어조로 말했다.

소련 대표 말리크의 휴전 회담 제의는 국제 정치 무대에서 전기를 불어넣었다.

아무도 예측할 수 없는 일이었다. 전국은 불안으로 치닫고 있었으며, 도처에서 휴전 회담을 반대하는 데모가 꼬리를 물고 일어났다. 신문에는 치열한 고지 쟁탈전이 계속 보도되었다. 전 전선이 고지 하나하나를 놓고 팽팽히 맞서고 있는 상태였다.

세계 전쟁 역사에서도 유례없는 전국(戰局)이었다. 휴전 협상이 판문점에서 열렸으나 협상은 열렸다 깨졌다 했다. 공산측의 농간으로 말미암은 것이었다. 휴전선을 긋는 것과 포로 교환의 절차 방법이 가장 큰 문제로 부각되었다. 즉, 공산측은 말도 안 되는 안을 내밀어 사사건건 말썽을 부렸다. 현 전선은 일체 무시하고 38선에 휴전선을 긋자는 제안이다. 그리고 쌍방의 포로는 무조건 싸잡아서 교환하자는 것이었다.

적은 자기 나름대로 속셈이 있었던 것이었다. 그 속셈은 뻔한 것이었다. 협상을 질질 끌어서 중공군과 북괴군을 재정비, 강화하기 위해 시간을 벌자는 속셈이었다. 하지만 유엔과 미군측은 휴전 성립만 서두르는 것 같았다. 공산측을 계속 협상 테이블로 끌어들이기 위해 지상군의 작전까지도 제안하기 시작했다. 그러면서 대규모의 진격 작전을 허락지 않았다. 가령 전선을 크게 밀어올릴 수 있으면서도 이 작전 제한에 묶여 현 전선에서 더 나가지도 못하는 실정이었다.

그러나 공산측은 달랐다. 도처에서 고지를 공격해 왔다. 휴전 협상은 유리한 고지를 차지하여 주도권을 쥐자는 것이었다. 그럴 때마다 아군은 방어 전투를 피해야만 했다.

중공군은 특히 우리 국군 부대가 지키는 고지를 택했다. 미군에 비해 국군의 화력이 약하기 때문이었다. 괴상한 전투가 벌어졌다. 한편으로는 협상을 하고, 다른 한편으로는 전투하는 기괴한 장면이었다. 전 전선의 산과 산, 계곡과 계곡에서 밤낮없이 포성과 총성이 울려퍼졌다. 이런 속에서 고지 정상의 주인공이 하루에도 수차례 뒤바뀌는 혈전과 사투의 연속이었다.

전세가 이러한 상황이므로 민심은 말할 나위가 없이 어수선했다. 국민은 누구를 믿고 살아야 하는지, 그것은 가히 망망대해를 항해하는 기선이 풍랑을 만나 방향을 잃고 헤매는 것과 다름이 없었다.

그럴 즈음 미국의 대통령 선거에서 공화당이 승리했다.

1952년 11월 4일, 미국 제34대 대통령 선거에서 한국 휴전을 선거 공약으로 내세운 아이젠하워 공화당 후보는 민주당 스티븐슨 후보에게 압승을 거두었다. 아이젠하워의 당선은 한국 전선에 새로운 입김을 불어넣었다.

아이젠하워는 12월 2일 서울에 도착했다. 전선 시찰은 4일로 통보되었다. 시찰 부대는 미 제3사단으로 예정되었다. 그 부대는 아이젠하워의 아들 존 아이젠하워 소령이 대대장으로 근무하고 있는 사단이었다. 그리고 아이젠하워는 가능한 한 한국군 사단을 직접 보고 싶어했다.

12월 4일은 날씨가 쾌청했으나 영하 10도를 밑도는 강추위였다. 아이젠하워는 이승만 대통령과 함께 두툼한 야전 파카 차림으로 전선에 도착했다. 미 제9사단의 사단장급 장군이 영접했다. 아이젠하워는 일선에 발을 디디는 순간 그 유명한 백만 불짜리의 미소를 잊지 않고 있었다.

망원경을 눈에 대고 고지 전방의 적진을 똑똑히 바라보는 아이젠하워의 얼굴은 무겁고 엄숙하게 보였다. 그는 곤혹스러운 얼굴로 다시 적진을 한참 동안 바라보았다. 아이젠하워는 3박 4일의 여정을 마치고 김포공항을 떠났다.

정확히 따져서 한국전쟁은 3년 1개월 2일, 18시간에 걸친 전투였다. 1950년 6월 25일 새벽 4시, 북괴 집단의 기습 남침 이래, 낙동강 다리의 후퇴 그리고 총반격과 압록강까지의 북진, 다음 중공군의 불법 개입으로 38선까지의 북한 철수, 촌토를 겨루는 고지 쟁탈전 그리고 7월 27일 오전 10시, 현재의 대치선을 휴전선으로 한다는 것이었다. 한국 민족으로서는 분통이 터지는 기막힌 일이 아닐 수 없었다. 그것은 참으로 허망한 것이나 다름이 없었다.

38선과 다를 것 없는 휴전선이었다. 강대국들에 의해 38선이 그어졌고, 이번에는 우리의 머리 넘어 휴전선이 그어진 것이다.

우리는 또 역사적인 사실을 보고 비감에 젖어 눈물을 삼켜야만 했다. 민족 분단의 비운을 맞이하게 된 것이다. 이 전쟁은 한국 역사상 가장 처참한 동족상잔의 비극이었다. 유엔측은 제1차 세계 대전의 전비에 해당하는 150억 불의 전비를 지출했다. 그리고 한국과 유엔측의 총사상자수는 33만여 명에 달하며, 공산측은 그 5배에 해당하는 180만에 이르렀다.

3년간의 혈전에서 국토는 초토화되고, 산업시설은 마비에 빠졌다. 더욱이 겨레의 염원인 민족 통일의 길이 더욱 어려워지게 되었다. 이 지경에 북한 피난민들은 더할 나위 없는 처참한 신세가 되었다. 고향에 두고 온 처자식, 혹은 부모를 잊지 못하여 울며불며 가슴을 태우는 이들이 많았다. 이처럼 전쟁의 상흔은 안으로 밖으로 확산되어 그 여운이 극심했다.

― 6 ―

한국전쟁의 휴전 협정 조인은 정부와 온 국민에게 각성과 생활의 일대 변화를 가져다 주었다. 그 해 정부가 환도하기에 이르자 이에 학교가 뒤따랐고, 이어 환도의 바람이 일기 시작했다.

서울 피난민들은 물론이거니와 북한 피난민들은 기왕이면 고향과 거리가 가까운 서울에 가서 생활의 뿌리를 내리겠다고 서둘렀다.

우리도 예외는 아니었다. 부산에서 생활의 터를 굳히어 살던 나는 바로 휴전 협정이 조인되던 해에 D대학에 입학 시험을 치르고 적을 두고 있었다. 나는 행운아였다. 울며불며 기도하여 배움의 길이 열리도록 기도하며 기다리던 중 뜻밖에 가톨릭 기관에서 장학금 혜택을 받게 된 것이다. 전쟁으로 배움의 길이 막혔으나 하나님께서는 다른 길을 예비하셨다가 길을 열어 주신 것이었다.

그 해 나는 공부하기 위해 가족과 떨어져서 청학동에서 살았다. 직장에 다니며 부지런히 부스러기 시간을 모아서 입시 준비를 갖추었다. 그 기간이야말로 나에게는 천금 같은 시간이었다. 세운 목표를 달성하기까지 총력전을 폈다. 아침, 저녁으로 영도교를 걷는 것 이외에는 두문불출하며 독학을 했다.

청학동은 바다가 훤히 보이는 동네였다. 창문을 열면 푸른 바다가 보이고 출렁거리는 파도 소리가 귓전을 쳤다. 바다를 보면 닫힌 마음이 확 열리고 넓어지며 통쾌했다. 그 동네에서 나는 갖가지 피난생활의 추억을 쌓았다.

부산의 영도교는 나에게는 잊을 수 없는 것이었다. 그 다리는 부산 시가지와 영도를 연결하는 교량으로서 길이가 퍽 길었다. 교량은 고정교의 중앙을 도개교로 하여 하루 두 번의 개폐에 의하여 선박이 통과하였다. 놀라운 것은 1천 톤급의 선박이 자유로 통항하게끔 되어 있으며 또한 다리 위에는 전차가 다니도록 시설이 완벽하다는 것이다.

"재치국 사이소. 맛이 정말 있습니다" 하는 재치국 장사가 있는가 하면 해삼, 멍게, 전복 등을 파는 장사치들로 더욱 법석을 떨었다.

부산의 명물은 뭐니뭐니해도 해산물이었다. 어쩌다 배가 출출하여 노상에서 사먹는 멍게 맛은 생긋하면서 입맛의 촉각을 돌우었다.

그러나 그 부산 특유의 멍게 맛도 환도 바람에 잊고 살았다. 천신만고 끝에 D대학 국문과 야간부에 입학했기에 학교를 따라 서울로 가게 되었다. 그 일로 나는 정든 집으로 돌아왔다.

그 사이 동생들은 꽤 성장했고 피난민 티가 벗어졌다.

"이만큼 된 것도 모두 하나님의 은혜야. 그러니 하나님께 감사해야지. 그리고 너는 어엿한 대학생이 되고……. 너무 과분하지."

어머니는 또 감사를 잊지 않았다. 피난생활 몇 년 사이에 어머니의 얼굴은 주름살이 더 잡힌 것 같았다.

"우리 걱정말고 어서 서울로 가서 공부를 계속하도록 하여라. 만사가 때가 있는 법이니라. 때를 놓치면 다시 잡을 수 없어."

생활을 염려하는 나에게 어머니는 용기를 불어넣어 주었다. 이어 성경에 근거하여 격려하는 어머니의 말에 나는 다시금 새 힘을 공급받았다.

> "첫째 달 초하루에 바벨론에서 길을 떠났고 하나님의 선한 손의 도우심을 입어 다섯째 달 초하루에 예루살렘에 이르니라"(스 7:9)

이 말씀에 사로잡힌 나는 감사의 눈물을 떨구었다. 에스라 선지는 하나님의 도우심을 입어 무사히 목적지에 닿은 것을 감사하여 받은 바 은혜를 간증하였다. 여기에서 에스라의 간증은 언제, 어디서, 어디까지 도착하였다는 그 사실보다도 누가 자기를 그같이 인도하셨는가에 대하여 밝히고 있었다.

바벨론에서 예루살렘까지의 거리는 520마일인데 그들이 이 거리를 통과하자면 무려 4개월이 걸렸다. 이렇게 그 여행에 많은 시일이 소요된 것은 그들이 험한 곳을 피하려고 직행하지 못했기 때문이다. 그 당시 사막 지방에는 강도들이 매복했다가 통과하는 대상(隊商)을 약탈하였다고 한다. 이런 험난하고 위험한 길을 에스라는 그 동행자들과 함께 신앙으로 군대의 호송을 거절하고 하나님께 기도하며 길을 떠났다.

그는 보이지 않는 하나님의 선한 도우심의 손길을 믿음으로 보았기 때문이다. 그 하나님의 손은 우주를 운행하는 손이며 선민 이스라엘을 인도하신 손이었다. 그런가 하면 그 손은 개인 한 사람 한 사람에 이르기까지 인도하시는 손이며 또한 그 하나님의 손은 인간에게 복을 주시는 손이다.

그 하나님의 선한 도우심의 손을 의식하고 믿었을 때 나에게는 두려움이나 망설임이 있을 수 없었다.

"넌 어디로 가든지 하나님의 손만 믿으면 된다. 이것이 신앙인의 무기야. 나나 너나 우리 생활 밑천이 오직 이것뿐이라는 것을 확신한다면 하나님께서 도우시고 은혜 주실 거야."

"네, 믿고말고요. 그렇게 될 것을 확신합니다."

나는 어머니의 말에 확신있게 대답했다. 딸의 이런 모습을 보고 어머니는 대견스럽게 여기며 환한 웃음을 지었다.

이른 봄, 나는 서울로 가려고 부산역으로 나갔다. 역 대합실은 귀향하는 사람들로 붐볐다. 그 중 학생들이 태반이나 되는 듯 보였다. 서울행 승차권을 끊었다. 개찰구에는 벌써 긴 열이 엿가락처럼 늘어져 있었으며 나는 꼬리를 찾아서 섰다.

잠시 후 승무원이 개찰구의 문을 열었다. 열차 출발 시간 30분 전이었다. 우르르 승객들이 개찰구로 밀려들어 수라장이 되었으나 나는 그 속을 용케 빠져나왔다.

곧 열차에 올랐다. 다행히 창문가에 자리잡은 나는 열린 창문을 통하여 밖을 무료히 내다보았다. 피난민 떼가 우르르 몰려오고 있었다. 그들의 얼굴은 수년간의 전쟁에 시달린 피곤함으로 이그러진 모습이었다.

이윽고 역 구내 스피커에서 경부선 열차의 발착 시간을 알리는 소리가 요란하게 들렸다.

"경부선 발차! 경부선 발차!"

그러자 육중한 열차가 움직였다. 옆에 앉은 사람이 말을 건넸다.

"어데까지 가시지요?"

그녀는 상냥하게 말하며 웃었다. 얼핏 보니 학생인 것 같았다.

"네, 서울까지 갑니다."

"길이 같군요. 동행하게 돼서 기뻐요. 난 서울이 집이에요. 댁도 서울인가요?"

"아뇨. 고향은 이북 평양이랍니다."

이 말에 그녀는 호기심이 동해서 더 접근하며 물었다.

"그럼, 북한 피난민이시군요. 서울에 친척이 많은가 보죠?"

"집도 친척도 아무도 없어요."

그녀는 이번에는 눈이 휘둥그레졌다.

"그럼, 누구를 믿고 서울로 올라가죠? 너무 대담하시고 용감하시군요. 난 몇년 간 부산에서 피난살이를 했지만 북한 사람들의 그 독립심에 놀랐어요. 가령 국제시장의 경우, 북한 사람들이 거의 상권을 휘어잡지 않았어요? 생활력이 강하더군요. 하지만 댁의 경우는 너무 막연한 것 같아요."

"그렇게 볼 수도 있겠지요. 하지만 나에게는 사람의 육안으로 볼 수 없는 저력(底力)이 있는 겁니다. 그것이 이를테면 '신앙'이라는 것이죠."

"예수를 믿는가요?"

"그렇죠. 예수를 믿는 그 믿음의 저력이 오늘의 나의 삶을 이끌어 왔으며, 풍요케 하며, 또한 승리케 했답니다."

이렇게 말하며 나는 트렁크 속에서 두툼한 성경을 꺼내어 폈다.

"내가 곧 길이요 진리요 생명이니……"(요 14:6).

그녀는 내가 가리키는 이 성경 구절을 작은 소리로 읽어 내려갔다. 그러면서 성경에 대한 관심을 갖는 것처럼 보였다. 이어 나는 그녀에게 성경에 대한 이야기를 들려 주었다.

"내가 살아온 생활의 저력이 바로 여기에 있습니다. 성경은 하나님 말씀입니다. 성경이 우리를 죄와 사망에서 구원으로 인도하며, 바르게 교훈하며, 삶을 풍부하게 하고, 새사람이 되게 하며, 천국으로 인도하는 것이랍니다."

이야기를 나누는 동안 열차는 어느덧 김천역을 통과하여 대전역에 도착하였다. 그녀는 내 말에 어느 정도의 기독교인에 대한 관심을 가졌노라고 했다. 하지만 한편 궁금한 것도 있는 모양이었다. 그러면서 그녀는 아무 말도 없이 서울로 믿음으로 향하는 나에게 일말의 의구심을 갖고 동정심으로 대하는 것 같았다.

대전역에서 잠시 정차한 열차는 다시 기적을 울리며 줄기차게 달렸다. 창밖을 내다보았다. 푸르른 하늘……. 그 하늘을 보고 나는 희망의 푸른 꿈을 꾸었다. 청운(靑雲)을 품고 서울로 향하는 나에게는 그 꿈이 하늘보다 높았다. 그리고 나는 믿음으로 불 기둥을 바라보았다.

"여호와께서 그들 앞에서 가시며 낮에는 구름 기둥으로 그들의 길을 인도하시고 밤에는 불 기둥으로 그들에게 비추사 낮이나 밤이나 진행하게 하시니 낮에는 구름 기둥, 밤에는 불 기둥이 백성 앞에서 떠나지 아니하니라"(출 13:21~22).

불 기둥! 그 기둥은 서울로 향하여 가는 나에게 유일한 길이요, 그리고 나를 사랑하는 하나님의 표징이었다.

6·25 한국전쟁은 남북한 모두에게 치명적인 타격을 주었다.

남한은 약 100만 명이 죽거나 다쳤고 대부분의 산업 시설이 파괴되었다. 이에 비하여 북한은 총인구 950만 중 약 300만이 죽거나 다쳤고 산업 시설은 완전히 파괴되었다. 이처럼 한국전쟁의 상흔은 더할 나위 없이 비참했다.

전쟁을 도발한 북한은 산업시설의 완전 파괴로 회복의 가망이 전혀 보이지 않았다. 미국은 북한이 100년의 세월이 흘러도 두 번 다시 일어나지 못할 것이라고 공언했었다.

1953년 7월 27일, 유엔군 대표로 미국의 해리슨 소령과 북한 대표로 남일 중장이 5조 63항으로 된 휴전 협정을 선언하였으나 전쟁으로 말미암은 상흔은 쉽게 사라지지 않았다.

서울은 황량했다. 전쟁의 상흔이 그대로 남아 있었다. 거의 폐허가 된 거리에 무장한 군인들의 모습이 보였고, 민간인이라고 해도 남루하고 허기진 창백한 모습이었다. 밤이면 외등조차 없는 삭막한 거리로 왕래하는 사람이 없고, 아침이 되면 어느 집에 강도가 들었다는 소름끼치는 소문이 들리기도 했다. 그후 환도의 바람이 일고 서울을 찾는 사람들이 증가하면서 활기를 찾는 듯 보였으나 역시 전쟁의 상흔은 여전했고, 설상가상으로 생활고의 위협이 따랐다.

그 지경에 일터를 구한다는 것은 하늘의 별 따기처럼 어려웠다. 그러다 보니 실직자가 늘어나면서 생활이 최하위에서 허덕이게 되었다. 이처럼 생활의 곤경은 도회지만이 아니라 농촌에서도 역시 마찬가지였다. 환도 후 여러 해가 지났으나 서울 거리는 가난한 군상들의 모습으로 암담해 보였다. 전쟁으로 파괴되고 폐허가 된 건물과 거리는 언제 복구될지 막연하게만 보여졌다.

그러나 서울 남대문시장의 도깨비시장만은 예외였다. 그 시장에는 가난에 짓눌린 사람들이 모여들었다. 도깨비시장에는 미군들이 먹다 남은 깡통의 부스러기를 모아서 끓인 잡탕이 있었는데, 그 속에는 고깃덩이가 가미되어 영양가도 있어 사람들의 구미를 자극했다.

"싸구려 고기 잡탕국……."

그 맛을 음미하고 사람들이 모여들어 도떼기시장을 방불케 했다. 그런가 하면 싸구려 구호품도 역시 마찬가지였다. 세계 각 나라에서 이재민을 위한 구호품이 공공기관에 전달되었는데 그런 물품들이 싸구려 시장에도 나와 있어 호기심을 자극했다. 값싼 물건이 많이 있어 마음 놓고 선택할 수 있기 때문이었다. 그래서 그 당시 남대문 도깨비시장은 서울의 명소로 등장했던 것이다.

어느 저명한 교수가 유럽을 일주하고 나서 대학 강의실에서 눈물을 글썽거렸다.

"왜, 우리는 못삽니까? 유럽 몇 나라를 가 보았는데 나라도 안정되고 먹거리가 풍부해요. 그러나 우리나라는 가난에 허덕이고 있습니다."

그는 이런 말로 계속 눈시울을 붉혔다.

"우리도 잘살아 봅시다. 가난을 훨훨 털어버립시다."

그 교수의 말에 학생들은 숙연해졌다.

경기도 광주군 동부면에는 꽤 오래 전부터 해괴스런 마을이 있어 주목을 끌었다. 황산리라는 마을이다. 그 이름의 뜻 그대로 '누렇게 황폐된 땅'이었다. 이런 땅에 씨앗이 자랄 수 없어 오랜 세월 동안 방치해 두었던 곳이었다.

그러다가 일제가 우리나라를 침략 통치했을 때에 금세 동네 이름을 바꾸었다. 일제 관리는 기발한 아이디어를 고안해 냈다. 황산은 망조의 이름이니, 풍산이라고 개명하여 부르도록 한 것이다. 우리나라의 땅은 어디를 둘러보나 황산이었다. 아니 산만이 황산이 아니라 들도 마을도 온통 황야, 황촌이었다. 토지는 완전히 산성이며 밭에 심겨진 식물도 길가의 잡초도 산의 나무까지 제대로 자란 것들이 없었다.

이처럼 그 기원을 알 수 없는, 오랫동안 황폐하여 방치해 두었던 땅에서 김용기(金容基) 장로는 황무지를 개간하여 가나안 농군학교를 세웠다. 혹은 가나안 농군학교를 '만 평짜리 공화국'이라고 부르기도 한다.

가나안(Canaan)은 젖과 꿀이 흐르는 땅이다. 지금의 팔레스타인의 옛 이름으로 여호와께서 믿음의 족장인 아브라함에게 약속하신 땅이었다.

김용기 장로는 그가 밟은 황무지를 가나안 땅과 같이 젖과 꿀이 흐르는 살기 좋은 곳으로 만들어 보려고 굳은 결심을 했다. 이렇게 하여 시작한 것이 가나안 농군학교였다.

1960년대 가나안농군학교의 운동은 전국으로 확산되어 갔다.

그 시기에 나는 가나안 농군학교로 갔다. 많은 기대를 걸고 갔던 터에 입소 후 교육과정을 마칠 때까지 김용기 장로에 대하여 깊은 존경심을 갖고 지켜보았다. 그 즈음 김용기 장로의 인기는 절정에 다달았다.

1966년 8월 필리핀에서 라몬 막사이사이 사회봉사상의 수상 소식과 더불어 박정희 대통령의 가나안 농군학교 시찰은 수많은 사람의 관심거리가 되었다. 그 당시 박정희 대통령이 국가재건최고회의 의장으로 있을 때에 최고회의 의원 전원과 장관 전원, 그리고 국내 신문기자 26명을 대동하고 왔다. 약 두 시간쯤 농장을 둘러본 대통령은 무거운 입을 뗐다.

"이 가정, 이 농장은 우리에 앞서 이미 혁명을 했습니다. 우리 국민이 모두 이렇다면 우리나라의 후진성이 급속히 사라지게 될 것입니다."

그랬던 만큼 뜻있는 사람들의 선망의 대상이 아닐 수 없었다. 그런 시기에 가나안 농군학교에 입소한 전국의 학생들은 약 60명을 헤아렸다. 여자의 수보다 남자의 수가 훨씬 많았다.

새벽에 일찍이 일어나면 김용기 교장을 선두로 하고 1만 평 대지의 농군학교 운동장을 구호를 외치며 달리는 것으로 하루를 시작했다. 60세가 가까운 김 교장이 국방색 군인복 차림에 고무신을 신고 기수가 되어 선두에서 달리면, 전교 학생이 기수를 바라보고 달렸다. 이렇게 쉬지 않고 연거푸 몇 바퀴를 돌면 숨이 헐떡거리고 다리가 뻐근하여 쓰러질 것만 같았다.

"자. 어떻소? 제군들! 우리가 새벽마다 뛰는 것은 무의미한 운동이 아니오. 이 이야기를 들어 보시오."

그는 학생들을 운동장에 집합시켜 놓고 일장의 훈시를 한다.

"우리나라는 과거 일제의 식민지 생활로 후진국의 탈을 벗어나지 못하고 있소. 그것은 심각한 문제라오. 선진국인 미국에 100년이 뒤져 있고 일본에 20년이 뒤져 있어요. 그러니 우리나라가 이들과 어깨를 나란히 하여 선진국이 되려면 그 사람들은 걷고 있을 때 우리는 뛰어야 해요."

그의 카랑카랑한 목소리가 새벽의 정적을 깨뜨렸다. 이런 훈육의 시간이 끝나면 교내 채플실에서 예배를 드린다.

예배 후에는 청소와 식사를 위한 자유시간으로 훈련생들은 펌프장으로 우르르 모여들기 시작한다. 이 시간이면 가관스러운 장면이 연출된다. 그것은 가나안 농군학교 학생이라면 꼭 실천할 사항이다.

남자는 세수할 때 비누 한 번은 문지르시오.
여자는 세수할 때 비누 두 번은 문지르시오.

가난한 나라이므로 비누까지도 절약하여 사용해야 한다는 것이 김 교장의 지론이었다. 가령 이 훈시를 무시하면 낙제생이다. 점심 식탁에는 농장에서 직접 만들었다는 식빵이 놓여 있다. 잼도 가나안 농장에서 딸기를 따서 직접 만든 것이다.

김 교장은 식사 시간도 절제하기 위해서 식사와 어울리는 훈화로 할 때가 있다.

"식사 자세도 바로하시오. 식탁을 뜨기 전에 빵 부스러기까지도 주우시오."

그 순간 60여 명의 빵부스러기를 한데 모았더니 그것이 적은 양이 아니었다.

"예수님의 말씀을 기억합시다. 성경을 펼쳐 보면 알게 됩니다. 보리떡 다섯 개와 물고기 두 마리로 5천 명 군중을 먹이신 주님은 떡부스러기도 모으라고 분부했답니다. 그랬더니 열두 광주리 부스러기가 나오지 않았습니까? 우리는 예수님 말씀을 몸소 실천해야 합니다."

며칠 후 식탁에 앉았더니 빵 부스러기로 만들었다는 고추장이 나와 미각을 돋우었다. 그는 입으로만 외치는 애국자가 아니라 나라와 국민을 사랑하는 마음으로 몸소 실천하는 절제운동가라는 것을 알고 흐뭇했다.

김용기 장로의 개척자로서의 '가나안 운동'은 그 당시 우리나라에서 들불처럼 번져 갔다. 그러면서 가나안 운동과 걸맞게 새마을 운동이 전개되었다.

"가난을 몰아내자!"

"우리도 잘살 수 있다!"

그런 중에 박정희 대통령의 정책의 일환으로 해외 이민이 실시되었다.

Ⅶ. 태평양을 가로지른 무지개

— 1 —

우리나라는 극도로 빈곤했다. 그러자 박정희 대통령이 직접 나섰고, 당시에 최초로 취업 이민이 실시되었다. 우리나라에서 독일 취업을 정식으로 공고하고 이를 추진한 것은 1963년부터였다. 그 해 가을 광산 근로자들 중 제1진이 독일에 진출하였다.

1970년을 마지막으로 독일 광부 진출이 끝났다. 이어 간호사들의 진출이 광산 근로자의 뒤를 이어 독일 교민사회에 큰 획을 그었다. 그 무렵 정부간의 계약으로 정식으로 진출한 간호사들의 수가 무려 1만 명으로 추산되고 있다.

"아무렴. 독일 땅만 밟으면 라인 강의 기적을 맛보게 될 걸세. 그러면 가난도 훌훌 털어버리게 될 것이오."

그 당시 파독 광부를 열망하는 사람들에게서 흘러나온 말이었다. 파독 광부들은 가난을 탈피하기 위해 위험을 무릅쓰고 갱 속으로 들어갔다. 수백, 수천 미터 아래 갱 속은 열기로 가득하여 목이 탔다. 40여 도가 넘는 지열과 싸우며 일하다 보면 땀이 이슬처럼 흘러내렸다. 이렇게 생명의 위험을 무릅쓰고 번 돈으로 그들은 절약하여 가족을 부양하고 나머지는 고국으로 모두 송금했다.

그런가 하면 또 하나의 특수한 족속이 있었다. 그것이 이른바 한국에서 온 간호사들이었다. 독일의 간호사들은 캡을 쓰지 않는다. 세계간호사협회에 등록을 하지 않아 회원국이 아니기 때문이다. 한국의 간호사들은 독일의 풍습에 의해 캡을 쓰지 않았지만 더욱 아름다워 보였고 억척스럽게 일하는 모습이었다. 그들은 낯설고 물설은 외국 땅에서 불철주야 땀 흘려 번 돈을 거의 고스란히 한국에 송금했다. 파독 광부와 간호사들에게는 뜨거운 애국애족의 정신이 있었고 이를 온몸과 삶으로 발휘하고 있었다.

— 2 —

브라질(Brazil)은 우리나라로서는 남미(南美) 최초의 이민국이었다. 라틴 아메리카에서 가장 큰 땅덩어리를 차지한 브라질은 러시아, 캐나다, 중국, 미국에 이어 세계에서 다섯 번째로 넓은 영토를 가진 나라이다. 그 면적은 우리나라의 65배나 되며 총인구는 1억 5천만 명이다.

상파울로의 인구만 해도 1천5백만 명을 헤아리고 있다. 광대한 국토에는 풍부한 자원이 있으며 농작물, 그리고 산림자원이 노다지 현상을 나타내고 있다. 한국 정부는 풍요로운 땅 브라질에 이민 정책을 펴고 이를 적극 권장하였다.

한국 정부로서는 남미에 진출하는 최초의 이민인 만큼 큰 의미를 두고 심혈을 기울였던 터에 사회적 관심도 컸었다. 그 무렵 한국 정부에서는 보사부 차관을 현지에 파견하여 이를 추진토록 하고, 현지 답사와 교섭을 위해 브라질로 갔다. 현장에서 여러 달을 체류하면서 이민의 길을 여는 작업을 진행했다.

일행을 인솔하고 한인 이민자들이 정착할 농장 답사를 위해 잠자리 비행기를 탔다. 그 비행기 조종사는 컴퍼스와 자 하나만 가지고 조종을 했다. 일행은 비행기에 탑승하던 순간부터 불안했다. 예정시간이 훨씬 지났는데도 농장이 보이지 않았다. 조그마한 잠자리 비행기는 균형을 잃은 것처럼 좌우로 흔들거렸고 아슬아슬한 비행 끝에 농장 부근의 비행장에 도착했다.

답사원들은 눈을 크게 뜨고 농장을 살펴보았으나 선뜻 마음이 끌리지 않았다. 농장이라고 하나 경작하고 있는 파인애플, 벼, 옥수수 등이 신통하게 보이지 않았다. 다시 다른 농장으로 갔다. 상파울로 근교에 있는 '카본 보니또' 에 가 보기로 했다. 거기서 배밭, 배추밭 등을 돌아보고 깡통으로 냇물을 퍼서 먹어 보았으나 쓴 맛이 있었다. 그래서 다시 다른 농장을 물색하여 한국 이민자들에게 맞는 농장을 선정하기 위해 고심했다.

적당한 농장이 정식 문서로 성사되기까지 이민을 위한 선행 작업이 수월하게 추진된 것은 아니었다. 이렇게 하여 상파울로 근방을 농업 정착지로 정하고, 명목상의 농업 이민이 추진되기에 이르렀다.

그 시기에 한국적 상황에서 이민을 선망하는 사람들이 적지 않았다. 이런 과정을 경유하여 선정된 사람들이 1962년 11월에 화물선박 찌짜렌카 호를 타고 이민길에 올랐다. 브라질 제1차 이민단은 17세대로 103명이었다.

긴 항해 끝에 그 이듬해인 1963년 2월 12일에 브라질 산투스 항에 도착했다. 그들은 지정된 농장에 입주하려고 했으나 지권이 불명확한 데다가 토착민의 반대로 입주하지 못하고 분산하여 세 개 지역 농장에 정착하였다. 이렇게 하여 농경지를 경작했으나 고생이 막심하였다. 농장에서 일하면서도 마음의 갈피를 잡지 못하고 우왕좌왕하여 안절부절못했다.

"브로커들한테 농락당한 것이지요."

"돈 주고 속고, 이게 무슨 고생입니까?"

생소한 이역 땅에 처음으로 도착한 이민자들은 이런 말을 주고받으며 땅이 꺼지도록 한숨을 몰아쉬었다. 그들 중에는 심지어 한국으로 다시 돌아가겠다고 결심하는 사람도 있었다. 이쯤 되자 가정 불화가 꼬리를 물고 이어졌다. 그들 곁에는 신앙이 돈독한 크리스천이 있었다. 그가 사태를 지켜보고 있다가 불쑥 입을 열었다.

"여러분, 진정하시오. 만사가 순간에 이루어지는 것은 아닙니다. 좀 시간이 흘러가야 합니다. 좌우간 당신들이 이곳 브라질에 오신 것은 잘 선택한 것입니다."

그는 교민 속에 뚫고 들어가 일목요연하게 말을 이었다.

"기후가 좋습니다. 과일이 풍부합니다. 인종 차별이 없습니다. 교육을 많이 받고 있으니 쓸 만한 기회가 있습니다."

그는 브라질에는 복 받은 사람만이 이민왔다고 설득했다. 그랬더니 술렁이던 사람, 후회하던 사람들이 위로를 받으며 답을 얻는 듯 보여졌다.

그런 중에 교인들에게 가장 시급한 것은 하나님께 예배드릴 제단을 쌓는 일이었다. 그 무렵 브라질에는 한인교회가 하나도 없었다. 설사 기독교인이 있다고 하더라도 백인 교회나 원주민(原住民) 교회에 가서 예배드릴 형편이 못 되었다.

"그러니 신앙심이 좋은 분이 나서서 교회를 설립하고 예배를 드려야지요."

교민 사무실에서는 이런 말이 있었으나 말뿐이지 감히 엄두조차 낼 수 없는 것이었다. 이에 초기 이민자들은 혹시 교민 중에 목사가 있는가 하여 힘써 찾아보았으나 예배를 인도할 지도자가 없었다. 그러나 그들은 낙심치 않고 하나님께 기도로 부르짖기 시작했다. 기도하면서 그들은 믿음으로 뭉쳐서 한인교회를 세우기로 뜻을 모았다.

브라질의 선발대로 이민 온 교민들은 상파울루를 중심으로 여러 곳으로 흩어져 살았으며, 서울농장에 입주한 교민수는 불과 7세대였다. 그런데 그들은 거의가 기독교 신자로 청교도처럼 신앙이 불타고 있었다. 누가 무엇을 하자고 제의한 것도 아니련만 서울농장 식구들은 그리스도 안에서 뜻이 일치하고 뭉치고 뭉쳤다.

그것은 흡사 청교도와도 같았다. 그리하여 자발적으로 일어난 것이 교회 건축이었다. 서울농장의 교민들은 연장을 짊어지고 숲속으로 들어갔다. 심지어 어린이들까지도 힘을 모았다. 이렇게 하여 서울농장에 한국 청교도의 불이 점화된 것이다.

16세기 후반에 영국의 청교도들은 신앙의 자유를 찾아 네덜란드를 거쳐 아메리카로 갔다. 당시 로빈스 목사의 인도로 아메리카로 간 사람은 남자 83명, 여자 24명, 합쳐서 102명이었다. 그들이 오늘날 미국 합중국을 세우는 건국의 시조가 되었고, 청교도들이 아메리카의 땅을 밟자 먼저 시작한 것이 성전 건축이었다. 3주일 동안 나무를 산에서 베어 오고 닦고 다듬어서 통나무교회를 세웠다. 그렇게 하여 먼저 하나님께 예배를 드렸던 것이다.

이것이 청교도의 신앙이라면 브라질 농장 교민 역시 그러했다. 믿음의 족장 아브라함은 갈대아 우르를 떠나라는 하나님의 명령에 순종하여 디아스포라의 행군을 시작할 당시 갈 바를 알지 못했으나 하나님의 선하신 손길을 따라가는 곳마다 제단을 쌓아 하나님을 경배하였다. 그러기에 청교도의 신앙을 아브라

한국전쟁 당시의 피난민 행렬

함을 본받은 신앙행위의 발로라고 하는 것이다.

그 해 서울농장에는 첫 사업으로 성전 건축의 역사가 일어났다. 서울농장은 교민들이 산 땅이 아니라 세를 주고 빌린 것인데, 이러한 형편에서도 우선 하나님께 예배드릴 예배당부터 짓는 공사가 시공된 것이다.

교회당을 짓는 동안 누구 한 사람도 불평하는 사람이 없었다. 교회를 짓는 재목은 꼿꼿하고 깨끗해야 한다고 해서 숲속에 가서 재목감을 골라서 나무를 찍고 껍질을 벗겼다. 흙벽돌은 풀을 뜯어서 흙과 배합하여 벽돌 크기만큼 찍었다.

이런 작업을 종일 계속하자면 손이 까칠해진다. 또 땀 닦은 수건도 젖어서 수도꼭지의 물처럼 떨어지기 때문에 쥐어짜야만 했다. 게다가 브라질의 기후는 우리나라와 반대쪽이므로 남쪽은 춥고 북쪽은 덥다. 기후의 변화가 심하여 새벽에는 춥고 아침에는 따뜻하지만 낮에는 뜨겁고 밤에는 시원한, 이를테면 춘하추동(春夏秋冬)이 하루 속에 있다.

그런가 하면 브라질에서 경계하고 방어해야 할 곤충이 있어 사람들에게 고통을 주었다. 그것은 벌과 비셔라는 곤충이었다. 브라질의 벌은 평양(平壤) 양밤만한 벌로 독침이 있어, 사람이나 짐승이 이 벌에게 쏘이면 죽는다는 것이다. 이 벌은 날아다닐 때 붕붕 소리가 난다.

비셔는 일종의 벌레로서 사람들이 입는 옷에다 알을 까는데 그 알에 독침이 도사리고 있다. 버셔는 세탁한 옷을 밖에 널면 영락없이 그 옷에 알을 깐다고 하며, 이에 원주민들은 빨래한 옷을 부지런히 다림질을 하여 입는다. 알을 살균하기 위하여 숯불을 피워 다림질을 하는 것이다. 만약 비셔의 알이 인체에 들어가면 몸에 털이 나서 찔리고 종당에는 수술을 해야 하는 지경에 이른다.

또 하나 사람을 해치는 것이 있다. 그것은 방울뱀이다. 이 뱀은 독사의 일종으로 기어다닐 때 방울 소리가 난다고 해서 방울뱀이다. 이처럼 서울농장이 있는 지역에는 기후의 변화와 곤충과 뱀의 위험이 도사리고 있어 신경을 곤두세워야 했다.

이런 지역에 한인 최초의 한인교회당이 세워지게 된 것이다. 여러 가지 주변의 악조건을 무릅쓰고 성전 건축에만 전념하고 있던 중 한 어린이가 소리쳤다.

"저기, 저기에 물이 있어요. 내가 분명히 보았는걸요."

"그래, 어디에?"

그 어린이가 가리킨 곳으로 가 보았더니 과연 거기에 물이 흥건하게 젖어 있었다.

"어이, 횡재다. 샘물이야."

"와 젖줄이다!"

그것을 보고 광야에서 오아시스를 만났다고 기뻐했다. 여기 농장에는 우물이 없어서 식수난으로 고생이 심했으나 성전을 건축하게 되자 하나님께서 샘터를 허락해 주신 것이다. 이런 축복 속에 성전 건축의 역사가 진행되었고 마침내 성전이 완공되었다. 그 교회를 서울농장교회라고 명명하였고, 첫날 25명이 모여 하나님께 예배를 드렸다. 그때가 1963년 10월경이었고 브라질에 한인 교포가 이민의 삶을 시작한 지 꼭 4개월 만의 일이었다.

그런가 하면 한편 상파울루 시내로 슬금슬금 빠져나온 한인들은 막노동을 하거나 땅을 일구어 농사를 짓는 것보다 행상업을 선호했다. 이렇게 하여 한인 교민들의 '번데' 행상이 시작되었다. 번데는 보자기 행상을 말하는데 이민 초기에 여인들의 업종으로 등장하였다.

'번데꾼'이라면 외관상 천시하고 하찮은 직업 같았으나 잘만하면 많은 수입을 올릴 수 있는 행상이었다. 그러기에 처음 이민을 온 사람들에게는 인기있는 직종으로 선호의 대상이 되었다. 이민 초기 1970년대 초에는 상파울루에서 번데를 했던 한인교포의 수가 무려 600명을 능가했다.

번데상들은 자기들의 지역에 다른 행상이 침범하지 못하도록 방어진을 치기도 했다. 그래서 번데업을 하는 사람들을 향해 무성한 소문이 남발하기도 했다. 말이 쉽지 이역 땅에서 번데업을 한다는 것이 얼마나 어려운 일이겠는가? 언어의 장애, 문화적인 차이 등에서 비롯되는 고충이 이만저만이 아니었다.

가가호호를 방문하여 번데업을 하자면 사전 훈련이 필요했다. 브라질 사람들의 심성(心性)을 이해해야 하며, 브라질의 언어를 알아야 했다. 그 지경에 번데 행상들은 손바닥에 필요한 용어를 써서 외우며 그 단어를 사용했다.

"봉지아."(좋은 아침입니다)

"왓나리게."(좋은 오후입니다)

"쓰니야."(보기만 하세요)

이런 말을 수없이 하며 종일 이집 저집 기웃거리며 행상을 했으나 한 점의 옷도 팔지 못하는 날에는 땅이 꺼지도록 한숨을 몰아쉬었다. 그렇다고 번데업을 포기할 수도 없었다. 이런 생활을 계속 반복하던 번데상들은 차차 익숙해지면서 요령도 생겼다.

한 집을 정하고 초인종을 누르면 문이 열린다. 그러면 이때다 싶어 발부터 안으로 성큼 내디딘다. 그러면 주인은 어쩔 수 없이 번데상을 맞아 주었다. 이렇게 하여 안으로 진입하면 행상 보따리를 풀어놓는다. 이렇게 하여 안주인과의 대화로 흥정이 진행된다.

"쓰니야."(보기만 하세요)

차츰 언어가 익숙해지면서 번데업이 활기를 띠게 되었다. 몇 년 후에는 집도 장만하게 되었을 뿐만 아니라 직접 제품공장을 장만할 수 있게 되었다.

상파울루에는 한인들이 경영하는 양대 의류 도매 지역이 있다. 본 레티로(Bon Retiro)와 오리엔트(Oriente)이다. 이 양 지역을 기점으로 한인 가게가 무려 3천 개를 헤아리고 있다. 이 같은 숫자는 상파울루의 의류업계 90퍼센트를 점하고 있다. 이 두 지역에 한국인 의류상가가 형성되었고 간판도 한국어 표기로 되어 있는 것을 볼 수 있다. 그래서 70년대 이전에 터줏대감 격이었던 유태인이 의류업계에서 거의 사라지고 한국인 의류업계가 그 정상에 오른 것은 정녕 놀라운 일이 아닐 수 없다.

상파울루의 한인 의류업계는 흡사 전쟁터를 방불케 한다. 최신 유행 모델로 불타나게 경쟁을 하는 것이다. 그러다 보니 최신의 모델을 구하려고 프랑스 파리로 왕래하는 한인업자도 부쩍 늘어났다. 상파울루의 총인구가 1천5백만을 헤아리고 있다. 그 중 한인 교민의 수는 적은 수에 불과하지만 브라질에서 단연 두

뇌가 우수한 민족으로서 국위를 선양하고 있다.

— 3 —

파라과이(Paraguay)는 브라질에 이어 남미에서는 두 번째로 진출한 이민국이다. 1965년 2월 27일 파라과이 이민의 장이 열렸으나 그 행로의 여정은 순탄치 않았다. 선편으로 파라과이에 가려면 현해탄을 건너 인도양, 홍콩, 중국, 그리고 아프리카를 경유해야 했으므로 목적지에 도착하는 데에 거의 두 달이 소요되었다.

파라과이는 남아메리카의 중부에 위치한 나라로 아르헨티나, 브라질, 볼리비아에 둘러싸인 내륙국이며 '낭만의 나라'로 불린다. 남회귀선이 국토 동부지역의 북쪽을 지나가는 파라과이는 전체적으로 아열대성 기후를 나타내고 있어 여름이 길고 겨울이 짧다.

여름은 11월에서 3월까지로 평균기온 섭씨 31.35도이지만 42도까지 급상승할 때도 있다. 봄은 9월에서 10월 사이이고 가을은 4월에서 5월까지이며, 기온의 변화가 극심하여 사철옷을 준비하고 살아야 한다. 이럴 때 거리에 나가면 과연 파라과이의 진풍경을 보게 된다. 거리에는 여름옷을 입은 사람과 털외투를 입은 사람들이 동시에 다니는 모습을 볼 수 있다.

아순시온(Asunción)에서 이과수(Iguacu) 폭포까지는 차로 다섯 시간쯤 소요된다. 그 지역을 차로 달리다 보면 진귀한 모습을 보게 된다. 질펀한 들판에 볼록 솟은 개미집이 있다. 일명 독개

미라고 하는데, 그 개미에게 물리면 생명의 위협까지 받게 된다고 한다. 언젠가 한인 교포 여성이 그 독개미에게 물려서 일대 소동이 벌어진 적이 있었다. 금세 전신이 퉁퉁 부어서 병원에 가서 응급치료를 받고 겨우 소생했다는 것이다.

또 하나는 들판에서 유유히 활보하는 황소 떼다. 그 소들은 들녘에서 유유히 풀을 뜯어 먹고 있다. 파라과이에는 들소가 유난히 많다. 파라과이 총인구는 4백만 명인데, 들소는 4천만 마리 정도가 된다고 하니 이는 전체 인구의 10배가 넘는 숫자이다.

육류를 주식으로 하는 파라과이는 육류가 남아돌아 해외에 수출할 정도이다. 파라과이는 육류, 산림, 광물 등이 풍부한 나라이다.

파라과이 이민의 초기 과정은 한마디로 비참한 것이었다. 정식으로 양국 정부 사이에서 이민이 성사되기보다는 브로커에 의해 이루어진 만큼 준비가 허술했던 것이 사실이었다. 브로커의 말을 믿고 이민 온 한인들은 이역의 하늘을 망연자실하게 바라볼 뿐이었다. 그 지경에 그들의 허탈감이란 말로 형언할 수 없었다.

최초의 파라과이 이민은 1965년 2월 27일 부산항을 출발한 농업 이민 선발대 70명과 이민 예정 가족 대표 25명으로 시작되었다. 그들은 네덜란드 국적의 여객선을 타고 부산항을 출발한 지 45일 만인 그 해 4월 22일에 파라과이 땅을 밟았다.

그러나 현실의 사정은 막막했다. 그들은 애당초 농업 취업 이민으로 왔으나 한국 정부로부터 뒷받침을 받지 못했을 뿐더러 역시 파라과이 정부에서도 이들에 대한 준비가 없었으므로 그

고충은 이루 말할 수 없었다. 농지 개간의 부푼 꿈을 가지고 한국에서 곡괭이와 삽을 연장으로 가지고 왔으나 농업 방법이 파라과이에서 먹혀들어가지 않았다. 이민 브로커에 의해 배당된 농지라고 해봐야 잡초투성이의 황무지였다.

한국인 특유의 배짱과 오기로 농지를 개간하려고 했으나 역부족이었고 이에 수반된 악조건이 한두 가지가 아니었다. 그럴 무렵 지녔던 비상금이 바닥이 났다. 그 지경에 누구를 믿는다는 것도 어리석은 노릇이었으므로 그들은 어쩔 수 없이 생활의 방편으로 그 황무지를 슬금슬금 빠져나오기 시작했다. 그리하여 정착한 곳이 파라과이의 수도 아순시온(Asunción)이었다. 호구지책으로 한국에서 가져온 옷가지를 팔아서 연명했다.

그러다가 그들은 아이디어를 구상해 냈다. 몇 가지 남은 옷들을 가위로 오려서 조각을 냈다. 그리고는 본을 만들어서 옷을 만들었다. 그것이 한국인의 손에 의해서 만들어진 옷가게였다. 봉제업에 대한 기술이 전혀 없었던 그들이 벽에 부딪힌 막다른 골목에서 창출한 직업이었다.

이렇게 해서 옷을 만들었지만 처음부터 규격에 맞고 품위 있는 제품이 될 수는 없었다. 그러나 그런 대로 잘 팔리고 차츰 넓은 시장을 개척할 수 있게 되었다. 그리하여 그들은 서자와 같은 서러움을 딛고 일어섰다.

그 무렵 한인 이민자들이 이어졌고, 그 수는 점차적으로 증가했다. 그들의 직업은 다양했다. 봉제, 양제업, 양품점, 전자상회, 식품점 등이었고 오늘의 풍요를 이루게 되었다. 그 사이 한인 이민자의 수가 격증하다 보니 한인의 협동과 저력을 과시하는 한인회가 필요했다. 결국 한인회가 발족되어 활기를 띠었다. 파라과이 한인 교민수는 약 1만 명으로 3천 세대쯤 된다.

남미권에 속해 있는 파라과이는 브라질, 아르헨티나에 이어 한인 교포수가 극히 적지만 원주민 선교의 문이 활짝 열려 있다. 파라과이는 원래 가톨릭이 국교이지만 혁명 정부가 들어서면서 법적으로 가톨릭을 없애버렸다. 그러기에 개신교 선교의 포문이 열린 상태이다.

1984년에는 아순시온 교회가 원주민 선교를 향한 포문을 열었다. 아순시온 교회가 급성장을 하자 원주민 선교에 총력을 쏟기 시작했다. 처음에는 원주민 교회를 간접 지원하다가 직접 지원하는 식으로 원주민 선교를 확대시켜 나갔다.

이렇게 시작한 원주민 선교는 10년 사이에 열 곳의 교회를 개척할 정도로 그 규모가 커졌다. 원주민 교회는 주일예배를 오전에 드리는 교회가 있는가 하면 오후에 드리는 교회도 있다.

또한 1987년 7월 27일에 의료선교단 발단식을 갖고 의료 선교 활동을 펴기 시작했다. 열 곳의 원주민 교회를 순회하며 약을 주고 환자를 치료해 주고 있으며, 원주민들에게 열렬한 호응을 받고 있다.

파라과이 아순시온 시에는 남미(南美)에서 유명한 한국학교가 우뚝 서 있다. 이 학교는 교민과 한국 정부의 지원을 받아 건립되어 교민들의 자녀들에게 한글을 가르치며, 민족의 얼을 심어 주고 있다. 파라과이에 살던 한 학생이 한국에서 모이는 세계 교환 한국학생 대회에 참석하였다. 그 모임에서 그 학생은 한국어를 잘 구사하여 최고의 점수를 취득했다. 그러자 주최측에서 인터뷰를 했다.

"학생은 파라과이에 살면서 어떻게 그렇게 한국말을 잘하게 되었습니까?"

"파라과이 수도 아순시온에는 한국학교가 있고, 교회에서는 한국말로 예배를 드리고 성경 공부를 합니다. 그러니 한국말을 잊지 않고 잘할 수 있게 되었지요."

그의 대답은 그 모임에 참석한 많은 사람들에게 깊은 감명을 주었다.

파라과이에서 한인 교민들은 높은 평가를 받고 있다. 부지런하고 근면하며 생활의 저력(底力)이 있는 민족으로 평가받으며 이역 땅에서 코리아(Korea)를 선양하고 있다.

— 4 —

탱고와 정열의 나라로 불리는 남미 아르헨티나(Argentina)에 일단의 무리가 선체에서 쏟아졌다. 1965년 10월 14일이었다. 아르헨티나 수도인 부에노스아이레스 항의 래띠로 부두에 도착했으나 당장 묵을 곳이 없었다.

이들은 제1차 한인 영농 이민자들로 일반적으로는 이민의 기원으로 보고 있지만, 그보다 앞서 아르헨티나에 발을 디딘 사람들이 있었다. 유엔의 알선으로 반공포로 출신의 동포들이 1956년과 1957년에 이곳으로 이주했던 것이다. 그리고 반공포로들이 오기 이전에도 몇몇 한국인이 살았다.

반공포로라고 해야 겨우 12명에 불과했고 그들은 모두가 독신 남성이었다. 후에 그들은 현지인 여성과 결혼하여 한인사회와는 멀어졌다. 이러한 시기에 한국에서는 남미(南美)의 이민의 바람이 일기 시작했다. 그러나 그 길이 활짝 열린 것은 아니었다.

그 무렵 아르헨티나는 아르헨티나, 브라질, 파라과이의 세 나라 중 가장 앞서가는 나라였는데 백인 우월의 이민 정책을 폈기 때문이었다. 그랬던 그 시기에 아르헨티나 이민 주선에 주력한 사람이 있었다. 이 두 사람은 세계기독인봉사회의 한국 지부와 인연을 맺고 한인 집단 이민을 적극 추진하기에 이르렀었다.

이렇게 하여 마침내 한국 이민이 성사되었고 1965년 8월 17일 최초의 이민단이 부산항을 출항하였다. 네덜란드 국적의 보이스벤 호는 2만 8천 톤급의 화물선이었다. 부산항을 출항한 지 2개월 후인 10월 14일에 아르헨티나 수도인 부에노스아이레스항에 닿았다. 당장 옮겨 앉은 곳을 마련하지 못한 채 6일이나 배 안에 머물러 있다가 선체(船體)에서 쏟아져 나왔다. 그때 부에노스아이레스는 한국의 4월 날씨와 비슷한 봄철이었다.

하늘은 한없이 푸르고 도시는 한 폭의 그림처럼 아름다웠다. 부둣가에서 바라보는 산마르틴 공원은 너무나 아름답게 보였다. 생소한 이역 항이었지만 최초의 이민자들은 호기심과 희망이 가득했다.

하지만 농장에 입주한 뒤에 어려움이 뒤따랐다. 한인들이 살던 집이 세찬 바람으로 쓰러질 지경이었다. 강풍이 불어오면 가족들은 저마다 천막 받침대를 꼭 쥐어 잡고 쓰러지지 않도록 안간힘을 써야 했다. 게다가 흙먼지와 함께 콩알만한 돌들이 날아와 쌓이면 하루에도 여러 차례 흙먼지를 쓸어야만 했다. 이민자들은 의논 끝에 흙벽돌 집을 짓기 시작하여 한달 남짓 후에는 새 집에서 새해를 맞이할 수 있었다. 이처럼 초기의 이민자들은 정착해 보겠다는 의욕이 왕성했으나 황무지를 개간하여 농작물의 수확을 얻는 데는 속수무책이었다.

한국에서 가지고 온 곡괭이나 삽 등으로 얼마간의 황무지를 힘겹게 일구면서 호박, 토마토, 감자, 오이 등의 채소를 심어 보기도 했으나 그것은 부업에 불과했을 뿐이었다. 그 지경에 한국 정부에 황무지 개간 자금을 지원해 줄 것을 청원하기도 했다. 그러다가 호구지책으로 라마루께 농장에 입주한 그들은 날품팔이를 시작했다. 그러나 그것 역시 아무런 가망이 보이지 않자 그 농장에서 더 머무르지 못하고 철수했다.

그럴 즈음 이민자 몇 사람이 낚시터를 찾던 중에 꼬스따데 쪽으로 걷다가 곡물을 가득 실은 초대형 트럭을 보았다. 그 대열은 1킬로미터쯤 되어 보였다. 그들은 거기서 신기한 광경을 보았다. 차를 세워둔 채 많은 운전수들이 길 옆 숲속에 들어가서 끼리끼리 둘러앉아 연기를 피워가며 고기를 굽는 것이었다. 대형 석쇠 위에는 발바닥만한 쇠고기가 여러 개 얹어 있었다.

한인 이민자들은 처음 보는 것이어서 신기하게 구경하고 있다가 그들이 있는 숲속 왼쪽에서 인가 같은 것을 보았다. 그곳이 레띠로 판자촌이었다. 얼핏 보아도 빈민촌이 분명했다. 이런 곳이라면 집값이 저렴하리라고 생각되어 지나가는 노인에게 손짓발짓 다하여 물어 보았다. 그랬더니 자기 집을 300달러에 팔겠다는 것이었다. 이렇게 시작하여 레띠로 판자촌은 최초로 한인 집단의 거주지가 되었다.

그 무렵 이민자들은 생업으로 시작한 것이 구두닦이였는데 수입이 짭짤했다. 어떤 이는 타이어 수선소에서 힘겨운 일을 하고, 어떤 이는 부둣가에서 이발 행상을 했다. 혹은 채소 장사 등으로 밥벌이를 했다. 이처럼 밑바닥의 생업을 하여 힘겨운 노동을 했지만 잘살아 보겠다는 굳은 의지로 온갖 난관을 극복하며 정착의 뿌리를 내렸던 것이다.

아르헨티나에서는 양질의 쌀이 흔해서 싸게 구입할 수 있다. 그래서 한인 교포들은 주식을 염려하지 않았으나 1년쯤 경과한 후에는 한국의 김치와 고추장 맛이 생각나서 견딜 수 없었다. 그랬던 터에 일본인 이민자들을 통해 무, 배추를 구입하게 되어 김치를 먹을 수 있게 되었다. 아르헨티나 사람들은 무나 배추를 먹지 않기 때문에 비록 채소가게가 있다고 하더라도 무, 배추 따위를 구경할 수 없다. 육식을 주로 하는 현지인의 음식을 먹고 입이 개운치 않은 것은 한국인으로서는 당연한 일이었다.

부에노스아이레스에는 109촌이 있다. 109촌이 활기를 띠게 된 것은 그곳에서 편물 삯일이 시작되면서부터였다. 1970년대에 이르러서는 신참 이민자들이 109촌으로 몰리게 되면서부터 한인 교포의 수가 부쩍 늘었고, 전성기에는 280세대를 웃도는 실정이었다. 109촌에 이처럼 한인 교포들이 집중하여 살게 된 것은 편물과 삯일에 이어 봉제삯일 등이 활발하게 전개되었기 때문이다. 109촌은 시 정부의 철거령이 내려지기까지 한인 교포들에게 주거와 함께 경제 활동의 장을 제공해 준 곳이었다. 한인 교포들이 109촌이라고 부르고 있는 연립 임대 주택단지의 정식

명칭은 '바리오 리바다비아'이다.

한인들이 처음 이 지역에 입주할 당시에는 단지 내 베르타운 앞 광장에 109번 버스 종점이 있었다. 109번 버스는 그곳이 종점인 동시에 시발점이었다. 그랬던 터에 바리오 리바다비아라고 하면 109번 버스를 연상케 되어 109촌으로 부르게 된 것이다. 109촌은 홀도레스의 서남부에 위치한 지역으로 약 1,050세대를 수용할 수 있는 단층 연립주택이었다. 시 정부가 무주택 시민들을 수용하기 위해서 제법 규모를 갖추어 조성한 임대 주택단지였다.

109촌에는 아르헨티나 농촌지대에 살던 가난한 토착민과 파라과이, 볼리비아, 우루과이, 칠레 등지에서 맞벌이를 하러 온 이주자들이 함께 입주하여 살았다. 109촌은 이민 초기 한인 교포들이 꿈나무를 심고 가꾼 곳이기도 했다.

해외에 이주해 사는 이민자에게는 자기 고향에서 사는 사람보다 정신적, 육체적 고생이 몇 배나 심하게 수반되게 마련이다. 이를테면 그것은 한 그루의 나무와 같다. 다 자란 나무를 뿌리째 뽑아서 남의 나라 땅에 이식하는 과정을 상상해 보면 될 것이다. 이식한 나무가 땅에 깊이 뿌리 내리고 자라서 그 기능을 발휘하기까지는 온갖 과정의 시간이 필요한 것이다. 그러기에 이민자들이 정착의 뿌리를 내리고 자신의 이상을 편다는 것은 결코 수월한 일이 아니다. 이민자들은 숱한 약점과 난관을 극복하여 마침내 오늘날의 풍요를 이루었다고 할 수 있다.

부에노스아이레스에 대규모의 원단 공장이 있다. 이 원단 공장의 사장이 한인 교민이다. 부에노스아이레스에 대규모 시설을 갖춘 공장의 주소는 JVAREZ 5800 San Martin 이나 Texfil

Ⅶ. 태평양을 가로지른 무지개 • 241

Azuesad Sia 라고 호칭되고 있다.

처음에는 염색 공장으로 시작한 것이 규모가 확대되면서 장소가 비좁아지자 현 공장으로 이전했다. 3만 평 대지에 대단위 시설을 갖추고 있어 아르헨티나에서 대형 원단 공장으로 손꼽히고 있다. 원단 생산을 위시한 편물, 재단, 기계 제작 등 전 공정이 일괄 체제로 이루어져 있다. 그래서 일단 실이 기계에 들어가면 여러 단계의 공정 과정을 경유하여 제품을 생산할 수 있다.

이런 소문이 모국에까지 알려지자 한국 정부에서는 섬유업계의 공로를 인정하여 상공자원부 장관의 표장이 전달되었다.

아르헨티나 수도인 부에노스아이레스에는 세계 최대의 차선이 있다. 도시 한복판을 중심으로 펼쳐지는 20차선이다. 대도시의 위용을 나타내고 있거니와 한인 교민의 활약도 이를 바짝 추격하고 있는 것이다.

아르헨티나는 보편적으로 하루 8시간을 기준 노동 시간으로 삼고 있다. 지리적으로 더운 기후에 속해 있으므로 새벽 다섯시나 여섯시부터 일을 한다. 그리고 오후에는 낮잠을 자는 관습이 있다. 그러나 그 시간에도 한인 교민들은 쉬지 않고 일한다. 어른만 일하는 것이 아니라 중·고등학교 학생들도 일한다. 이 또래의 소년들은 친구와 만나면 으레 하는 인사가 있다.

"너는 옷을 몇 장 만들었니?"

학교에서 수업을 마치면 부모의 일터로 찾아가 제품 생산하는 일을 돕는 학생들의 입에서 이런 말이 자연스럽게 흘러 나오는 것이다. 아르헨티나는 그 면적이 한국의 남북한을 합친 것의 무려 23배나 된다. 총인구가 3천만이고 수도인 부에노스아이레스에 살고 있는 도시 인구는 1천3백만 명이다.

부에노스아이레스의 20차선 뒤안길에는 100년 전에 노예들이 동원되어 길을 만들었다는 마차길이 눈길을 끈다. 그런데 그 길이 얼마나 탄탄한지 100년 전의 길이라고 하지만 여전히 잘 보존되어 있다.

아르헨티나는 제2차 세계대전 후에는 10대 강국에 들었던 나라였다. 교육적인 면에서나 남미의 다른 나라들보다 앞서 있으며 유럽계 이민으로 형성된 나라이다. 대부분 프랑스, 이탈리아, 독일계로 이루어진 백인계라고 할 수 있다. 한인 교민들이 열심히 일하여 부(富)를 축적했는가 하면 아르헨티나 전역에서 한민족의 위상을 높이어 두각을 나타내고 있는 것이다.

— 5 —

'동방의 은둔의 나라'로 불리워졌던 우리나라에서 이민(移民)이 시작된 것은 구한말 국운이 쇠퇴할 무렵이었다. 1901년에는 큰 가뭄이 들어 식량 사정이 극도로 악화되자 여기저기서 반란이 일어났다. 또한 설상가상으로 콜레라와 장티푸스가 발생하여 많은 생명을 앗아갔다. 1902년 8월 26일자와 9월 20일자의 [제국신문] 기사를 보면 전염병으로 하루에 3~4백 명의 사람들이 죽었다고 한다.

그러자 고종(高宗) 황제는 1902년 7월 26일을 기하여 모든 긴급하지 않은 토목공사를 중지하고 경범 죄수들을 석방하고 위생원을 세워 질병을 치료하는 데 전력을 다하라는 칙령을 내렸다. 그럴 즈음 전국에 하와이 섬에 이주할 노무자를 모집한다는 공고문이 나붙기 시작했다. 이렇게 하여 한국 역사상 첫 취업 이민의 장(場)이 열렸다.

한국 최초의 이민단은 121명으로 구성되어 1902년 12월 22일 인천항을 떠났다. 그들은 이듬해인 1903년 1월 13일 하와이(Hawaii) 호놀룰루에 도착하였다. 수일 후에는 목골리아 농장에 정착하였고, 이어 두 번째 캅릭 호로 63명이, 세 번째로 코라어 호로 71명이 도착하였다. 1904년에는 33척의 선편으로 3,434명이, 1905년에는 16척의 선편으로 2,659명이 도착하여, 모두 65척의 선편으로 7,226명이 도착하였다.

그들은 하와이의 각 섬에 있는 40여 개 농장으로 분산되었다. 한 곳에 30여 명으로부터 많은 곳은 2, 3백 명까지 집단으로 거주하면서 노동에 종사하였다. 그들의 작업은 자연생의 잡목들을 자르고 정지 작업으로 농토가 되면 거기에 관개시설을 하고 사탕수수를 재배하는 일이었다. 작업 시간은 새벽 5시부터 오후 4시였는데 열 시간의 힘겨운 중노동이었다.

열 시간의 노동으로 받는 하루의 품값이 남자가 67센트, 여자가 50센트였다. 그 돈으로는 겨우 생활이나 유지할 정도였다.

숙소는 사병들의 막사같이 생긴 판잣집이었는데, 한 칸에 네 사람씩 기거했다. 이부자리라고는 담요 한 장뿐이다. 그리고 밥은 조석으로 지어 먹었다. 일요일은 쉬었다. 그러나 아무런 오락시설도 없었다.

이민생활의 외로움을 견디다 못해 일터를 떠나 방황하는 사람들도 있었고, 심한 노동을 견디지 못하거나 또는 심한 향수병에 걸려서 안정을 찾지 못하고 이리저리 떠돌아다니는 사람들도 있었다. 이처럼 이민자의 생활은 고생이 막심하였다.

하와이에 정착한 초기 한인 이민자들에게는 특성(特性)이 있었다. 그것은 끈기와 집념이었다. 이러한 특성으로 이민 초기의 갖가지 난관을 극복하고 생활의 뿌리를 내리기 시작했다. 그 시기에 한인 이민자들 사이에 사진 결혼이 생겨났고 한인 사회가 형성되면서 민족 교육과 독립 운동에 눈을 뜨게 되었다.

사탕수수 재배 노동으로 참혹한 생활을 하면서도 나라 사랑과 2세 교육에 대한 열정이 있었다. 이러한 활동은 교회를 설립하거나 혹은 독립운동 단체를 결성함으로써 비롯되었다고 하겠지만, 실상은 조국이 일제에게 강탈당하자 졸지에 평범했던 단체가 독립운동기관으로 전환되는 경우가 많았다.

림배세(林培世) 씨는 이화학당 출신으로 이민 초기에 이승만(李承晚) 박사의 초청을 받고 하와이로 건너갔다. 호놀룰루에 기독학원이 세워졌을 때 이승만 박사를 도와 일한 분이었다. 그의 말을 옮겨 본다.

하와이 사탕수수 농장

하와이 초기 이민 사회에는 할 일이 산적해 있었다. 당시 이승만 박사는 독립운동을 하면서 한편 하와이 이민자들의 교육에도 깊은 관심을 기울였다. 호놀룰루에 한인 기독학원을 세우며 또한 한인 교포교회를 세우는 등 많은 일을 하고 있었다. 이런 일로 이 박사가 한국에 김노디 선생을 보내서 한국인 교사를 물색하던 중 내가 선발되었다. 그리하여 나는 태평양(太平洋)을 건너 미지의 세계로 향하였다.

당시 하와이에는 꽤 많은 한인 교포들이 살고 있었다. 하와이의 주요사업은 특수한 자연환경을 활용한 농업과 관광사업이었다. 사탕수수와 파인애플의 대규모 재배는 하와이 농업의 주축이었다.

우리 교포들이 사탕수수 밭에서 받는 하루의 일당은 1달러였다. 그래서 열심히 노동만 하면 달러를 저축할 수 있었으나 독신으로 사는 남자의 경우 여기에서 파생되는 문제가 있었다. 그 지경에 설사 결혼을 했다고 하나 혼혈아의 교육 문제 등 시급한 문제가 속출하다시피 했었다.

내가 처음 하와이에서 뛰어든 일은 이 박사의 청원에 의한 한인 기독학원 유지를 위한 모금운동이었다. 나 역시 애국심에 불탔던 터에 부끄럼을 모른 채 교포들이 살고 있는 하와이 다섯 개 섬을 찾아다니면서 모금운동을 전개했다.

나는 교민들을 모아놓고 독창과 연설을 했다.

"교육을 하는 것이 나라를 위한 독립운동의 지름길입니다."

이런 말로 목이 아프도록 외쳤다. 그러면 교포들은 애국심이 솟아나서 한 사람이 1달러를 바쳤고, 계속해서 5주간을 순회한 결과 무려 430달러가 모금되었다. 당시 미화 430달러는 거액이었다. 모금을 마치고 학원으로 향하는 나는 그 많은 달러와 돼지 한 마리를 끌고 마치 개선장군처럼 의기양양하게 귀대하였다.

이처럼 하와이 교민들은 애국의 열정과 2세를 위한 교육열이 대단했다. 만일 조국이 없다면 하와이의 한인 이민자들은 돌아갈 고국이 없는 것과 마찬가지이기 때문에 적극적으로 일본에 대한 적대감을 나타냈는지 모른다.

1919년에 발생했던 3·1 독립만세 사건 이후 그 해 10월에 하와이 한인 교민들은 3,024,034달러 5센트를 거두어 만주의 독립군에게 보냈다. 그 뒤 해방이 되기 전까지 그들은 조국 독립을 쟁취해야 한다는 소망의 신념을 갖고 독립운동 자금을 지원했다. 하와이 국민회에서는 대한민국 임시정부에 무려 300만 달러가 넘는 독립운동 자금을 전달하였다.

1903년 이래 5년간은 단체의 결성이 이루어졌다. 그 시기에 하와이의 어느 지역을 막론하고 10명 이상 모여 사는 곳이면 모임을 만들고 지역 한인끼리의 친목 유지에 힘썼으며, 학교를 설립하여 아동들의 국어 교육을 전개했다. 그 당시 이민사회 속에는 지식이 있고 능력이 있는 지도자가 있었기 때문에 초기 한인 이민자들의 어려움과 향수병, 그리고 조국의 암울한 현실을 구하는 데 앞장섰다.

그들은 자치단체를 조직하고 새로운 생활을 전개했다. 자치적인 '동회'를 조직해서 동장, 부동장, 서기, 감찰 등의 임원을 선출했다. 동회의 목적은 근심과 어려움을 서로 같이 나누는 가운데 이민 생활의 위안을 삼자는 것이다.

그러면서 동회 회원의 경우 주색잡기 등 방탕한 생활에 대해서는 엄격한 규제를 했다. 만약의 경우 이를 위반한 사람은 벌금을 내야 했고, 그래도 또 위반하면 동회에서 강제 축출을 당하도록 했다. 이런 동회의 규칙이 각 지역 한인 사회에 퍼져가면서 한인 노동자들 사이에 생활의 의욕을 갖고 충실히 살려는 분위기가 확산되어 갔다.

그런가 하면 하와이 한인 이민사회에는 단 하나의 단체가 있었다. 1903년 8월 7일, 호놀룰루에서 홍승하, 안정구, 윤병구 씨 등이 발기해서 조직한 시민회였다. 시민회는 하와이 한인들에 대한 의식 개발, 지식 전달, 자녀 교육, 한인 공동의 이익 증진을 위해 힘썼다.

그 시기에 등장한 것이 사진 결혼이었다. 사진 결혼이란 문자 그대로 사진을 보고 혼인을 결정하는 것이다. 그때에 사진 결혼으로 피해를 본 사람도 있었다. 그 당시 항공편이 어려웠던 시절에 하와이와 본국과의 거리는 멀고 멀었다. 설사 선편을 탄다고 하더라도 한 달 이상의 시일이 소요되었을 뿐더러 그 비용이 엄청났다. 그래서 편리하고 수월한 방법으로 사진 결혼이 성행했다.

1910년 경술국치로 돌아갈 나라마저 망해 한(恨)을 품고 살아야 했고, 그 지경에 홀아비들이 많아졌다. 이를 본 농장측의 주선으로 사진 결혼이라는 진풍경을 이루게 된 것이다. 이런 방법으로 1924년 '동양인 배척법'이 발효되기까지 약 1천 명의 여성들이 하와이에 왔다.

하와이에 최초로 세워진 한인교회가 있다. 그 교회가 그리스도 연합감리교회이다. 하와이 첫 이민단 대부분은 교인들로 구성되어 있었다. 경기도 인천(仁川) 내리감리교회의 교인들만 해도 50여 명이었으며, 그들 중에는 내리감리교회가 선교의 목적으로 파송한 홍승하 전도사도 동행했었다.

이렇게 하여 하와이의 중심지인 호놀룰루에 한인교회가 설립되었다. 홍 전도사는 1903년 11월 3일에 안수정, 유병길 씨를 대표로 하여 그곳 감리교 감리사인 피어슨과 교섭하여 리버(River) 스트리트에 집을 얻었다. 그리하여 11월 10일 홍승하 전도사의 인도로 첫 예배를 드린 것이 그리스도 연합감리교회의 설립예배가 되었다.

그후 이를 거점으로 하여 하와이 각 섬을 두루 다니며 흩어져 있는 교포들에게 전도한 것이 한인 이민자들이 위한 한인교회 설립으로 이어졌다. 당시 이민자들이 외롭고 고달픈 생활을 하

와히아와의 올리브교회 헌당 후에 안창호 목사와 교인들(1931년)

고 있었기에 사귐의 공동체인 교회를 절실히 요청하고 있었기 때문이기도 하였다. 그러기에 한인들이 모여 사는 곳에는 어디나 한인교회가 세워졌다. 교포들에게 한인교회는 구심점이 되었다. 일요일에는 거의 모든 한인들이 교회에 나갔다. 그들은 교회에서 만나 예배를 드리며 친교 시간에 우리말로 이야기를 나누고 인생 문제들을 상호 이야기하면서 서로 도왔다.

교인들의 교육 활동 역시 선교 활동에 뒤지지 않았다. "배우는 것이 힘이다"라는 것을 생활 원칙으로 여겨 교육적 활동을 전개하였던 것이다. 초기 이민회 반수 이상은 교육을 받지 못한 사람이었다. 이에 한인교회는 야간학교를 설립하고 한글을 가르쳤다. 그 결과 한인들은 글을 읽을 수 있게 되었다.

그런가 하면 교회가 학교를 설립하고 어린이들에게 미국의 일반 교육과정을 가르치는 동시에 한글과 한국 문화도 가르침으로써 민족적 정체성을 가진 미국인이 되도록 교육하였다.

한인들의 교육열은 대단했다. 1905년 9월에 이민 회사의 사무원 송헌수 씨와 박윤섭 씨 등 여러 사람들이 워드만 감리사의 집에 모여 교육회를 조직했는가 하면 호놀룰루에 기숙사 교회당을 건축하기도 하였다. 각처에 흩어져 있는 한인 자녀들을 교육하기 위해서였다. 그러면서 초기 하와이 이민자들은 미국 본토를 눈여겨 보았다.

미국 본토에 최초로 세워진 한인교회가 있다. 그 교회가 로스앤젤레스에 세워진 LA연합교회이다. 1907년까지 2천여 명의 하와이 노동자 이민자들이 본토로 이주했다. 미국 본토로 이주한 한인 노동자들은 주로 철도회사나 농장에서 일자리를 구하였다.

당시 임금이 많고 조건이 좋아서 그들은 샌프란시스코(San Francisco)나 로스앤젤레스(Los Angeles) 지역에 생활의 터전을 마련하였다. 따라서 샌프란시스코나 로스앤젤레스 지역을 중심으로 한인 사회가 이루어졌다. 노동 이민이 중단된 상태였지만 2세들이 태어나고 고향의 친지를 초청하거나 사진 결혼을 통하여 아내 될 사람을 데려오는 등 차츰 그 수효가 늘어났다.

1918년 이래 6명의 노동자 가족과 20명의 자녀들이 입국했고 1천 명 이상의 사진 결혼을 한 부부들이 하와이와 미국 본토에 들어왔다. 그후 1924년에 '동양인 배척 법안'이 시행되어 이민의 문이 닫힐 때까지 하와이에 951명, 미국 본토에 115명 등 총 1,066명이 들어왔다.

그런가 하면 정치적 망명도 늘어나 한일합방 후 10년 동안 약 1천 명의 망명객이 미국 본토에 들어왔다. 그들 중 대부분은 여권도 없이 한국을 탈출하여 중국 상해를 거치거나 유럽을 거쳐 미국 본토를 밟았다. 그 시기 그들에게는 두 가지 호칭이 있었다. 한국에서는 '신도 학생(新渡學生)'이라고 불렀고, 미국에서는 '피난 학생'이라고 불렀다.

동양인 배척법으로 이민이 어려웠던 시절이 있었으나 1965년 이민법 개정으로 동양인에게 이민의 문이 확대되었다. 그러자 매년 2만 명 이상의 한인이 미국에 이주하게 되었다. 이렇게 하여 1970년대부터 제2기의 이민 물결을 이루게 된다.

2000년대를 기점으로 재미 한인 교포는 약 2백만을 헤아리고 있다. 재미 한인 이민자들은 대부분 캘리포니아 주, 뉴욕 주, 워

싱턴 DC, 시카고와 필라델피아 등에 집단을 이루고 있다. 그 중 로스앤젤레스는 '작은 한국' 이라고 부른다.

캘리포니아 주는 태평양 연안에 위치하여 기후가 따뜻하고 농작물이 풍족하기 때문에 미국 내에서도 살기 좋은 곳 중의 하나로 알려져 있다. 남가주에는 살기 좋은 도시로 꼽히는 대도시 네 개가 있는데 로스앤젤레스, 샌디에이고, 샌프란시스코, 산호세 등이다.

캘리포니아 주는 남 캘리포니아와 북 캘리포니아로 나누어져 있다. 남가주(남 캘리포니아)에는 항공, 미사일 등 거대한 생산 공장들이 많고, 석유산업, 천연 가스, 와세링 등 각종 주요 광산물이 많다. 그리고 캘리포니아 주는 농산물 생산량에 있어서도 미 전국 50개 주 중 제1위이다.

로스앤젤레스에서 뒷산을 넘으면 남쪽 500마일의 언덕에 평야가 펼쳐진다. 이 넓고 기름진 땅은 일 년 내내 태양이 내리쪼이는 비 없는 사막이다. 이런 기후이지만 멀리 북쪽 녹지대와 산악지대, 럭키 산 줄기에는 비와 눈이 쌓여서 그 물을 끌어들여 농사를 짓기 때문에 햇빛, 흙, 물 등 3대 요소를 다 갖추고 있어 미전국 과일의 주생산 지대로 알려져 있다.

우리나라의 이민 역사가 시작된 이래 한인 교포 수가 가장 많이 밀집되어 있는 지역이 바로 로스앤젤레스이다. 로스앤젤레스는 미국 대륙에서 처음으로 한국 이민이 정착한 곳이며 미국 서부 캘리포니아 주 서남쪽의 도시로 미국 도시 중에서 가장 넓은 지역을 차지하고 있다. 시가는 북구 산가쓰리엘 산 남쪽 비탈에서 서부와 남부의 해안까지의 광대한 지역에 있다.

이 시가 급작스런 발전을 하게 된 것은 20세기에 돌입하면서 부터이다. 대규모의 유전(油田) 개발, 파나마 운하의 개통과 산 패드로 항의 출항에 의한 해운의 진전, 할리우드를 중심한 영화 제작의 융성, 관광 산업, 감귤 등의 재배와 그 가공업의 발전 등이 발달의 원인이 되었다. 이러한 조건 때문에 미국으로 이민 하는 사람들은 거의가 로스앤젤레스에 정착하는 것이 상례였다.

하와이 초기 이민자들의 경우에도 예외는 아니었다. 그들은 LA에서 생활의 뿌리를 내리기까지 고생이 막심했다. 당시를 회고하는 이강(李剛) 씨의 말을 옮겨 보기로 한다. 그는 우리나라 최초 이민단원의 한 사람으로서 하와이를 경유하여 로스앤젤레스에 가서 안창호 선생과 함께 독립운동을 한 우국지사였다.

나는 그때 죽어가는 친구를 위하여 라이만 학교를 중퇴하고 로스앤젤레스로 갔다. 데리고 온 친구를 병원에 입원시키고 도산 안창호 선생을 찾아갔다. 안창호 선생과는 하와이에 있을 때 서로 편지 연락이 있었다.

"이씨가 공부하겠다는 의도는 좋지만 먼저 애국 운동부터 하시오. 지금 하와이에서 LA로 건너와 직업도 없이 유리 방황하는 교포를 보시오."

이런 간곡한 권유에 고무되어 LA로 갔고, 안창호 선생의 말대로 3년간 노동 주선자가 되려고 했다. 그때 로스앤젤레스에는 교민들이 그리 많지 않았다.

기후는 마치 우리나라의 봄날씨와 같았다. 이곳의 특산물은 레몬과 오렌지였다. 교외로부터 40~50리는 가도가도 오렌지 밭이었다. 따라서 이 지방에서는 상당한 노동력이 필요했다. 하와이에서 건너온 교포들은 대부분 로스앤젤레스로 모여들었다.

여기에서는 오렌지가 익을 때 이것을 따는 일만 해도 밥은 먹을 수 있는 벌이가 되었다. 그러나 이기심이 강하고 신용을 위주로 하는 미국인들은 처음에는 한국인을 그리 좋아하지 않았다. 그렇기 때문에 그때 하와이에서 건너온 수많은 교민들은 직업도 없이 가주에서 방황했다.

그런가 하면 교포들 중에는 간혹 벌이를 하는 노동자가 있기도 했지만 그들은 돈벌이를 하면 저축은커녕 한푼도 남기지 않고 술을 마셔 없애 버렸다. 상황이 그러하니 정말 그들의 장래가 염려가 되었다. 그 지경에 안창호 선생이 학교에 입학할 것을 잠시 보류하고 교포들의 노동 주선을 담당해 달라고 한 말의 뜻을 절실히 깨달았다.

다행히 나는 영어 회화에 능통하여 미국인과 충분한 교섭을 할 수 있었으나 무엇보다도 필요한 것은 자금이었다. 교포들의 노동 주선자가 되려면 일정한 사무소가 필요했고, 또한 농장에서 일하게 되었다고 해도 농장 대부분은 수십 리 밖의 교외에 있어서 일터로 나가려면 자전거가 필요했다.

내게는 전혀 자금이 없었다. 당시 미국에는 상당수의 교포들이 살고 있었으나 그날 그날의 식생활을 해결할 수 있는 정도였다. 이런 일로 며칠을 골똘히 생각하다가 막연하지만 어떤 계획을 세웠다. 로스앤젤레스에서 조금 떨어진 곳에 우이버사이드라는 부락이 있었다. 그 부락에 신앙심이 깊은 신자들이 집단적으로 살고 있었다. 나는 그들에게 도움을 받으려고 했다. 그리하여 일시적이지만 몇몇 동료들과 더불어 우이버사이드에 가서 셋방을 얻고 유숙하게 되었다.

우리가 셋방을 얻은 곳은 교통이 가장 번잡한 곳이었는데 매일 새벽같이 일어나 집안을 쓸고 주위를 깨끗이 청소했다. 우리가 이와 같이 한 이유는 우이버사이드 사람들에게 환심을 얻기 위한 것이었다. 이와 같은 계획은 엉뚱한 노릇이었으나 예상대로 들어맞았다.

어느 날 기독교 신자인 중년신사가 나를 불렀다.

"왜 당신들은 일하지 않고 매일같이 놀고만 있소? 젊은 사람이 일할 곳이 많은데……."

그가 묻기에 나는 비로소 우리 교포들의 딱한 사정을 그에게 호소했다. 신사는 그제서야 우리들의 사정을 이해했던 모양이다. 그는 서슴지 않고 자금을 대어 주겠다고 말하면서 우리를 격려해 주었다.

이와 같이 하여 나는 드디어 로스앤젤레스에 소원했던 한국인 노동 주선소를 설치하는 데 성공하였다. 이것을 계기로 하여 우리 교포들의 생활이 점진적으로 안정이 되어 갔다. 노동 주선소를 설치하면서부터 각 농장에서는 서로가 다투다시피 한인 교포들을 데려갔다. 그와 동시에 미국에 이민 온 교포들의 신앙도 두터워 갔다.

이것이 당시 이민 역사의 한 단면이었다. 좀더 나은 생활을 이룩하기 위하여 미대륙에 건너왔던 개척자들은 발 붙일 곳이 없었다. 그렇지만 한인 이민자의 선조들은 저 너머 언덕을 넘고 또 넘어 삶의 광맥의 젖줄을 후손들의 입에 대어준 것이다.

1990년대의 한인 분포 상황을 보면 전 미대륙에서 로스앤젤레스의 한인들의 수가 우위를 점하고 있다. 남가주(남 캘리포니아)는 LA 카운티를 중심으로 오렌지 카운티, 샌버나디노 카운디 등 산타마리아에서 샌디에이고까지 괌범위한 지역이다. 여기에 1,300만 정도가 살고 있고 그 중 한국인은 약 50~60만으로 추정되고 있다.

북가주(북 캘리포니아)는 샌프란시스코, 산호세, 오클랜드, 몬타리 지역에 어림잡아 15만이고, 멘토 지역에는 1만 안팎, 그리고 프레즈노, 백카스 필드 등지에도 2-3천명 가량이 살고 있다.

한인들이 가장 많이 살고 있는 곳은 기후가 좋고 직업 사정이 좋은 산호세라고 한다. 새크라멘토는 캘리포니아 주 수도이며 가주 곡창지의 중앙에 자리잡고 있다. 교육과 정치의 중심인 새크라멘토는 푸른 장강이 흐르고 물이 풍족해서 수도세를 받지 않는 아름다운 전원 도시로 두루 알려져 있다.

이처럼 남북가주는 한인 교포가 밀집한 곳으로 한인들의 사회활동과 사업도 활발히 전개되고 있다. 남가주에 있는 로스앤젤레스는 한국에서처럼 없는 것이 없다. 한국 은행, 슈퍼마켓, 세탁업소, 음식점, 잡화 가게 등 과연 없는 것이 없다. 그밖에 대형 봉제공장, 청소업, 의류상들이 많다. 소규모 업자들이 Free Market에서 잡화상을 하고 있고, 호텔과 주유소 영업을 하는 한인들도 상당히 있다.

또한 이민자 중에는 미국 연방 하원의원과 시의원 및 부시장으로 활약하며 한국인의 이미지를 부각시킨 정계의 인물도 많다. 이렇게 하여 오늘의 비약을 이룬 한인 교포는 미국의 소수계 민족 중에서도 그 세(勢)를 과시할 정도가 되었다.

그런가 하면 로스앤젤레스라면 미대륙의 영토만이 아니라 한국 민족의 애국지사를 배출한 곳으로도 유명하다. 먼저 도산(島山) 안창호(安昌浩) 선생을 들 수 있다.

도산 안창호 선생은 1878년 11월 9일, 평안남도 강서군 초라면 출신이다. 13세의 어린 나이에 목동 생활을 하다가 16세 때 언더우드가 세운 구세학당(求世學堂)에 입학하여 기독교인이 되었다. 그후 1897년 19세 때 독립협회에 가입하고 그 해에 독립협회가 인민공동회로 발전적인 개칭을 하면서 안창호 선생은 18개 조항과 18개 부조항을 열거하며 민중의 자각을 호소하는 첫 연설로 청중을 감화시켰다.

그는 24세에 미국의 초등학교에 입학할 정도로 강한 정신력을 가진 사람이었다. 한일합방 후 그는 샌프란시스코에서 대한국민회중앙총회를 창립하고 회장에 취임했다. 그후 로스앤젤레스로 옮겨 민족운동의 핵심체인 청년단체 홍사단을 조직했다. 홍사단은 1913년 안창호 선생을 중심으로 당시 미국 유학생을 창립회원으로 하여 8도의 대표가 참가했다. 홍사단의 조직 목적은 무실역행(務實力行), 건전한 인격, 단결 훈련 등의 표어에서 찾아볼 수 있다. 이러한 민족운동 정신은 오늘까지 이어져 서울에 본부를 두고 전국에 77개 홍사단 대학생 아카데미가 활동하고 있다.

1914년에는 대한인 국민회가 캘리포니아 주 주정부로부터 사단법인 인가를 받았다. 1919년 3·1운동 후 안창호 선생은 상해 임시정부 내무총장 겸 국무총무 서리에 취임하고 독립신문을 발간했다.

도산(島山)이 망명하며 남긴 거국가(去國歌)는 그 시대는 물론 오늘날까지도 두루 알려져 있다.

  간다 간다 나는 간다 너를 두고 나는 간다
  잠시 뜻을 얻었노라 까불대는 이 시운이
  나의 등을 내밀어서 너를 떠나가게 하니
  일로부터 여러 해를 너를 보지 못할지나
  그동안에 나는 오직 너를 위해 일하리니
  나 간다고 슬퍼 마라 나의 사랑 한반도야

그가 로스앤젤레스에서 살면서 교민들에게 교훈으로 남긴 말은 아직도 교민 사회에서 잊혀지지 않고 있다.

"오렌지 한 개를 잘 따는 것이 나라를 사랑하는 행위의 발로라고 할 수 있습니다."

과연 안창호 선생다운 말이었다.

뉴욕(New York)은 미국 제일의 국제도시로 대도시의 웅비한 멋을 풍기고 있다. 180여 개국의 민족들이 모여 인종의 전시장을 이루고 있을 뿐만 아니라 이들의 복합 문화로 국제도시의 면모를 보이고 있다.

세계 최고의 갑부들이 호사를 자랑하는가 하면 다른 곳에서는 한 끼 허기조차 면하기 어려운 집 없는 사람들도 엄연히 공존하는 불가사의한 도시이다.

유엔 본부가 있고 엠파이어스테이트 빌딩과 자유의 여신상, 그리고 461개의 역을 질주하는 지하철은 명실공히 뉴욕의 위상을 말해 주고 있다. 맨해튼은 뉴욕의 심장부이다. 31가에서 37가의 브로드웨이 선상에는 작은 코리아 타운이 형성되어 세인의 이목을 집중시키고 있다. 한국의 외환은행, 고려서점, 백화점, 슈퍼마켓, 쥬얼리, 시계, 가방 도매시장이 즐비하게 서 있고 한국 전통 음식의 원조라고 하는 뉴욕 곰탕집이 있다.

맨해튼 35가에서 39가 사이의 7Ave와 9Ave는 한인 봉제공장의 중심지라고 한다. 뉴욕 전역의 한인 봉제공장 400여 개 중 180개가 이 지역에 자리잡고 있다. 밤늦게 이 거리를 지나가다 보면 밤 10시가 넘어서도 불이 켜진 빌딩을 보게 된다. 밤낮으로 일하는 한국인, 남들이 쉴 때도 쉬지 않고 일하는 한국인, 이런 근면성으로 오늘의 봉제업의 활력과 발전을 이룩했다고 할 것이다.

맨해튼 5번가에는 뉴욕에서 소문난 알파인 고전가구점이 있다. 서울 인사동의 고전가구를 비롯하여 동양가구를 곁들인 알파인 고전가구는 한국인보다 외국인들의 발길이 잦다.

국제도시 뉴욕의 매력적인 상징물 중의 하나인 유엔 본부는 회의장, 강당, 집회장, 사무실, 도서관 등의 4개 건물로 이루어져 있다. 그 건물에는 유엔을 상징하는 깃발을 위시하여 유엔에 가입한 나라들의 국기들이 물결치고 있는 것을 볼 수 있다.

뉴욕의 엠파이어스테이트 빌딩은 뉴욕의 명소로 도시의 위상을 돋보이게 한다. 엠파이어스테이트 빌딩에는 맨해튼의 전경을 한눈에 볼 수 있는 전망대가 설치되어 있다. 1929년 경제공황 때 착공한 이 건물은 86층에 있는 전망대와 102층에 있는 전망대를 통하여 맨해튼 4계절의 변화를 한눈에 볼 수 있다.

뉴욕의 변두리인 퀸즈, 플러싱 지역은 코리아 타운이라고 불릴 정도로 한인 이민자들이 많이 살고 있어 김치, 된장 냄새가 짙게 풍기는 곳이다. 플러싱 지역은 별로 크지도 않지만 한국인에게는 입주 여건이 좋다. 그리하여 뉴욕 주변에서 가장 많은 한인들이 모여 살고 있다.

이 지역의 최초의 개척자는 네덜란드(Dutch Settlers)인들로서 1628년에 정착하였다. 그후 1645년에는 영국인들이 입주하였으며, 그들은 물과 옥토를 탐지하고 과일 재배를 위한 과수원과 주택가를 개발하기에 이르렀다. 이렇게 하여 태동한 플러싱은 근대의 번영을 이루어 한국인, 중국인, 일본인, 이탈리아인, 스페인 등 다양한 민족들이 거주하고 있다.

이 지역을 걷노라면 매우 색다른 면을 보게 된다. 유태인 회당, 힌두교, 원불교, 한국계, 중국계 사찰, 그리고 가가호호를 방문하며 전도하는 몰몬교, 여호와의 증인들이 비교적 한정된 한 구획에서 기독교와 맞대고 있다. 뉴욕에 모여 사는 사람들이 180여 개국이나 되는 다양한 나라에서 왔다는 점을 감안하면 이러한 진풍경은 가히 상상하기 어렵지 않다.

뉴욕에 이민의 뿌리를 내린 한인들의 생활 양상은 갖가지 형태로 나타나 있다. 청과상회, 야채가게, 옷가게, 부동산업, 비즈니스, 철물가게, 미용실, 주유소, 세탁소, 여행사, 봉제공장, 슈퍼마켓 등을 경영하고 있다.

그러나 초기 이민자의 경우는 직종이 달랐다. 주로 유학생들이 많았던 시절에 별로 안정된 직종이 없었다. 그러던 중 생활의 뿌리를 내리면서 당구장, 이발소, 세탁소 등의 사업으로 터전을 넓혀 갔다.

1919년 3·1운동 이후 일제의 식민지 통치가 다소 문화정치의 노선을 지향하는 듯 위장하면서 열리기 시작한 미국 유학으로 재미 유학생이 등장했다. 1921년 뉴욕한인교회가 세워질 무렵 뉴욕에는 80여 명의 한인들이 살고 있었다. 이때가 뉴욕에 한인들이 정착하는 초기라고 할 수 있다. 그 무렵 유학생, 노동자, 소규모 영세 상인들이 주축이 되어 한인교회 설립에 적극적으로 후원하고 나섰다. 이렇게 하여 세워진 한인교회는 감리교단의 지원금과 교인들의 정성을 모아 1927년부터 건물을 지어 사용해 왔다.

하와이 이민교회가 노동 이민을 근간으로 해서 발족한 것이라면 뉴욕한인교회의 경우 지식인 청년들이 교회 설립의 주도적인 역할을 했다. 그 시절에 초기 이민자들의 직업 분포를 보면 당구장, 이발소, 세탁소, 주식 투자 등 다양하다.

교회 설립 당시에는 21가와 메디슨가에 있는 감리교회에서 예배를 드렸다. 그러다가 2년이 경과한 후에는 439west로 옮겨 4년간 예배를 드리고, 그후 1927년 현재의 위치에 정착하게 되었다. 교회는 한인회, 한인학생회, 동지회, 흥사단 등 각종 활동의 장(場)을 마련하는 공간으로 활용되었다. 그런가 하면 뉴욕시에 있는 한인 거류민과 한인 유학생들의 생활 근거지를 마련하는 데도 활용을 했던 것이다.

1935~1936년에 교회 건물에서 기숙하던 작곡가 안익태 씨가 이곳에서 애국가를 작곡한 것은 유명한 일화가 되었다. 초기에 뉴욕한인교회를 거쳐간 인재들로는 정계에서 조병옥, 정일형, 김도연, 임창영 씨 등이 있고 교육계의 오천석, 김활란, 강한모, 장덕수, 김마리아 씨 그리고 실업계에서 서상복, 한승인 씨, 어학계의 정대진 씨 등이 있다. 이 교회를 자주 출입한 인사들도 있다. 서재필, 이승만, 안창호, 김성수, 백낙준, 김상돈, 장지욱, 김재준 씨 등이 있다.

이처럼 뉴욕에서 최초로 세워진 뉴욕한인교회는 교인과 유학생, 그리고 독립운동가의 쉼터가 되기도 했다.

미국의 한인 이민은 대개 세 단계로 구분할 수 있다. 1905년의 하와이 이민이 최초의 이민이고, 2단계로 한국전쟁이 끝난 시기에 국제 결혼을 했거나 혹은 전쟁 고아들이 입양되어 미국에 이주했다.

이어 1965년 이민법 개정으로 1968년부터 발효된 것이 3단계 이민이다. 1968년 케네디 이민법의 개정으로 동양인에 대한 이민 문호가 개방되자 미국을 선망한 이민자들이 이어졌다.

뉴욕에 이민자의 수가 늘어나면서 새로운 업종이 활기를 찾게 되었다. 슈퍼마켓, 봉제공장, 여행사, 회계사무소, 변호사 사무실, 사설학원, 세탁소, 식품가게, 한국 은행, 식당, 네일 가게, 미용실 등이 있어 활기를 띠었던 것이다.

뉴욕의 상업도시에는 두 개의 한인 명소가 있다. 그것이 맨해튼 32가를 중심한 코리아 타운이고, 또 하나가 플러싱의 코리아 타운이다. 그 속에서 성실하고 근면한 한국인의 모습을 볼 수 있다. 그러나 태평양을 건너 북남미에 코리아를 선양하고 우뚝 서기까지에는 뼈를 깎는 고통이 수반되었다.

— 6 —

지금으로부터 25년 전 태평양(太平洋)을 향해 나는 주사위를 힘껏 던졌다. 1982년 5월 11일이었다. 믿음의 족장 아브라함처럼 고향을 떠나 훨훨 날아서 미국으로 왔다.

모든 것이 생소했다. 사람도 언어도 풍습도 하늘도 땅도 부딪치는 모든 것들이 생소했다. 나는 새삼스럽게 나를 낳아 준 조국과 고향이 얼마나 귀중한 것인지 비로소 깨달았다.

며칠이 멀다하여 빵과 버터와 치즈가 싫어지고 김치 깍두기와 된장찌개가 그리워졌다. 아직 여독이 풀리지 않은 상태에서 작은 공간을 벗어나 무료하게 걷다가 플러싱에서 전철을 탔다. 뉴욕에는 지하철역이 461개나 된다. 토큰 한 개를 내면 개찰구로 나가지 않는 한 전철 전역을 통과할 수 있다. 전철을 탔는데 한인들이 눈에 띄었다.

동승했던 한 분이 말을 건넸다.

"전철을 타면 왠지 초기 이민자들 생각이 나요. 이 전철이 초기 한인 이민자들에게는 숙소가 되었답니다."

이민 초기에 생활이 막막했던 이민자들에게 전철은 임시 숙소가 되었다는 것이다. 그 말을 들으니 마음이 얼얼히 아팠다.

그 전철을 타고 맨해튼으로 가던 중, 창밖을 내다보았다. 맨해튼의 하늘을 향해 우뚝 솟은 고층 빌딩과 미국이 생소한 나의 기를 여지없이 꺾었다. 그리고 입에서 탄성과 한숨이 반복되어 짙게 흘러나왔다. 내 딴에는 웅비한 비전이 있었지만 창 밖으로 펼쳐지는 맨해튼의 우뚝 솟은 고층건물들의 모습에 그만 움츠러지고 기가 꺾인 것이다.

고향 사람들을 자주 만났다. 어느 날인가, 30대의 여성을 만났다. 그녀가 나를 보자 머리부터 내밀었다.

"내 머리카락을 보세요. 머리카락이 반백이 되어버렸어요."

아닌 게 아니라 그녀의 머리카락은 나이에 걸맞지 않게 반백이 되어 있었다. 그녀의 머리카락을 보고서야 이민자의 생활이 얼마나 어려운 것인지를 실감할 수 있었다.

또 한 분은 신앙이 돈독한 기독교인이었다.

"주일예배에 참석하여 제단에 바치는 감사헌금이나 십일조 헌금에는 우리의 피가 묻어 있답니다. 생명을 바친 헌금이라고 할 수 있지요."

그녀는 맨해튼에서 잡화상을 하는데, 혹시 권총 강도의 피습을 만나면 어쩌나 해서 마음을 졸이며 긴장 속에서 장사를 한다는 고백이었다. 이를테면 생명을 바치는 장사를 하게 되고, 그러기에 그가 제단에 바치는 헌금에는 피가 묻어 있다는 것이다.

미국에 와서 첫 나들이를 했다. 미국이 어떤 나라인지 호기심에 백화점 구경을 했다. 그 백화점에는 없는 것이 없었다. 그만큼 쇼핑객들로 붐볐고 그들 속에서 기가 꺾였다. 미국인들은 장대같은 신장이었고 체격이 듬직해 보였다. 그들 속에서 살아야 한다는 것이 힘겹게 생각되었다. 여러 날을 새우잠을 자며 고심했던 나는 무릎을 탁 치고 일어났다. 그것이 새벽기도의 제단을 쌓는 것이었다.

한국도 아닌 미국의 국제도시에서 새벽기도회에 꼬박 참석하여 기도생활을 한다는 것은 심히 모험이 수반되는 일이었다. 그러나 나는 믿음의 결단을 내렸다. 생명 바치는 기도를 드리기로 결심한 것이다. 6·25 한국전쟁 당시 북한을 탈출하여 엑소더스(Exodus)의 행군에 합류했던 나는 서울로 상경한 후에는 그것으로 엑소더스의 삶이 마감되는 것으로 알았다. 환도 후 몇 년의 세월이 경과한 후였다.

서울 강남구 도곡동에서 개척 교회 개척자로 사역하는 나에게 하나님은 나의 등을 힘껏 밀었다. 마음이 선뜻 내키지 않았으나 다시 엑소더스의 길을 믿음으로 순복했다.

생전 처음 비행기를 타고 태평양을 건너 뉴욕으로 왔다. 생소한 땅, 나는 비행기에 탑승했을 때 나그네의 이질감을 느꼈다. 이민살이 뉴욕의 생활이란 뻔한 것이었다. 여러 날을 새우잠을 자며 고향 꿈을 꾸다가 부근의 한인교회에서 새벽기도회가 있다는 소식을 듣고 기뻐서 그 다음날부터 새벽기도회에 참석했다.

그런데 차가 없는 나로서는 모험을 뚫고 교회를 찾아가야만 했다. 한국에서는 밤이고 새벽이고 자유로이 거리를 활보할 수 있지만 뉴욕의 실정은 그렇지가 않았다. 그 당시 뉴욕 시가는 해가 떨어질 무렵이면 거의 모든 상인들이 철시할 뿐더러 밤이면 인적이 끊긴다. 새벽도 예외일 수는 없다.

미국에서 제1의 도시인 뉴욕은 국제도시로 붐빈다. 128개국 민족이 모여 사는 민족의 전시장이고 그중 이탈리아인들이 가장 많이 살고 있다. 그런가 하면 수년 전의 통계에 의하면 뉴욕 시는 자그마치 89개국 언어가 사용되고 있다는 것이다. 이렇게 다양한 민족이 아메리카의 깃발 밑에 한데 조화를 이루며 산다는 것은 그야말로 신기한 일이 아닐 수 없다.

그러나 한편 각종 범죄가 극심한 곳이기도 하다. 어느 누구는 각국의 사람들이 모여 살고 있으니 여기에서 파생되는 심리적인 현상이 아니냐고 말한다. 자유의 나라 대도시인 뉴욕은 풍요한 모습이지만 뒷거리의 그늘진 곳에는 악의 족속들이 도사리고 있다.

이런 족속들 때문에 새벽기도회에 참석한다는 것이 용이한 일이 아니었다. 자가용이 있으면 문제가 없으련만 도보로 교회에 간다는 것은 여간 어려운 일이 아니었다. 이런 모험의 길을 터벅터벅 걸어서 교회로 가자면 나는 카타콤(Catacomb: 지하묘소) 생각이 났고 예수를 믿으려면 자기 생명도 바쳐야겠다는 것을 새삼스럽게 깨달았다.

집에서 퀸즈한인교회까지는 약 10분의 시간이 소요되는데 손에 땀을 쥐고 걸어가려면 그 길이 10리 길처럼 되어 보였다. 이런 위험한 길을 뚫고 교회의 문이 보이면 은혜가 넘치는 것만 같았다. 입에서 찬송이 터지고 기도가 터졌다. 이럴 때면 나는 깊은 기도 속에서 우리 주님과 영교를 하며 주님이 주시는 위안과 환희를 체험하였다.

어느 날 나는 요일도 모르고 교회에 갔다. 그런데 교회당 문이 굳게 잠겨 있다. 알고 보니 그날이 토요일이었다. 퀸즈한인교회에서는 금요일 밤에 철야기도가 있었기에 토요일은 새벽기도가 없다.

  그런 것도 모르고 진땀을 빼면서 교회로 갔던 것이다. 그냥 집으로 되돌아가기는 너무 아쉬웠다. 혼자만이라도 예배당 문전에서 하나님을 찬양하며 기도를 드려야겠다고 생각하고 그 자리에 풀썩 주저앉았다.

  사도신경으로 신앙을 고백한 후 찬송을 부르는데 어떤 노인이 불쑥 나타났다.

  "나도 예배를 드렸으면 해요" 그러면서 계단에 걸터앉았다.

  그 노인은 10여 년 전 미국에 이민와서 예수를 믿게 되고 현재 플러싱 한샘교회 집사라고 하였다. 일제시대에 이화학당에서 음악을 전공한 인텔리 할머니였다. 그는 결혼 전에는 향리에서 교사직에 종사하다가 결혼 후에는 고등학교 교장의 사모가 되었다는 것이었다.

  그날 그분과 나는 하나님을 찬양하고 예배를 드리며 기도의 시간을 가졌다. 그랬던 것이 우리 하나님은 우리 사이를 연결해 주셨다. 그는 그리스도의 따뜻한 사랑으로 하나님의 종을 격려해 주고 사랑을 베푼 고마운 분이었다.

  미국에 온 지 두 달 후 나는 하나님께 사명을 받아 《서아전동 예수꾼》을 집필하게 되었다. 이 사실을 안 육 집사는 이 책이 세상에서 빛을 보기까지 여러 모로 수고를 아끼지 않았다. 70세가 넘은 고령이건만 그는 나의 건강을 걱정하여 영양을 보충해 주었을 뿐만 아니라 인쇄소까지도 연결하여 협조를 아끼지 않았다.

  "인쇄비 걱정 말고 집필에 전념해요."

이런 말로 등을 밀어주며 사방에서 수소문하여 인쇄비 일부를 이자 없이 빌려주기도 했다.

이런 과정을 경유하여 그 책이 마침내 세상에서 빛을 보게 되었다.

그런가 하면 그로부터 몇 달 후에는 뉴욕에서 여성 목사로서 최초로 한인교회를 개척했다.

플러싱 지역에서 미국인 감리교회를 빌려서 역사적인 한인교회의 설립예배를 드렸다. 뉴욕에 온 지 5개월이 지난 1982년 10월 30일이었다. 그때부터 나는 넓은 땅 미대륙에서 맨발의 아베베 선수처럼 뛰며 일했다.

아베베 선수는 1980년 초에 세계올림픽 마라톤 경기에 출전하여 영예의 금메달을 획득하였다. 그는 아프리카 대륙의 에티오피아 국가 대표로 출전했고, 맨발로 뛰어서 그 당시에 큰 화제가 되었다.

"그 선수 맨발이 아니야……. 그 키다리가 맨발로 잘도 뛰더군."

승리한 아베베는 하루 사이에 유명해져서 이 사람, 저 사람에게서 이런 말이 오고갔다. 그는 세계 정상급인 금메달을 획득하기 위해 에티오피아의 고지를 맨발로 뛰며 힘에 겹도록 훈련을 거듭했다.

"그렇다면 왜 맨발로 뛰었을까?"

그의 경우 그는 홀가분하게 뛰자니 신발이 거추장스러웠고 발바닥을 쇠신처럼 견고히 하기 위해서 맨발로 고지를 오르내리며 뛰었다.

그렇듯이 나에게도 그런 훈련과 집념이 필요하다고 보여졌다. 미대륙을 지칭하여 '기회의 나라', '비전의 나라'라고 한다. 두 가지에 자기의 초점을 맞추고 성실하게 일하면 소기의 목적을 달성할 수 있다는 것이다.

디아스포라의 성공 집단을 유태인이라고 하지만 한인들의 디아스포라는 바야흐로 그 뒤를 바짝 추격하고 있다. 그것은 한민족의 특성인 근면과 인고의 정신의 발로 때문으로 보여진다.

미국의 이민 사회에서 풍자적인 이야기가 전해지고 있다. 그것은 한국인이 모인 곳에는 교회당이 세워지고, 일본인이 모인 곳에는 회사가 세워지고, 중국인이 모인 곳에는 음식점이 세워진다는 말이 있다.

그렇듯이 한인 이민자들이 모여 사는 곳에는 유사한 공통점이 있다. 그것이 교회당이었고, 그 교회당이 초기 한인 이민자들에게 구심점이 되었다. 그래서인지 한인들이 모여 사는 지역마다 교회당이 우뚝 세워진 것을 볼 수 있다. 그리고 조국을 그리워하여 음식 문화를 잊지 못하고 있다.

프랑스 파리에서 있었던 일이다. 한인들이 호텔에 투숙하고 있었을 때 식사 시간에 된장찌개가 먹고 싶었다. 그러자 슬며시 방에서 된장찌개를 가미해서 끓였다. 그랬던 것이 된장찌개 냄새가 밖으로 흘러나갔다. 그 냄새를 맡고 호텔에 투숙하고 있던 외국인들이 혼비백산하여 밖으로 뛰쳐나갔다.

그들은 된장찌개 냄새를 불이 난 것으로 착각하여 소동을 벌인 것이다.

이처럼 이민자들은 한국의 고유 음식인 김치와 된장찌개를 잊지 못한다. 그러기에 한민족 이민자들에게는 강인성이 있고 김치맛처럼 맵고 짭짤하고 맛깔스런 특유한 삶이 있는 것이다.

 현시대를 국제화 시대라고 한다. 이런 국제화 시대 속에 한민족의 이민자들이 활기차게 사는 모습을 볼 수 있다. 미국의 경우 백악관에 입성하여 중요 부서에서 일하는 인사가 있는가 하면 혹은 교육계, 상공 분야 등에서 재능을 발휘하는 인사가 수두룩한 것이다.

[판권소유]

- 광야의 불 기둥 -
한민족의 엑소더스(Exodus)

2008년 8월 20일 1판 1쇄 발행
2009년 11월 10일 1판 4쇄 발행

지은이 | 정석기
발행인 | 이형규
발행처 | 쿰란출판사

주소 | 서울 종로구 이화동 184-3
TEL | 02-745-1007, 745-1301~2, 747-1212, 743-1300
영업부 | 02-747-1004, FAX / 02-745-8490
본사평생전화번호 | 0502-756-1004
홈페이지 | http://www.qumran.co.kr
E-mail | qumran@hitel.net
　　　　 qumran@paran.com

등록 | 제1-670호(1988.2.27)

책임교열 | 송은주

값 10,000원

ISBN 978-89-5922-547-7 03230

* 이 출판물은 저작권법에 의해 보호를 받는 저작물이므로 무단 복제할 수 없습니다.
  잘못된 책은 교환해 드립니다.